罗素的世界
结构理论研究

A Research on the Russell's Theory of the
Structure of World

李高荣 著

中国社会科学出版社

图书在版编目（CIP）数据

罗素的世界结构理论研究／李高荣著. —北京：中国社会科学出版社，2016. 11

ISBN 978 - 7 - 5161 - 7357 - 2

Ⅰ.①罗…　Ⅱ.①李…　Ⅲ.①罗素，B.（1872～1970）—逻辑学—研究
Ⅳ.①B561. 54②B81

中国版本图书馆 CIP 数据核字（2015）第 313138 号

出 版 人	赵剑英
责任编辑	冯春凤
责任校对	张爱华
责任印制	张雪娇

出　　版	中国社会科学出版社
社　　址	北京鼓楼西大街甲 158 号
邮　　编	100720
网　　址	http://www.csspw.cn
发 行 部	010 - 84083685
门 市 部	010 - 84029450
经　　销	新华书店及其他书店

印刷装订	北京君升印刷有限公司
版　　次	2016 年 11 月第 1 版
印　　次	2016 年 11 月第 1 次印刷

开　　本	710×1000　1/16
印　　张	14
字　　数	233 千字
定　　价	55.00 元

第四批《中国社会科学博士后文库》
编委会及编辑部成员名单

（一）编委会

主　任： 张　江

副主任： 马　援　张冠梓　俞家栋　夏文峰

秘书长： 张国春　邱春雷　刘连军

成　员（按姓氏笔画排序）：

卜宪群	方　勇	王　巍	王利明	王国刚	王建朗	邓纯东
史　丹	刘　伟	刘丹青	孙壮志	朱光磊	吴白乙	吴振武
张车伟	张世贤	张宇燕	张伯里	张星星	张顺洪	李　平
李　林	李　薇	李永全	李汉林	李向阳	李国强	杨　光
杨　忠	陆建德	陈众议	陈泽宪	陈春声	卓新平	房　宁
罗卫东	郑秉文	赵天晓	赵剑英	高培勇	曹卫东	曹宏举
黄　平	朝戈金	谢地坤	谢红星	谢寿光	谢维和	裴长洪
潘家华	冀祥德	魏后凯				

（二）编辑部（按姓氏笔画排序）：

主　任： 张国春（兼）

副主任： 刘丹华　曲建军　李晓琳　陈　颖　薛万里

成　员（按姓氏笔画排序）：

王　芳	王　琪	刘　杰	孙大伟	宋　娜	苑淑娅	姚冬梅
郝丽梅	枚　章	瑾				

本书为国家社科基金青年项目《早期分析哲学中的形而上学思想比较研究》（14CZX040）2014 年度湖北省社科基金一般项目《罗素的形而上学思想研究》（2014138）的成果

序　言

　　2015 年是我国实施博士后制度 30 周年，也是我国哲学社会科学领域实施博士后制度的第 23 个年头。

　　30 年来，在党中央国务院的正确领导下，我国博士后事业在探索中不断开拓前进，取得了非常显著的工作成绩。博士后制度的实施，培养出了一大批精力充沛、思维活跃、问题意识敏锐、学术功底扎实的高层次人才。目前，博士后群体已成为国家创新型人才中的一支骨干力量，为经济社会发展和科学技术进步作出了独特贡献。在哲学社会科学领域实施博士后制度，已成为培养各学科领域高端后备人才的重要途径，对于加强哲学社会科学人才队伍建设、繁荣发展哲学社会科学事业发挥了重要作用。20 多年来，一批又一批博士后成为我国哲学社会科学研究和教学单位的骨干人才和领军人物。

　　中国社会科学院作为党中央直接领导的国家哲学社会科学研究机构，在社会科学博士后工作方面承担着特殊责任，理应走在全国前列。为充分展示我国哲学社会科学领域博士后工作成果，推动中国博士后事业进一步繁荣发展，中国社会科学院和全国博士后管理委员会在 2012 年推出了《中国社会科学博士后文库》（以下简称《文库》），迄今已出版四批共 151 部博士后优秀著作。为支持《文库》的出版，中国社会科学院已累计投入资金 820 余万元，人力资源和社会保障部与中国博士后科学基金会累计投入 160 万元。实践证明,《文库》已成为集中、系统、全面反映我国哲学社会科学博士后优秀成果的高端学术平台,为调动哲学社会科学博士后的积极性和创造力、扩大哲学社会科学博士后的学术影响力和社会影响力发挥了重要作用。中国社会科学院和全国博士后管理委员会将共同努力,继续编辑出版好《文库》,进一步提高《文库》的学术水准和社会效益,使之成为学术出版界的知名品牌。

哲学社会科学是人类知识体系中不可或缺的重要组成部分,是人们认识世界、改造世界的重要工具,是推动历史发展和社会进步的重要力量。建设中国特色社会主义的伟大事业,离不开以马克思主义为指导的哲学社会科学的繁荣发展。而哲学社会科学的繁荣发展关键在人,在人才,在一批又一批具有深厚知识基础和较强创新能力的高层次人才。广大哲学社会科学博士后要充分认识到自身所肩负的责任和使命,通过自己扎扎实实的创造性工作,努力成为国家创新型人才中名副其实的一支骨干力量。为此,必须做到:

第一,始终坚持正确的政治方向和学术导向。马克思主义是科学的世界观和方法论,是当代中国的主流意识形态,是我们立党立国的根本指导思想,也是我国哲学社会科学的灵魂所在。哲学社会科学博士后要自觉担负起巩固和发展马克思主义指导地位的神圣使命,把马克思主义的立场、观点、方法贯穿到具体的研究工作中,用发展着的马克思主义指导哲学社会科学。要认真学习马克思主义基本原理、中国特色社会主义理论体系和习近平总书记系列重要讲话精神,在思想上、政治上、行动上与党中央保持高度一致。在涉及党的基本理论、基本路线和重大原则、重要方针政策问题上,要立场坚定、观点鲜明、态度坚决,积极传播正面声音,正确引领社会思潮。

第二,始终坚持站在党和人民立场上做学问。为什么人的问题,是马克思主义唯物史观的核心问题,是哲学社会科学研究的根本性、方向性、原则性问题。解决哲学社会科学为什么人的问题,说到底就是要解决哲学社会科学工作者为什么人从事学术研究的问题。哲学社会科学博士后要牢固树立人民至上的价值观、人民是真正英雄的历史观，始终把人民的根本利益放在首位，把拿出让党和人民满意的科研成果放在首位，坚持为人民做学问，做实学问、做好学问、做真学问，为人民拿笔杆子，为人民鼓与呼，为人民谋利益，切实发挥好党和人民事业的思想库作用。这是我国哲学社会科学工作者，包括广大哲学社会科学博士后的神圣职责，也是实现哲学社会科学价值的必然途径。

第三，始终坚持以党和国家关注的重大理论和现实问题为科研主攻方向。哲学社会科学只有在对时代问题、重大理论和现实问题的深入分析和探索中才能不断向前发展。哲学社会科学博士后要根据时代和实践发展要求，运用马克思主义这个望远镜和显微镜，增强辩证思维、创新思维能力，善于发现问题、分析问题，积极推动解决问题。要深入研究党和国家面临的一系列亟待回答和解决的重大理论和现实问题，经济社会发展中的全局性、前瞻性、战略性问题，干部群众普遍关注的热点、焦点、难点问题，以高质量的科学研究成果，更好地为党和国家的决策服务，为全面建成小康社会服务，为实现"两个一百年"奋斗目标和中华民族伟大复兴中国梦服务。

第四，始终坚持弘扬理论联系实际的优良学风。实践是理论研究的不竭源泉，是检验真理和价值的唯一标准。离开了实践，理论研究就成为无源之水、无本之木。哲学社会科学研究只有同经济社会发展的要求、丰富多彩的生活和人民群众的实践紧密结合起来，才能具有强大的生命力，才能实现自身的社会价值。哲学社会科学博士后要大力弘扬理论联系实际的优良学风，立足当代、立足国情，深入基层、深入群众，坚持从人民群众的生产和生活中，从人民群众建设中国特色社会主义的伟大实践中，汲取智慧和营养，把是否符合、是否有利于人民群众根本利益作为衡量和检验哲学社会科学研究工作的第一标准。要经常用人民群众这面镜子照照自己，匡正自己的人生追求和价值选择，校验自己的责任态度，衡量自己的职业精神。

第五，始终坚持推动理论体系和话语体系创新。党的十八届五中全会明确提出不断推进理论创新、制度创新、科技创新、文化创新等各方面创新的艰巨任务。必须充分认识到，推进理论创新、文化创新，哲学社会科学责无旁贷；推进制度创新、科技创新等各方面的创新，同样需要哲学社会科学提供有效的智力支撑。哲学社会科学博士后要努力推动学科体系、学术观点、科研方法创新，为构建中国特色、中国风格、中国气派的哲学社会科学创新体系作出贡献。要积极投身到党和国家创新洪流中去，深入开展探索性创新研究，不断向未知领域进军，勇攀学术高峰。要大力推进学术话语体系创新，力求厚积薄发、深入浅出、语言朴实、文风清新，力戒言之无物、故作高深、食洋不化、食古不化，不断增强我国学术话语体系的说服力、感染力、影响力。

"长风破浪会有时，直挂云帆济沧海。"当前，世界正处于前所未有的激烈变动之中，我国即将进入全面建成小康社会的决胜阶段。这既为哲学社会科学的繁荣发展提供了广阔空间，也为哲学社会科学界提供了大有作为的重要舞台。衷心希望广大哲学社会科学博士后能够自觉把自己的研究工作与党和人民的事业紧密联系在一起，把个人的前途命运与党和国家的前途命运紧密联系在一起，与时代共奋进、与国家共荣辱、与人民共呼吸，努力成为忠诚服务于党和人民事业、值得党和人民信赖的学问家。

是为序。

张江

中国社会科学院副院长
中国社会科学院博士后管理委员会主任
2015 年 12 月 1 日

摘　要

　　本书以英国哲学家罗素的逻辑原子主义学说为研究主题，以他对世界结构的两种看法及其之间的关系为具体问题展开讨论。逻辑原子主义是罗素在分析哲学的创始阶段，使用逻辑分析方法来解决传统哲学问题而产生的一种关于实在的基本结构的理论，属于西方形而上学的主要传统，不同之处在于他是从语言的本质结构得出世界的基本结构的。

　　逻辑原子主义学说的核心论断是：世界能分析成一些独立存在的、不可再分的逻辑原子，它们处于事实所具有的复杂结构中，即具有某些性质或处于某些关系中。这表明世界的最终存在论成分包含两种：逻辑原子和事实。相比传统的形而上学理论而言，罗素的逻辑原子主义的一个独特之处就在于他承诺了事实这种独特的对象，但他对事实的种类和逻辑形式的看法并没有前期维特根斯坦那样极端。除原子事实之外，他还承诺了否定事实、普遍事实和信念事实，尽管后来接受了前期维特根斯坦的外延原则，并否认了这些事实的存在。

　　这一学说的另一独特之处在于他对逻辑原子的界定上。逻辑原子不同于传统的个体或实体以及前期维特根斯坦的对象之处在于它们是可以被亲知的，他的逻辑原子包含三类东西：殊体、性质和关系。罗素在逻辑原子主义时期对这三者持有实在论的支撑物理论，后来转向实在论的束理论。

　　罗素关于事实和逻辑原子的观点即是他关于世界的事实结构

理论。他只承认逻辑原子和事实的实在性，通常被认作实在的日常对象和物理对象是表面上复杂的、单一的存在物，并不具有独立的实在性，它们是从感觉材料而来的逻辑构造，是感觉材料的类的序列。罗素关于物理对象的逻辑构造理论即是他对物理世界的序列结构学说。

关于世界的事实结构理论和关于物理对象的逻辑构造理论即是罗素对世界结构的两种看法——事实结构和序列结构。这两种世界结构之间的连接点就在于他将逻辑原子之一的殊体直接等同于简单的感觉材料，但是依据 William Lycan 给出的逻辑原子等同于本体论原子的两个论证之一，这种等同是不成功的。而且，这两种世界结构似乎表明，逻辑原子一方面不能独自存在，必须处于事实的各种复杂结构中；另一方面却可以脱离事实而并列存在，依共现关系而形成类的序列，即构造出物理对象。那么哪种结构对逻辑原子而言更为根本呢？

罗素本人并没有明确区分出这两种世界结构，因而他不可能处理这个问题。从他仅有的一处文本依据和总体的哲学立场来说，事实结构应该更为根本。事实上，罗素的事实和物理对象体现了前期维特根斯坦所说的两种复合性：逻辑复合性和物理复合性，维特根斯坦认为后者从属于前者；罗素对世界的这两种结构看法也相应于普兰廷加所说的时空世界或物质的宇宙和现实世界。

关键词：事实　逻辑原子　逻辑构造　感觉材料

Abstract

The subject of this dissertation is Russell's logical atomism, and the major issues discussed here are his two kinds of standpoints on the structure of world and the relation between them. Logical atomism is a theory about the fundamental structure of reality, which is set up by Russell when using the method of logical analysis to resolve the traditional problems of philosophy during the originating phase of analytical philosophy. This theory belongs to the main tradition of western metaphysics, but differs from the tradition in the way that Russell arrives at the fundamental structure of world from the essential structure of language.

The central claim of logical atomism is that the world can be analyzed into aplurality of independently existing logical atoms that cannot be broken down any further, and these atoms exist in the complex structures of facts, i. e. they exhibit certain qualities or stand in certain relations. The doctrine shows that there are two kinds of ultimate ontological constituents of world: logical atoms and facts. Compared to the theory of traditional metaphysics, one distinctive feature of Russell's logical atomism is that he commits a particular object——facts, but his opinion of the sorts of facts and their logical form isn't as extreme as that of early Wittgenstein. Besides atomic facts, he also acknowledges negative facts, general facts and belief facts, although he accepts early Wittgenstein's the principle of extensionality and denies the existence of these facts in his later philosophy.

Another distinction of logical atomism is his definition of logical atoms. Logical atoms can be acquainted, which is different from both the traditional individuals or substance and early Wittgenstein's objects. Logical atoms include three kinds of things: particulars, qualities and relations. Russell holds the substratum theory and realism to themin the period of logical atomism, but in his later philosophy he turns to the bundle theory and realism.

Russell's points of view on facts and logical atoms frame his theory of the structures of facts of world. He acknowledges only the reality of logical atoms and facts, and common objects and physical objects usually regarded as reality are apparently complex and single entities, which haven't the reality in isolation, and are the logical constructions from sense-data, i. e. the series of classes of sense-data. Russell's theory of logical construction on physical objects is his doctrine of the structures of series of world.

The theory of the structures of facts of world and the theory of logical construction of physical objects are Russell's two kinds of structures of world——the structures of facts and the structures of series. The connecting point between the two kinds of structures of world is his direct equation particulars which are one kind of logical atoms with simple sense-data. According to one of two arguments which William Lycan provides to equate logical atoms with ontological atoms, this equation isn't successful. In addition, the two kinds of structures of world seem to show that, for one thing, logical atoms can't exist independently and must be in various kinds of complex structures of facts, for another thing, they can exist side by side separated from facts, and generate the series of classes according to the relation of compresence, i. e. constructing physical objects. Then, which kind of structure is more fundamental for logical atoms?

Russell hasn't definitely distinguished the two kinds of structures of world, so he can't deal with this problem. In the light of his only one text evidence and his wholly philosophical position, the structure of facts must be more essential. In fact, Russell's facts and physical objects embody two kinds of complex which are early Wittgenstein's terminologies: logical complex and physical complex, and Wittgenstein prosposes that the latter is subordinate to the former. Russell's two points of view on the structure of world can be recognized as corresponding to Plantinga's space-time world or physical universe and the real world.

Key Words: fact   logical atom   logical construction   sense-data

目　录

Contents

罗素重要著作名称简写一览表

（本文涉及的全部罗素著作名称简写见参考文献）

AR   "Analytic Realism"（1911）

BR   "The Basis of Realism"（1911）

HK   *Human Knowledge：Its Scope and Limits*（1948）

IMP   *Introduction to Mathematical Philosophy*（1919）

IMT   *An Inquiry into Meaning and Truth*（1940）

ITLP   "Introduction to Wittgenstein's *Tractatus Logico-Philosophicus*"（1922）

KAKD   "Knowledge by Acquaintance and Knowledge by Description"（1911）

LA   "Logical Atomism"（1924）

LK   *Logic and Knowledge：Essays 1901 – 1950*（1956）

Matter   *The Analysis of Matter*（1927）

Mind   *The Analysis of Mind*（1921）

ML   *Mysticism and Logic and Other Essays*（1918）

MPD   *My Philosophical Development*（1959）

NT   "The Nature of Truth"（1906）

OD   "On Denoting"（1905）

OKEW   *Our Knowledge of the External World*（1914）

OM   "On Matter"（1912）

ONA   "On the Nature of Acquaintance"（1914）

ONT   "On the Nature of Truth"（1907）

ONTF   "On the Nature of Truth and Falsehood"（1910）

OP   "On Propositions: What They Are and How They Mean" (1919)

ORUP   "On the Relations of Universals and Particulars" (1911)

PLA   "The Philosophy of Logical Atomism" (1918)

PM   *Principia Mathematica* (1910 – 1913)

PM_2 "Introduction to the Second Edition of Principia Mathematica" (1925)

PoM   *The Principles of Mathematics* (1903)

PP   *The Problems of Philosophy* (1912)

RC   "Reply to Criticisms" (1944)

RSDP   "The Relation of Sense Data to Physics" (1914)

SA   "Dr. Schiller's Analysis of The Analysis of Mind" (1922)

SMP   "On Scientific Method in Philosophy" (1914)

TK   *Theory of Knowledge: The 1913 Manuscript* (1913)

UCM   "The Ultimate Constituents of Matter" (1915)

WL   "What is Logic" (1912)

第一章 导 论

第一节 研究的主题、问题及其意义

提起逻辑原子主义，代表人物一般认为有两个：罗素和前期维特根斯坦。维特根斯坦的《逻辑哲学论》常被看作是其逻辑原子主义学说的代表作，两者都认为语言与世界具有相同的结构，我们可以从对语言结构的分析得出世界的结构。姑且不论我们是否可以将这个学说赋予前期维特根斯坦，至少两者持有不同的逻辑原子主义版本。本文研究的主题是罗素的逻辑原子主义，文中某些章节对前期维特根斯坦哲学思想的简略提及只是作为理解罗素学说的一个参照系数。

逻辑原子主义是探讨实在（reality）的基本结构的一种学说，属于西方形而上学传统，对世界持有一种原子主义（多元主义）图景：世界能分析成一些独立存在的存在物（entities），这些存在物具有某些性质或处于某些关系中（PLA 189）。这种世界图景是罗素自 1897 年反唯心主义以来，持续用分析的方法来解决传统哲学问题而形成的一种全面的、系统的哲学框架，因而逻辑原子主义这一概念也可宽泛地指逻辑分析这种方法，具有哲学方法论的含义。他的这一图景在 1918 年的《逻辑原子主义哲学》（PLA）中达到了顶点，由八篇讲座组成的这本书是他早期思想的概括总结。在 1919 年《论命题》（OP）及以后，他由此前对命题的分析转向对心灵的分析，从对意义理论的探讨转向对心灵理论的探讨，开始了其中立一元论阶段，因而学界多将 1918 年当作罗素哲学的一个分界点①，本文的

---

① 可参见 Pears（1967）、Miah（2006）、Zhao Dunhua（1988）。

研究也以 1918 年为界。

在罗素漫长的哲学生涯中，他在很多哲学问题上都在不断变换观点和立场，但有一点保持不变的是，他始终拥护用分析的方法从事哲学研究（Hager 1994）。他反复强调其全部哲学都是在为分析这种方法辩护，逻辑原子主义便是使用分析方法来解决传统哲学问题而得出的一个尝试性的产物。不幸的是，虽然他反复强调，这种方法是唯一科学地从事哲学的方法，但他并没有给它以明确的界定，而是很自明地使用这种方法。对他而言，在具体例子的使用中比给出确切的定义更能为此方法辩护。作为分析哲学创始人的弗雷格、罗素、维特根斯坦均没有对此方法给出明确的定义，这也是学界为何会对分析这种方法的界定重新展开探讨的原因（Beaney 2007）。

虽然分析这种方法并不容易澄清，而且也不是本文的主题，但对这种方法的粗略界定对理解罗素的逻辑原子主义还是很重要的。分析哲学发展过程中包含很多种不同形式的分析（可以统称为语言分析、概念分析或哲学分析）：还原分析（逻辑分析）、关联分析、阐释分析等，罗素使用的方法是还原分析，逻辑原子主义即是这种分析的产物。这种分析取自"分析"这个词的字面意义，它指的是一种分解活动（decomposition），主张用一个整体中更简单的部分来解释（定义或重构）这个复杂的整体，化学分析或物理分析也即这种意义上的分析。这种想法在古希腊时就已出现，如柏拉图的《泰阿泰德篇》、亚里士多德的《前分析篇》《后分析篇》以及古典哲学中的原子主义；在近代，分析的观念重新出现在笛卡儿对物体和心灵的简单本性特征的描述、洛克对复杂观念的解释以及莱布尼兹的单子论中；康德的先验分析是从笛卡儿式的对观念的分析到对我们理解和判断的能力的分析。罗素认为与分析方法相对的是古典哲学中的思辨传统，这种方法在黑格尔手中得到了巅峰式的发展，英国唯心论统治英国哲学长达90 年，以布拉德雷为代表的新黑格尔主义成为 19 世纪末 20 世纪初英国哲学的主流。因此，摩尔发起的与唯心主义决裂的一个方面是号召回到分析的方法：在反对唯心主义对判断的解释的过程中，他坚持"一个事物只有当被分析成这个事物的成分概念的时候才是可以理解的"。罗素则承认，正是摩尔的分析概念开始鼓舞了他自己的分析纲领（MPD 42）。

与此同时，很多其他哲学家在 19 世纪末也试图回到分析的方法。布伦塔诺心理学方法很明显是分析的，并且从布伦塔诺分析的心理学直接走向了胡塞尔的现象学分析纲领。同样地，美国实用主义皮尔士（C. S. Peirce）也属其中一员："我努力在哲学中做的唯一事情是以精确性来分析种种概念。"姑且不论20世纪两大哲学流派——现象学和分析哲学——在分析方法上的异同（详细探讨可参见 Beaney 2007），本书所关心的核心问题是，罗素在分析哲学的创始阶段使用分析方法来解决传统哲学问题而产生的这种逻辑原子主义学说，到底是如何解释实在和实在的结构的；这种世界结构理论与传统形而上学相比其独特性在哪；其框架内部是否存在不一致的地方；同样运用分析的方法，为何得出了罗素和前期维特根斯坦两种不同的逻辑原子主义版本；在逻辑实证主义拒斥形而上学后，逻辑原子主义又遗留下了哪些可值得探讨的问题。

本书以罗素在逻辑原子主义时期的世界结构理论为核心来展开关于上述问题的探讨。罗素认为逻辑是哲学的本质，古典哲学依赖亚里士多德逻辑，认为"先天推理（priori reasoning）能揭示其他方法不能发现的关于宇宙的秘密，能证明实在是完全不同于通过直接观察所得出的其表面的样子的"，"所有的实在是一，没有变这种东西，感官的世界是纯粹虚幻的世界"（OKEW 15－16）。罗素认为这种世界图景与科学和日常世界是完全背离的，这种结论之荒谬是由于传统逻辑认为只存在主谓命题这种唯一的逻辑形式造成的，逻辑形式种类上的贫乏促成了这种一元论的世界结构模式。而罗素所处的时代，数理逻辑的出现使得哲学家们能提出更为复杂的逻辑形式，从而使得他们对世界的结构提出全新的、复杂的解释成为了可能。

逻辑原子主义的基本理论预设是世界和理想语言具有相同的结构，从对日常语言结构的逻辑分析可以得出理想语言的结构，这既是语言的本质结构也是世界的本质结构。这种思想即形成了分析哲学中很重要的一支——理想语言学派，这个学派受到很多学者尤其是后期维特根斯坦和日常语言学派的批评：语言与实在根本就不是一回事语言的结构不代表世界的结构，语言并没有什么本质结构等等。本文并不打算从对这个学说的理论前提的批评来研究其理论困难，这是一种外在的批评；而是准备在承认这个基本预设的前提下来研究这个学说本身所包含的内在特征和理解上的难点。笔者认为，不仅从外在批评来说这种学说是注定要被抛弃的，而且从其自身理论来看，其学说内在地包含着一些无法解决的困难因而注定也是失败的：无法解释假命题、否定命题、信念命题的统一性问题，无法完全从感觉材料构造出物理对象，无法自洽地证明逻辑原子等同于感觉材料，没有给出世界的两种结构（事实结构和序列结构）之间的关系界定，等等。

　　显然，罗素逻辑原子主义学说的上述问题表明，它并不是像他自己所说的纯粹是逻辑分析的产物，而是逻辑分析方法和传统英国经验论立场结合的产物，这主要体现在他关于逻辑原子的界定上。逻辑原子一方面是逻辑分析出来的，是世界的基本构成要素，是绝对简单的；另一个方面，逻辑原子又是语言中最小词汇意义的承担者，是可以亲知的，是认识论分析的产物。逻辑原子的这两个性质并不是相容的，前期维特根斯坦牺牲了后者而强化了绝对简单，罗素则牺牲了前者而强调了亲知。罗素的这种牺牲对逻辑原子主义学说是否构成了内在动摇是值得探讨的。在对世界中的两类混合存在物（composites）——统一体和集合（unities and aggregates）——进行分析得出了两种世界结构理论：事实结构和现象主义（phenomenalism）的序列结构。也即是说，逻辑原子既可以处于事实结构中，又可以处于类的序列结构中，这两种结构虽然都是逻辑结构，不是物理化学结构，但两者之间的关系是什么，哪一个更为根本，是否有什么不一致的地方，罗素并没有明确探讨。学界对罗素逻辑原子主义学说的界定也只是涉及事实结构，而将现象主义作为其知觉理论单独考察，并没有将两者放在一起考察，对他的这一学说的批评也是从两个方面入手——对事实结构的批评多从后期维特根斯坦入手，用日常语言学派质疑理想语言学派，对其理论根基进行批评；对构造主义的批评则放在知觉理论的大背景下，与其本体论分离开来讨论：物理对象的感觉材料构造解释是不成功的。但在1914—1918年间，罗素却是同时持有这两种观点的，因此，本文将这两种世界结构理论放在一起研究，探讨各自所涉及的观点，内在理解上的困难，及两者之间可能存在的关系，通过澄清逻辑原子主义学说包含的两种世界结构理论及其之间的关系，以期对他这一学说的独特性及其与传统形而上学和前期维特根斯坦理论的区别和联系有所把握，进而对理解早期分析哲学的哲学路径和分析方法有所裨益。我们的结论是，虽然逻辑原子主义包含两种世界结构理论，但事实的结构更为根本，因而，学界将逻辑原子主义只当作一种世界结构来理解也是合理的，但我们并不能因此就排除序列结构于此学说之外。

第二节 研究的范围及学说产生的理论背景

一 研究范围的界定

对罗素的逻辑原子主义学说所跨越的时间需要做一些说明。他本人首次创造性地提出这个概念是在 1911 年的《分析的实在论》（AR 94）一文中，在接下来的 20 年里他持续用到了这个概念（OKEW 14；PLA 178；LA 323；AOP 259）。在 1959 年《我的哲学的发展》中他甚至称其早在 1899—1900 年间就已提出了逻辑原子主义学说（MPD 9），因为他最初提出这一概念是为了区别他的多元主义的世界观（世界包含很多分离的事物）与英国唯心论持有的一元论的世界观［世界是不可分的大全（whole）］，而多元主义是他自 1897 年开始反对唯心主义后就一直坚持的立场，是他坚持外在关系学说的直接产物，这里他将逻辑原子主义等同于多元主义，是在方法论的意义上使用这一概念的。但本文并不研究作为一种方法论意义上的宽泛的逻辑原子主义（否则他自 1897 年至 1959 年均可看成是在拥护一种逻辑原子主义学说），而是研究作为一种独特的形而上学理论的逻辑原子主义，这一理论是他进入多元主义阶段后不断完善和发展的其中一个阶段的成果，因此我们并不将其开始时间放在 1899—1900 年。

Klement（2005）认为核心的逻辑原子主义时期是 1911—1925 年，Linsky（2003）认为是 1910—1925 年，他们之间的细微差别在于：Klement 以《分析的实在性》一文（AR）中罗素首次提出这一概念为起点，而 Linsky 则把 1910 年《数学原理》第一版（PM）作为起点。事实上这两个时间界定并没有本质区别，他们都将《数学原理》第一版当作罗素原子主义时期的第一本著作，认为罗素在此就已明确提出了逻辑原子主义的主要形而上学论题："宇宙是由具有各种性质和处于各种关系中的对象组成的。"（PM 43）他们都将 1925 年《数学原理》第二版（PM2）当作该学说结束的标志，因为此版书中的罗素完全接受了前期维特根斯坦的外延原则（the principle of extensionality）：理想语言中的任何复杂句子都是诸原子句的真值函项连接（PM2 xv）①。

虽然罗素的逻辑原子主义学说是在 1910—1925 年得以提出、完善并扩展的，但这一时期他的本体论经历了如下变化：间接实在论—逻辑原子主义—中立一元论。本文主要探讨作为一种形而上学理论的逻辑原子主义，以《逻辑原子主义哲学》为这一理论的核心代表作，研究这篇文章及相关著作中的思想，因此我将研究的范围主要集中于 1912—1918 年（更狭窄地指 1914—1918 年）。在 1912 年的《哲学问题》中，他对物理对象持有实在论的立场，但就在这本书出版后的三个月，在《论物质》（OM）中，他却提出了逻辑构造的物理对象理论，因此我以 1912 年《论物质》为起点，而不以 1910 年《数学原理》为起点；在 1919 年的《论命题》中，他反对行为—对象区分和亲知关系从而转向了中立一元论，因而我以 1918 年《逻辑原子主义哲学》为终点，尽管 1924 年罗素以《逻辑原子主义》（LA）为题写了一篇文章，但此时他构造的元素是事件（events），而不是逻辑原子。由于逻辑原子主义学说集中体现在 1918 年的《逻辑原子主义哲学》（PLA）一文中，我在文中常用逻辑原子主义时期来指称 1912—1918 年，与此相关的文本还涉及《论指称》（OD 1905）、《亲知的知识和描述的知识》（KAKD 1911）、《论物质》（OM 1912）、《知识论：1913 年手稿》（TK 1913）、《感觉材料与物理的关系》（RSDP 1914）、《我们关于外间世界的知识》（OKEW 1914）、《论亲知的本质》（ONA 1914）、《物质的终极成分》（UCM 1915）、《逻辑原子主义》（LA 1927）等。

二　逻辑原子主义学说产生的理论背景

罗素将他所处时代的哲学分为三种主要的类型。第一种是古典的传统，主要起源于康德和黑格尔。这种传统主要以亚里士多德的逻辑为其理

---

① 事实上，他在《数学原理》第一版中即已粗略地采取了这种原则，认为基本命题的真在于其与一个相应复杂物的符合，其他命题种类的真最终依赖于基本命题的真，并不存在相应的其他种类的复杂物，明确否认了作为一个单一复杂物的全称事实的存在："如果 φx 是一个基本判断，当它指向一个相应的复杂物的时候这个基本判断是真的。但是（x）. φx 并没有指向一个相应的单一的复杂物：相应的复杂物与 x 可能的值一样多。"（PM 46）但在《数学原理》后不久他即认为这种图景过于简单，并在《逻辑原子主义哲学》中描述了更为复杂的框架，即除原子事实之外，他还承认了否定事实、全称事实、信念事实的存在，认为它们具有不同于原子事实的独特的逻辑结构。

论基础，采用自柏拉图以来那些伟大的、具有建设性的、体系性的哲学家的方法和结论来适应当代的要求。罗素将亚氏的这种逻辑称为一元论逻辑，称他自己的逻辑为原子论（多元论）逻辑，因而，他对此种哲学传统的批判也常被称为是对一元论哲学的批判，他认为古典的传统是逻辑原子主义哲学最主要的障碍。第二种是进化论，主要来源于达尔文，斯宾塞是其第一个哲学上的代表，詹姆斯和柏格森将这种哲学进一步发扬光大。第三种是他自己支持的逻辑原子主义，这种哲学是通过将数学中进行批判性研究的逻辑分析方法运用于哲学领域而出现的，哈佛的新实在论很大程度上就充满着这种精神（OKEW 14）。罗素对前两种类型的哲学进行了批判，认为只有逻辑原子主义哲学才适应了当今时代发展的趋势，是唯一科学地从事哲学研究的方式。除对这两种不同于自己立场的学说进行了批判之外，他的逻辑原子主义学说也是自 1897 年反唯心主义以来的集大成者，是对其早年实在论立场扬弃的产物。

（一）对以英国唯心论为代表的古典传统的批评

19 世纪末在数学、逻辑、哲学、心理学领域都弥漫着一种心理主义的氛围，德国的弗雷格和胡塞尔已经试图在相应的学科领域竖起反心理主义的大旗，罗素哲学即属于当时整个反心理主义的一支，他主要反对的是哲学领域中的唯心论。那个时期的英国主流哲学是以康德、黑格尔为代表的古典哲学传统，英国本土的经验论传统退居一旁。起初罗素也是唯心论的拥护者，但随着他对数学研究的深入[1]，并受到摩尔（1899）反唯心主义和皮亚诺数理逻辑的影响，他也转向反唯心主义的立场，而分析哲学的兴起正是以摩尔、罗素反唯心主义为标志[2]。罗素对唯心主义的反驳主要体现在对一元论的反驳上。

哲学中古典传统的基本信条是：先天推理能揭示其他方法不能发现的宇宙的秘密，能证明实在是完全不同于通过直接观察所得出的其表面的样子的，所有的实在是一，没有变这种东西，感官的世界是纯粹虚幻的世界。这种传统的最初动力是古希腊哲学家对推理全能，尤其对几何学先天

---

[1] 罗素对当时的数学理论十分不满，数学和逻辑领域弥漫着心理主义的思潮，新黑格尔主义、新康德主义大行其道，流行用经验和心理的东西来解释数学概念和真理，如密尔的《逻辑体系》（1843）即是代表。

[2] 分析哲学兴起的标志性人物目前虽有争议，但大致在弗雷格、摩尔、罗素、维特根斯坦四人之间选择。

演绎的方法（a priori deductive method）的崇尚。他们认为仅仅只通过纯粹思维（mere thinking）就可以一种任何相反的观察都不能动摇的确定性得出关于整个实在的最重要的真理，即使推出了与常识和科学完全相反的、奇特的结论，他们还是会认同推理得出的结论。在整个漫长的中世纪则由系统神学的权威来延续古代哲学通过推理得出的那种结论的权威性。近代哲学从笛卡儿以来，尽管不再受中世纪那样权威的约束，却仍旧或多或少接受了亚里士多德逻辑，相信抽象的先天逻辑推理是获得关于宇宙和实在的知识的唯一方法，拒斥直接观察的感官世界的真实性，因为他们在从感官世界得来的纯粹显象（mere appearance）的范畴中发现了自相矛盾，出于对基本信条和亚里士多德逻辑的推崇，他们将这些无法解决的矛盾统称为不真实的现象而加以拒斥。因此，他们几乎否定了日常世界中所有东西的实在性：事物、性质、关系、空间、时间、变化、因果关系、能动性、自我等（OKEW 16），所有这些尽管在某种意义上都是用来限定实在的事实，但却并不像它们表面看上去那样真实。其中，对关系实在性的否定具有决定性的作用。正是对关系的拒斥才导致了一元论哲学——对其他日常世界中的东西和概念的否定很大程度上依赖其对关系的否定，而且这也影响到数学的根基，造成了当时数学领域的危机。因此，内在关系说是罗素批判传统哲学的核心切入点。

传统哲学认为如果存在关系，那么必然存在具有这种关系的性质，因此关系可以还原为性质，而且关系概念本身就包含着自相矛盾①，因而是非实的。罗素认为传统哲学这种拒斥关系的立场得出了很多无法令人满意的学说和观点。在数学领域，出现了用心理主义来定义数学中基本概念的趋势，数学的基础出现了动摇；很多依赖关系才能建立起来的数学理论无法得到合理的解释，如无限性（infinity）、连续性（continuity）理论等，而这些理论又对物理世界中的时空概念的解释很重要，正是由于传统哲学对无限性、连续性理论的错误解释，才导致了不同哲学家对时空概念持有各种具有争议的解释。在哲学领域，对什么是实在的问题争论不休，作为哲学中主导力量的古典传统认为世界中那些明显的多样性仅仅是对一个单一的不可分割的实在（Reality）的不真实分割，是非实在的，拒斥世界的

---

① 传统哲学如何否定关系的实在性可参见布拉德雷的《现象和实在》；罗素关于关系的实在性的观点，其外在关系学说本文只略微提及，不作具体研究。

多元性。这种传统的哲学被罗素称为唯心主义一元论哲学："真实的东西是一个单一的、不可分割的、无时间的整体（whole），被称为绝对（the Absolute），在某种意义上是精神的（spiritual），但不是由灵魂或者我们所知道的思想和意志构成的。"（OKEW 16）

　　罗素认为一元论哲学关于实在的上述观点的确信，除在最初起源上也许是出于某种情绪的不可抗力的信念之外，最主要的还在于它们依赖传统的亚里士多德逻辑而对这个信念的推演。这种逻辑认为所有的命题都具有主谓形式，不存在关系命题，关系都可以还原为性质，而性质又是对主语的谓述，是从属性的，最终只有一个唯一大写的实在才是世界的真实本源，因而罗素也称这种逻辑为一元论逻辑。这种逻辑视野下的世界只包含一个唯一真实的实在，它是心理的或精神的东西。一元论逻辑的结构是单一的、简单的，因而一元论的本体论也就只承认一个实在和一种谓述结构关系。罗素认为这种逻辑和本体论都是有问题的，首当其冲的就是它们对关系的理解是不完全的。

　　一元论逻辑（传统主谓逻辑）拒斥关系的实在性，试图将所有的事物都还原成主词和谓词，将那些不能还原的东西拒斥为错误、纯粹显象或悖论。罗素则认为不对称关系（asymmetrical relations）不能被还原成谓词，实际世界中的很多其他最重要的特征和所有的序列都包含不对称关系——时空、大小、整体和部分，这些关系是实实在在存在的，不是显象。他认为传统形而上学对感官世界的拒斥的偏见与传统逻辑的主谓形式相互影响，先有偏见，后有逻辑方法为之辩护，只采用主谓形式而拒斥关系形式，反过来对关系实在性的拒斥又是偏见的逻辑基础。他认为如果真要假定感官世界是幻象，坦白说是没有论证支持的，只能是一种神秘主义的洞见，只要洞见不采用论证的方式来支持自己，我们是不可能反驳它们的。但是只要神秘主义坚决声称我们的日常世界是不可能的，那么我们就应该用理性的方式来反驳它们，因而反驳一元论哲学的本体论的第一步就是承认关系的实在性。

　　对古典哲学传统的上述反驳之所以在 20 世纪初成为可能主要是由于数理逻辑的兴起，这即是罗素说的"逻辑是哲学的本质"的含义：有什么样的逻辑就有什么样的哲学。古典传统依赖一元论逻辑，因而拒斥关系，相应的世界包含单一的实体，具有单一的谓述结构。数理逻辑承认关系的实在性及其多种关系形式，因而也叫多元论逻辑，相应的世界就包含多个分离的事物和具有诸多简单和复杂的结构。这种多元论的世界观即是逻辑原子主义学说的核心观点，这种具有复杂结构的世界观也是符合19世纪末20世纪初的时代发展精神的——科学主义。新逻辑与旧逻辑的主要区别并不是它宣称发现了世界的真实本质，而是一方面它解放了我们关于世界可能是什么样的想象力；另一方面又拒绝为世界是什么样的给出立法上的规定，这是一种更为自由的逻辑，它被用来依据经验而分析世界，而非拒斥经验，通过否定而构造出一个世界。这种逻辑上的内部革命必然也体现在哲学立场上的变迁中，这即是古典传统与逻辑原子主义学说之区别的原因所在，这种变化使得现代哲学家们不再像传统形而上学家们那样，试图野心勃勃地去建构庞大的哲学体系，而是对具体的哲学问题进行细致的分析和推进。虽然依赖数理逻辑分析方法解决传统哲学中的实在问题而得来的这种逻辑原子主义学说最终失败了，但这种学说所提供的对世界结构的一种可能性解释是有其重要价值的，这种尝试使得我们从传统哲学中分化出许多具体的问题，如存在、同一性、共相殊相、因果关系等，这些问题在后来分析哲学的发展中得到了进一步的深化。

（二）对同时代进化论哲学的批评

罗素认为上述古典传统虽然在哲学中仍有很多追随者，然而它代表着一种衰退的力量，不符合当今时代的精神——拥护古典传统的人是那些具有文学气质而不是受到科学精神鼓舞的人。除了用数理逻辑这种理性的论证（分析哲学家们的方法）来反驳这种传统外，还有一种"一般理智的力量"——进化论哲学，它们并不借助理性论证来反驳这种持续了近两千多年的古典传统，而且似乎正是这种进化论的趋势而不是形式的论证（罗素主张的）才将古典哲学推到了一边，瓦解了古典传统中的各种伟大综合，取而代之以一种更有生命力的进化论哲学。

进化论哲学是以达尔文的生物进化论为科学依据发展起来的一种哲学思潮，它们认为宇宙是进化的、向着至善发展的，是理想（以至善为目的）在现实中的进化或展开，这即是斯宾塞和黑格尔派的进化论者的观点。斯宾塞是这种哲学的第一个代表，尼采、詹姆斯为代表的实用主义、柏格森的生命哲学都是进化论哲学发展中的不同阶段。19世纪末20世纪初，各种形式的进化论支配着当时的政治、文学和哲学，它之流行于职业哲学家圈外即表明这种哲学适应了我们这个时代的精神。他们自认其哲学是以科学（生物学）为坚实基础的，可以解放人的希望，鼓舞人对自身力量（power）的信念，是抵抗古希腊的推理权威和中世纪体系的独断权威的正确方法。

以与罗素同时代的柏格森哲学为例。他认为虽然世界有不断趋近之的理想和目标，但目标本身也是随着进化的过程不断变化发展的，并不是固定不变的，静态的目标过于呆滞不足以激发人的意志。他十分看重变化和连续性，认为只有对不断变化发展着的目标的冲动才是实在，他将这种冲动称为生命。生命是一个不断向前流动的、连续的流（stream），它使整个宇宙进化发展过程得以统一，各种表面的区分都是人为的、不真实的，各自分离的事物、各种开始和结束都是为了某种便利而进行的虚构。他的哲学因此被称为生命哲学。这种哲学只承认光滑的、未间断的转变（smooth and unbroken transition），只有相对的信念，没有永恒的真理，它否定逻辑、数学、物理学，因为它们太过静止（static），唯有那种朝向目标的生命冲动和运动才是实在，因而他反对理智（intellect）分析而依赖直觉作为获得知识的重要方法。

罗素认为虽然这种哲学很时髦、很受人认同，但无论是从其考察的问题还是从其从事哲学的方法上来看，它都不是真正科学的哲学。首先，进化论哲学主要考察的是人类的命运问题，它的关注点更多在于道德和幸福，而不是知识本身。罗素认为与人类利益有关的问题（如来世问题）属于某个专门的科学，即使要探讨也必须用类似科学的方法来研究。而真正的哲学并不是任何具体的科学，它并不研究人类命运或宇宙命运诸问题，而应该考察那些与世俗期望无关的纯粹知识的问题，通过对熟悉的、复杂的事物的逻辑分析使我们获得对世界的一般样相（general aspects）的理解，通过提出一些有益的假设间接影响其他科学。很明显，罗素这里将知识论当作唯一科学的（中立）哲学，而排除了哲学中的其他分支。

其次，进化论哲学否定科学及常识的知识，依赖直觉来获得知识。罗素也承认直觉具有理智所缺乏的独特的令人信服的力量，但它也如理智一样容易出错，尤其在对自我的认识和对爱人的认知上。他区分了直觉和感觉，虽然每一瞬间独特的新的东西不能用理智的概念充分地表达，但对这种独特的新的知识的获得也不需要任何特殊的直觉的能力，只需要在感觉中被给予即可获得，感觉才是提供新材料的能力，是不可错的，理智和直觉都是对这些材料的处理。他将直觉看作是一种本能，而且似乎随着文明的增进而减少。直觉作为一种迅速、粗率、立时可用的方法在诸如自我保护、爱情等本能的活动上有时比理智更为迅速且准确，但在对世界的理论的理解上则毫无优势可言，而后者正是哲学的工作。哲学的对象和思维习惯在一定程度上应该从本能中解放出来，对世俗的希望和恐惧保持超脱的态度，不是对人生实际问题的解答，而必须研究一些枯燥、抽象的东西，对这些东西的研究更多地诉诸于纯粹理智而非本能直觉。

因此，罗素认为进化论要成为一门真正科学的哲学，仅仅只依赖直觉是不够的，需要与某种希腊精神——即对理性推理的信念——结合起来，才能获得对宇宙的正确理解。

（三）对自己早年实在论立场的扬弃

罗素哲学总体上可分为两个大的阶段：唯心主义时期（1894—1897）和后唯心主义时期（1897—1959）（学界也常以 1898 年为分界点）①。进入后唯心主义时期后，他的哲学又以 1919 年的《论命题》为界分为前后两个阶段（《论命题》标志着罗素从逻辑原子主义转向中立一元论）。在前一个阶段（1897—1918）大致又经历了三个学说的转变：极端实在论（也可称为柏拉图主义的实在论，代表作为《数学原则》）、表象主义的实在论（代表作是《哲学问题》）、逻辑原子主义（1912—1918）；后一个阶段（1919—1959）包括中立一元论和科学实在论两种哲学立场。罗素在整个后唯心主义时期的不同哲学立场中都持有一种多元主义的实在论立场：世界（实在）是由一些分离的事物组成的，不同点在于其对实在的种类的承诺上。上述阶段承诺的实在大致包括：项和命题，感觉材料、物理对象（包括物质）、心灵（自我）、性质和关系，逻辑原子（殊体、性质和关系）和事实，空时事件（space-time events），他所承诺的实在越来越少，这是他逐步贯彻奥康剃刀的结果。逻辑原子主义学说是进入后唯心主义时期后第一个阶段哲学思想发展的顶点和总结，是对前面两种实在论立场扬弃的结果。

罗素—柏拉图主义的实在论主要体现在 1903 年的著作《数学原则》中。他认为世界中最基本的对象是项（terms），"任何东西，若可以成为

---

① 这里以罗素 1897 年的文章《似乎是的吗，女士？不，它确实是的》（Seems, Madam? Nay, It Is）为分界点，因为他在这里已经开始批评新黑格尔主义者关于显象和实在的区分，但学界多以他在《逻辑原子主义》（LA 324）和《我的哲学的发展》（MPD 12，54）中自述的 1898 年中期为分界点，他此时受到了摩尔在 1899 年正式出版的文章《判断的本性》中论证的影响。

思想的对象，或出现在任一真或假命题中，或在数量上为一，我都称之为项"（PoM 43）。他将项又分为两类：事物（things）和概念（concepts），前者是由专名指示的，后者是由形容词和动词指示的（即性质和关系）。"一个人、一个瞬间、一个数、一个类、一个关系、一个吐火怪，或者任何其他可以被提及的东西，肯定都是一个项"（同上）。"点，瞬间，物质块（bits of matter），特殊的心灵状态（particular states of mind），一般的特殊实存物（particular existents），都是上述意义上的事物，同样还包含很多不实存的项，例如，非欧几里何空间中的点和一部小说中的那些假的实存物（pseudo-existents）"（PoM 45）。显然，罗素在这里持有一种过于丰富的本体论和多元主义立场，对上述这些东西的承诺是很荒谬的。后来他在逻辑原子主义学说中只承认逻辑原子的存在，对逻辑原子的内涵和外延都进行了严格的限制和界定，拒斥这种丰富本体论，采取一种节俭本体论立场。在《数学原则》中，除承认项之外，罗素还承诺了命题，认为命题是一种实在。这种命题本体论在解释假命题和信念命题的统一性问题上产生了悖论，导致他放弃了命题本体论而采用逻辑原子主义学说中的事实本体论（接受了维特根斯坦的"事实"概念，具体讨论参见第二章第一节）。

逻辑原子主义学说对表象主义实在论的批评主要集中在他的《哲学问题》中对物理对象和物质的承诺上，其对自我的态度也经历了一定程度的变化（参见第三章第一节第二点亲知的对象）。尽管罗素在《哲学问题》中对从感觉材料因果地推断出物理对象的存在表示出了怀疑，但他仍旧承诺了物理对象的存在，在维特根斯坦对《哲学问题》的批评影响下，他提出了逻辑构造的理论——物理对象是感觉材料的逻辑构造，是感觉材料的类的序列，这标志着逻辑原子主义学说的开始，也是他对物理世界的一种构造主义解释（详细讨论参见第四章第一节第一点和第四章第一节第三点）。

第三节　研究综述

作为20世纪最著名的哲学家之一，对罗素研究的二手文献（专著和论文集）可谓汗牛充栋，但仅仅只以其逻辑原子主义学说为研究主题的文献并不多。研究这一学说的专著只有一篇论著：《思想、事实和指称：逻辑原子主义的起源和本体论》（Hochberg 1978），这本书目前国内没有找到，国外也没有再版；研究这一主题的论文也不太多，主要有《罗素的逻辑原子主义》（Pears 1972b）；《罗素〈逻辑原子主义哲学〉导论》（Pears 1985）；《逻辑原子和连接的可能性》（Skyrms 1993）；《逻辑原子主义和本体论原子》（Lycan 1999）；《罗素和维特根斯坦的原子主义》（Livingston 2001）；《逻辑原子主义的形而上学》（Linsky 2003）；《逻辑原子主义》（Simon 2003）；《罗素的逻辑原子主义》（Klement 2005）等。

　　虽然只以这一学说为研究主题的二手文献并不多，但只要研究罗素哲学的文献大多都对此学说中的观点、立场有所涉及，它们多以问题为线索将这一时期的诸多观点分散开来研究，将本文中的两种世界结构——事实结构和逻辑构造——分别放在本体论、认识论中加以考察。这类研究中的专著类文献有：《伯特兰·罗素和哲学中的英国传统》（Pears 1967）、《罗素》（Sainsbury 1979）、《罗素哲学发展中的连续和变化》（Hager 1994）、《分析哲学的罗素起源》（Stevens 2005）、《罗素的知觉理论：1905—1919》（Miah 2006）等①；不少论文集收录了讨论这一学说中包含着的诸多问题的论文，如《伯特兰·罗素：批评论文集》（Pears 1972）、《伯特兰·罗素：批评文集》（Irvine 1999）、《伯特兰·罗素剑桥指南》（Griffin 2003）等②；还有一类比较性著作，主要将罗素的思想与其他哲学家进行比较或放入 20 世纪分析哲学兴起的历史背景中来考察，如《罗素、唯心主义和分析哲学的产生》（Hylton 1990）、《维特根斯坦的罗素学徒时期》（Landini 2007）等。

　　不同学者对逻辑原子主义时期罗素的哲学思想常冠以不同的标签——实在论（Pears、Eames、Miah 等）、现象主义（Broad）、还原论等。事实上，逻辑原子主义是一种包含上述各种立场的复杂体系，片面地用一个标签来概括这一时期的复杂思想是会引起争议的，对于理解这种复杂的世界结构理论学说的关键点在于弄清楚如下两对概念及彼此之间的关系：事实和逻辑原子、物理对象和感觉材料。目前学者们多是根据他对其中一个概念的界定来考察这一时期的思想，因而是不全面的。

---

① 专著类文献还包括 Fritz（1952）、Ayer（1972）、Jager（1972）、Eames（1989）、Griffin（1991）、Slater（1994）等。

② 论文集还包括 Irvine（1993）、Monk（1996）、Baldwin（2003a）、Beaney（2007）等。

　　尽管学界并没有将逻辑原子主义学说包含着的两种世界结构——事实结构和序列结构——一并探讨，但这两种结构中包含着的诸多哲学问题在本体论和认识论领域都有所探讨和涉及。有关其事实结构就包含如下这些哲学问题。

　　在世界的本体论中，为何要引入事实？罗素自《数学原理》从命题本体论转向真理符合论后，他一度用复合对象（如"与 – b – 处于 – R – 关系中的 – a"）来解释命题（如"a 与 b 具有 R 关系"）的真假，但这种解释在面对假命题的统一性时产生了悖论。受维特根斯坦影响，他将事实作为一种实在纳入本体论，希望用事实来解释命题的真假问题，尤其为了解释否定命题的真，他承诺了否定事实的存在，这引起了学界极大的争论。Stevens（2005：141—143）认为罗素无论是在前期承认否定事实还是在后期否认否定事实，对否定命题的统一性问题的解释都是不成功的，这主要与他坚持真理符合论相关。对于真理符合论者而言只有两种方式可回应这个问题：要么直接承认否定事实——逻辑原子主义时期的罗素采取此种方法；要么将真理符合论约束于肯定的真（positive truths），然后解释否定的真如何可能——后期罗素采取的方法。无论是承认否定事实还是否认否定事实，对否定的真的解释都存在很多问题：逻辑原子主义时期罗素用不可定义的否定性质来界定否定事实是很神秘的，而后期的非信念解释也是困难重重，因此，对否定命题的合理解释是真理符合论者面临的一大内在的理论困难。

　　在对事实种类的承诺上，罗素和维特根斯坦是很不同的，但 Sainsbury（1979：220）则根据前期维特根斯坦的立场推断出罗素对事实种类持有如此一个原则："由逻辑完善的语言中的一个真句子'p'所陈述的一个事实是真实的存在物，当且仅当在逻辑完善的语言的真句子中不存在比'p'更短的非空集合 X，例如 X 蕴涵'p'。"根据这个原则，他认为罗素应该只承认原子事实、全称事实的存在，而否认否定、析取、合取、条件、存在事实的存在，尤其认为罗素对否定事实的承诺是与他自己的这个基本原则相违背的①。事实上这个原则是 Sainsbury 根据罗素的观点推导出来的，依据罗素自己对这些事实种类的解释，他是不可能持有这种原则的，因而，Sainsbury 指责罗素关于事实种类的观点是不一致的，是没有根据的。

_____

① Stevens 也认为罗素对否定事实的承诺与他的奥康剃刀原则相违背（Stevens 2005：136）。

原子事实是否独立呢？Pears 认为由于罗素将性质和关系等同于日常熟悉的词汇（如"红""绿"等），那么其原子事实肯定是不彼此独立的（Pears 1967：Ⅸ），当然除真的原子命题外（Pears 1972：32）。但也有人认为罗素对原子事实持一种弱的独立版本解释：包含一组殊体的任一原子事实逻辑上独立于一个包含另一组不同的殊体的原子事实，即使这两个事实包含相同的性质和关系（Bell and Demopoulos 1996：118—119）。但事实上这是将原子事实的独立性转移到殊体的独立性上，这两种独立性是完全不同的，尽管罗素承认殊体的独立性，但这并不是他认为原子事实具有弱的独立性的依据。

如何理解逻辑原子的简单性呢？Pears（1967）认为罗素所说的简单是相对主体而言的，是我们不得不将之当作简单的，而不管其本质上是否简单（两者可以重合但不必然重合），因此，他认为罗素将个体等同于感觉材料是符合其理论目标的：解释语词的意义以及意义的习得（learning）问题。因此，即使感觉材料是复杂的，也并未影响其整个理论的合法性，他反倒认为前期维特根斯坦要求对象绝对简单是一种哲学梦，其语言远离了实际的人类生活，是将人们对语言的要求不合法地投射到世界中，对实在提出了过于想象的要求（Pears 1967：149）。Pears 明显倾向于亲知而不太注重简单性的要求。Linsky（2003）则认为罗素的本体论原子与逻辑原子是可以不存在的，因为逻辑分析和形而上学分析可以是无终点的，因此认为逻辑原子主义尽管建立在分析上，却很少利用"原子"这个概念，对原子的寻求并不成功，此理论并不需要逻辑原子的存在，原子的作用在其理论体系中被架空了。也就是说，Linsky 也认为相对简单即可满足罗素的逻辑理论要求。

至于逻辑原子的存在性问题，Pears 在给《逻辑原子主义哲学》写的导论（1985）中认为罗素采用了两种论证方法：经验论证（empirical arguments）和理性论证。他将罗素对语言的具体分析过程看作是其经验论证的方法，并认为是其主要的论证方法。但如果将经验主义推向极端则会产生无穷分析，这就威胁到了逻辑原子的存在性，因此他认为《逻辑原子主义哲学》中还隐含一种理性论证：将逻辑原子主义看作自明的或先天可证的。也就是说，逻辑和经验的结合对逻辑原子的存在性论证是不利的。Linsky（2003）和 Klement（2005）则认为简单体的存在应该是他的一种哲学信念，是对分析方法的承诺。

对于其包含的第二个世界结构，即其逻辑构造理论的相关争论主要集中在还原问题上。20 世纪 30 年代的剑桥分析学派认为罗素的分析有两个层次：同层次分析（same-level analysis）与新层次分析（new-level analysis），他们反对后一种分析而支持前一种分析，认为罗素的逻辑构造是一种新层次分析，是一种还原主义，代表人物有 John Wisdom（1931）。而 W. Demopoulos（2003）与 M. Friedman（1999）则将逻辑构造看作是一种科学定理的结构主义，Linsky 则反对两者，认为逻辑构造是为了使被当作公理的东西变成定理，使对之的证明变得容易，是一种证明论策略，并认为这也正是卡尔纳普的目标①。Pears 也认为罗素的分析存在横向分析（a horizontal analysis）与深层分析（a deep analysis）的区别（Pears 1967：Ⅱ）。

罗素关于物理世界的逻辑构造的观点很容易使人误认为他是一个现象主义者，Miah（2006）认为这是不对的，因为罗素本人已在三处地方明确表明他拒绝被贴上现象主义的标签，他通过对感觉材料的物理的界定和 Sensibilia 理论表明了自己的实在论立场；同时 Miah 还认为罗素对感觉材料的如下两种界定并不矛盾——感觉材料既是物理的又是瞬间的、短暂的。传统哲学家们认为感觉材料不能是物理的，因为物理的东西是持存的，但罗素却持有相反的观点：瞬间的才是实在的，持久的都是构造的；因为，说感觉材料是瞬间的是相对于它们作为某个感知者的可感对象而言的，说它们是物理的是相对于它们作为物质的终极构成成分而言的，两者是在不同层面对感觉材料的描述，前者是认识论的，后者是本体论的，对感觉材料的认识不影响它们的实际本质。

最后，事实结构与序列结构之间的关系是怎么样的呢？这其中的一个关键点是罗素不加证明地将逻辑原子等同于简单的感觉材料。Lycan（1999）根据罗素相关的文本认为他可能依据三种论证方式来证明两者的等同。Lycan 区分了三种原子：逻辑原子、认识论原子、本体论原子；三种虚构：逻辑虚构、认识论虚构、本体论虚构，他认为罗素将这三种原子和三种虚构进行了等同，只要能证明后者等同，则前者也就等同了，但 Lycan 认为根据亲知原则只可证明逻辑虚构 = 认识论虚构，但他认为罗素

---

① 参见 Linsky 的三篇文章：《罗素的逻辑构造》（1999）、《逻辑原子主义的形而上学》（2003）以及《逻辑分析和逻辑构造》（2007）。

用"科学还原"这种方法论原则来论证认识论虚构与本体论虚构等同是不成功的，因为其与亲知原则有冲突，且认为科学还原不等于逻辑还原，那么认识论虚构不可作为本体论虚构与逻辑虚构的桥梁，于是只能运用"映现原则"（the mirroring principle）来证明：为什么语义学上的简单性、初始性对应着本体论上的终极性？他认为罗素依赖实指定义机制的论证太弱，且与亲知原则有冲突，故其结论是罗素将逻辑原子与本体论原子等同是不成功的。这里 Lycan 明显看到了罗素所用方法间的冲突而导致的整个学说论证上的失败。

目前国内对罗素哲学的研究还比较宽泛。学界对罗素哲学思想研究的专著并不多，大多数研究还停留在翻译和一般性的介绍、概括的层面，如有贾可春的《罗素意义理论研究》，高宣扬的《罗素传略》和《罗素哲学概论》。当然，有关 20 世纪西方哲学、现代哲学导论、语言哲学、认识论、逻辑学、分析哲学导论等概略性的学术研究必然会对罗素的哲学思想有所提及，但对罗素不同阶段的哲学思想的研究和对比的著作还是很少，迄今还没有专门以罗素逻辑原子主义时期的哲学为题的专题研究。赵敦华的博士论文《罗素和维特根斯坦的对话》（1988）系统地比较了罗素和维特根斯坦不同阶段的哲学思想，具有很高的参考价值。韩林合的前期维特根斯坦哲学思想研究论著《〈逻辑哲学论〉研究》和分析哲学的论著《分析的形而上学》以及相关的论文"维特根斯坦论现象学语言和现象学"，从对其前期思想研究主题中对罗素的逻辑原子主义思想有所关涉和评述，这些文献对本文的框架结构的确定帮助甚大。

第四节　具体问题及章节安排

罗素的逻辑原子主义学说作为一种世界结构理论要解决的问题是：什么是世界（实在）的终极构成元素以及实在的本质结构是什么（即这些元素处于什么样的结构中）？他在这个学说中对这一问题的回答是：实在的终极构成元素是逻辑原子，逻辑原子处于各种事实结构中。这一回答是他运用逻辑分析的方法对日常语言进行分析而得出的理想语言的结构，而理想语言的结构即是世界的本质结构。

　　如果真如他自己所说，他的这一学说是坚持对语言进行纯粹逻辑分析而得出的产物，那么罗素的世界结构学说与前期维特根斯坦的理论应该基本相同，只是罗素称实在的终极元素为逻辑原子，而维特根斯坦则称为对象。但事实上，他们的区别绝不仅仅在于表面上使用了不同的名字，逻辑原子与对象是如此的不同以至于我们根本就不应该将前期维特根斯坦的理论也称为逻辑原子主义，而且他们对事实的种类和结构的分析也是大不相同的。

　　从罗素对逻辑原子的界定来看，他的世界结构是逻辑分析和经验论立场结合的产物——逻辑原子既简单又可亲知，它们是可以直接被亲知的对象，是世界的终极构成元素，这与传统形而上学是完全不同的：传统哲学（英国经验论除外）认为亲知的东西都是虚幻的，只有纯粹思维把握的理性概念才是实在的，如柏拉图的相、黑格尔的绝对精神等，而他们认为的基质的实在性（如桌子）却被罗素斥为虚构。在对物理世界中的复合对象的分析中他得出了物理世界的逻辑构造理论，认为诸如桌子、椅子、苏格拉底等物理对象都是感觉材料的类的序列，不是世界中的实在对象，是虚构出来的冠以一个日常专名的集合。由于他将感觉材料与逻辑原子中的殊体等同，这就使得逻辑原子既处于事实结构中，也处于序列结构中，前者是世界的一般逻辑结构，后者是关于物理世界中的物理对象的结构，这就形成了两种世界结构理论——事实结构和序列结构，这两者之间的关系是什么他并没有处理，只是《逻辑原子主义哲学》中的一句话似乎表示前者更为根本，后者从属于前者，"对表面复杂的事物的分析……能通过各种方法还原成对表面上是关于这些事物的事实的分析"（PLA 192）。而前期维特根斯坦也持有这种观点，我们也许可以从前期维特根斯坦的解决来获得罗素对这一问题的猜测性回答。

　　本论文的主要问题是研究罗素在逻辑原子主义时期的两种世界结构理论及两者之间可能具有的关系。首先，我们必须先弄清楚这两种世界结构分别是什么，各自包含哪些问题，有什么让人误解的地方；其次，在澄清两种具体的结构包含的内容和困难后，在最后一章试图给出两者之间可能具有的关系解释。

　　各章具体包含的问题及章节安排大致如下：第二章和第三章是世界的事实结构，这是逻辑原子主义的核心观点，由于篇幅过长，分为两章。第二章主要陈述罗素的事实结构（逻辑原子所处的结构）及与前期维特根斯坦的比较。这里涉及的具体问题和理解上的难点包括：罗素引入事实是为了解决什么问题（第一节）？罗素承诺了哪些事实种类的存在（第三节）？原子事实是彼此独立的吗（第三节第一点）？他对否定事实（第三节第二点）和信念事实（第三节第五点）的理解引起了很多学者的争论，直到现在仍是分析哲学界讨论的问题：什么是否定事实？为何引入否定事实？如何解释否定命题的真？信念事实的逻辑形式是什么？逻辑原子处于什么样的逻辑形式（结构）中（第四节）？

第三章回答实在的终极元素是什么及与第二章中的事实结构的关系。理解上的难点包括：逻辑原子是绝对简单还是相对简单（第一节第一点）？亲知包括哪些对象（第一节第二点）？殊体的特点是什么及与传统形而上学中的实体的区别（第二节第一点）？性质的存在问题及其所指是什么（第二节第二点）？关系的存在及对其的亲知问题（第二节第三点）？逻辑原子如何结合成事实（第三节）？

第四章陈述物理世界的序列结构。这里最主要的问题包括：为何对物理对象持逻辑构造（第一节第三点）？感觉材料的私人性和物理性是否矛盾（第二节第一点）？感觉材料与 Sensibilia 的关系（第二节第二点）？物理对象的逻辑构造是一种现象主义吗（第四节）？构造中的感觉材料之间的关系是什么（第五节）？

第五章对世界的事实结构与物理世界的序列结构之间的关系给出猜测性的解释。以 Lycan（1999）的文章为依托，给出罗素的逻辑原子与感觉材料的等同论证，并评价这些论证是否成功，这种等同是否影响其逻辑原子主义学说体系（第一节）；以罗素在《逻辑原子主义哲学》中的一句话为依托结合前期维特根斯坦对两种复合物——空间的复合物和逻辑的复合物——之间的关系给出两种世界结构关系的推测性解释（第二节）。在本章最后的结语部分给出了本文的主要意图和结论。

第二章　世界的事实结构（上）
——事实

　　传统形而上学家们关于世界的最终的存在论成分的问题主要围绕个体和属性（性质和关系）展开，他们争论的核心在于世界是单纯由个体组成的还是单纯由属性组成的、属性是否存在、个体是否有结构以及其结构是什么等问题。到 19 世纪末 20 世纪初随着数理逻辑的发展，在承诺了外在关系说的基础上，罗素开始从对语言的分析来从事哲学研究。在 1903 年《数学原则》中，罗素的实在论不仅承诺了项（事物和概念），这相当于传统形而上学的个体和属性，还承诺了命题的存在。命题可以分析成项，是诸项结合形成的复杂统一体，语言（命题）与实在之间没有鸿沟，语言中承诺的东西全是实在。这种极端实在论产生了很多问题：本体论过于丰富、承认类的实在性导致的悖论、命题的实在性导致了客观的假（objective falsehoods）的存在及假命题的统一性问题，等等。在尝试对这些问题的各种解决的过程中，在前期维特根斯坦的影响下，罗素形成了其成熟的、成体系的逻辑原子主义学说，他将语言区分为理想语言和日常语言，日常语言常产生误导，对日常语言分析可以得出其本质结构，即理想语言的结构，世界与理想语言具有相同的结构，理想语言包括最少词汇和完善句法，其本体论承诺①从项和命题转换成逻辑原子和事实，其承诺的实在逐渐减少，这即是他在哲学研究中不断贯彻奥康剃刀原则的结果。

　　下面我们将分别研究其关于世界结构中的两个成分——事实和逻辑原子——及其关系，以明确罗素的逻辑原子主义作为一种形而上学理论的独

---

① 这里的本体论承诺并不是在客观的意义上使用的，而是指罗素在不同阶段所承诺的实在对象，我将他对实在的承诺称为本体论承诺。

特性所在及其面临的问题。将事实看作世界中的一个基本成分纳入本体论的讨论是从罗素①和维特根斯坦开始的，罗素认为哲学逻辑的主要任务是确定世界中存在什么样的事实形式（PLA 216）。事实理论是罗素的逻辑原子主义作为分析哲学视野下的一种实体学说与传统形而上学关于世界的本体论解释的一个不同之处，是其世界结构理论的三个核心概念之一——事实、逻辑原子和逻辑构造。当然，即使对于同样持有事实本体论的罗素和维特根斯坦而言，两人的观点也是存在很多不同的，下面我们将从五个方面来详细探讨罗素的事实理论，从而看看他的理论的独特之处以及与传统形而上学和前期维特根斯坦理论的区别。

第一节　事实的引入——从命题实在论到真理符合论

正如罗素自己多次所说，他是从数学过渡到哲学的。由于不满意19世纪末英国新黑格尔主义对数学的唯心主义解释（以直观作为建立数学基本概念的可靠指导），罗素跟随同时代的德国数学家开始对数学进行分析，用以寻求数学的可靠基础，开启了其数学哲学领域的逻辑主义纲领。罗素不仅在数学领域从唯心主义转向实在论，在一般的哲学领域也开始反对唯心主义，主要体现在其对一元论的内在关系理论的批驳上②，借助对不对称关系的分析，反对将关系还原为诸关系项分别拥有的性质或关系项组成的一个全体的某个性质，从而坚持一种外在关系说：关系外在于关系项③。

---

① Sainsbury 认为罗素将事实问题看作本体论问题是不合适的，他认为事实问题实际上是一个语言问题，探讨为了充分描述世界所需要的最少语言是什么（Sainsbury 1979：218）。
② 唯心主义和一元论由于内在关系说而紧密联系在一起，内在关系说是布拉德雷从黑格尔哲学中提炼出来的（MPD 42）。
③ 这里最好用"外在于"而不用"独立于"，因为罗素反对布拉德雷将他的外在关系说理解成关系是完全独立于关系项而存在的，他的学说主要强调的是关系的不可还原性和实在性，关系与关系项仍然是紧密相连的，并不是完全独立于项或同项并列的实体。

罗素外在关系立场的出现标志着他进入反唯心主义时期①，自此以后他一直都坚持某种形式的实在论②。罗素的哲学大致经历了如下几个阶段：柏拉图主义的实在论、逻辑原子主义、中立一元论，这些学说都处于实在论的框架之下，只是在关于什么东西是实在的观点上有所不同，上述阶段承诺的实在大致包括：项和命题、逻辑原子和事实、空时事件③，他所承诺的实在越来越少，这是他逐步贯彻奥康剃刀的结果。相应地，罗素对于语言的意义也一直持有实在论或符合论的立场：语言的意义在于与之关联的外在世界，尽管语言与实在并非一一对应，并不是任何一个语词都有与之对应的一个存在物作为其意义〔即使在极端实在论时期，其关于指称短语的意义的解释即已表明了这一点：没有与"并且"（and）、"所有"（all）、"每一个"（every）、"任何一个"（any）、"一些"（some）、"一个"（a）、"这个"（the）对应的存在物作为其意义〕，而且随着他所承诺的实在越来越少，其关于语言意义的解释也相应发生了变化。

　　罗素的极端（或彻底）实在论主要体现在《数学原则》一书中。在这一时期，罗素认为世界中最基本的对象是项，"任何东西，若可以成为思想的对象，或出现在任一真或假命题中，或在数量上为一，我都称之为项"（PoM 43）。项是"处于世界中的"，是实在的一部分，"每个项都有存在（being），即，在某种意义上的是（is）"（同上），尽管只有部分事物才是实存的（existence）④。罗素将项又分为两类：事物和概念，前者是由专名指示的；后者是由形容词和动词指示的（即性质和关系）。在此，罗素持有一种十分丰富的本体论和多元主义立场，"一个人，一个瞬间，

---

① 外在关系说是罗素反对绝对唯心主义的主要论据，他进入这个阶段的第一个标志出现在1897年的《似乎是的吗，女士？不，它确实是的》一文中，主要批评新黑格尔主义者关于显象和实在的区分，一年之后在《关系的分类》一文中开始反对新黑格尔主义者的内在关系说及其对逻辑形式的主谓分析。

② 在1911年《实在论的基础》（BR 128）一文中，罗素认为实在论的基础就是主张"关系是外在的"，在《我的哲学的发展》中认为从早期哲学开始，他就始终没有放弃"外在关系说和与之相连的多元论"（MPD 49），因此可以说自从他开始反对唯心主义之后就一直拥护实在论立场。关于罗素实在论的连贯性讨论参见《罗素实在论的连续性》（Eames 1967）。

③ 自罗素1919年从《论命题》转向中立一元论直至1948年《人类的知识》，他承诺的东西经历了很多变化，从《论命题》和《心的分析》中的感觉到《物的分析》中的空时事件，再到后来《意义与真理的探究》中的性质，我这里只选取其最成熟的版本，即事件作为代表，具体可参见论文《罗素的中立一元论》（Tully 1999）。

④ 这一时期实存被认为是存在的一种，每个事物都有存在，但是只有一些事物实存。

一个数，一个类，一个关系，一个吐火怪，或者任何其他可以被提及的东西，肯定都是一个项"（同上）。

这种极端形式的实在论不仅造成了上述本体论上的荒谬，而且就其自身理论体系而言还存在两个内在困难（Sainsbury 1979：17）：一个是关于"指称短语"（denoting phrases）的分析，这一理论困境直接造就了1905年摹状词理论的诞生，并同时消解了那些非实存的存在物（non-existent beings），此困难不在此处详述；另一个是关于命题的统一性问题（the unity of the proposition），正是由于《数学原则》中的极端实在论对此问题解决的失败才导致罗素转向真理符合论，并最终引入"事实"这个概念。

罗素在《数学原则》中持有一种实在论的命题理论①，即其本体论承诺不仅包含项，还包含命题。在这一时期，他将命题和句子区分开来：命题是句子所表达的东西，命题是由简单元素组成的复杂存在物，独立于它们的语言表达式和理解它们的心灵而存在，完全是非语言的（non-linguistic）、非精神的（non-mental）抽象存在物，是实在的一个独立的部分（a discrete segment of reality）。命题即实在，两者之间没有本体论鸿沟（ontological gap），对命题的分析即是对实在的分析。命题（实在）的最终构成成分是由分析得出的，其包含的关系和性质与它关联的对象一样是实在的一部分，例如，"苏格拉底是有死的"这个命题的成分是实际的苏格拉底这个人本身和有死性（mortality）这个概念。命题是一个统一体，是对象和对象的性质或关系的统一结合体（unified combination）。这里，罗素所认为的命题更多地相似于事态（states of affairs）而非句子，例如，"苏格拉底是有死的"这个命题本质上等同于这样一个事态——苏格拉底之为死（Socrates's being mortal）。

显然，这种实在论的命题理论是罗素外在关系学说的直接产物，因为命题的构成成分——项——是实在的，因此，命题也是实在的。罗素哲学的主要任务是为分析的合法性辩护，他认为所有合理的哲学都应从对命题

---

① Stevens认为命题的统一性问题是罗素自唯心主义时期直至晚期一直所关注的核心，其命题理论大致经历了三种形式：实在论的命题理论、真理符合论、自然主义（naturalized）的命题理论［也可称为心理主义（psychologism）］（Stevens 2005：128），大致相应于罗素哲学的三个阶段：极端实在论、逻辑原子主义、中立一元论。

的分析开始①。但是对命题的分析产生了一个至关重要的问题：命题并不等同于对其分析后得出的构成成分形成的罗列或集合（enumerations or aggregates）（PoM 49—50），前者是一个复杂整体（complex whole），一个统一体，后者则不具有这种统一性，这即是命题的统一性问题。由于命题的统一性由动词体现，因而这一问题的解决主要体现在对动词（性质和关系）的语义作用的解释上。

在《数学原则》中，罗素认为作为动词的动词和作为项的动词（动词相应的名词形式）指称同一个概念，如"红色的"（red）和"红色"（redness）均指称抽象概念红色（redness），那么这两者的区别在哪呢？以命题"A 不同于 B"（A differs from B）为例，对这个命题分析后得出了一个关于诸项的清单（list）：A、不同、B，动词"不同于"（differs from）的谓述作用与分析后作为名词的"不同"（difference）的区别在于前者实际关联着 A 和 B ［或者说命题中的关系实际勾连着（hooks on）关系项］，从而保证了命题的统一性，而分析后的名词是没有这种实际关联力的。这种将命题的统一性放在关系对关系项的关联力上表明关系与关系项是不可分割的，"任何真正是关系的东西都是关系与项的一种勾连"（LA 335）。

这种解释不仅与其外在关系说的立场存在冲突，而且就其内在解释而言也是有问题的，这主要体现在对假命题的统一性解释上。罗素认为命题的统一性主要体现在动词（或者概念）的实际关联力上，这一理论在解释假命题的统一性时产生了矛盾。例如，在"苔丝狄蒙娜爱凯西奥"这个假命题中，由于假命题是客观存在的实在，其统一性在于苔丝狄蒙娜和凯西奥两人之间爱（loving）这种关系的实际获得，但由于这个命题是假的，因此在实在中不存在苔丝狄蒙娜对凯西奥的爱（Desdemona's love for Cassio），这就产生了悖论。也就是说，罗素在《数学原则》中持有的命题实在论不能解释假命题的统一性，承认客观的假的存在会产生一些理论上的困难。

罗素早年这种命题实在论在解释假信念句时也存在同样的问题，含命

①　罗素认为对复杂的存在物分析可以得出世界的结构和构成成分，在《数学原则》中命题即是实在，是复杂的存在物，命题的结构即是实在的结构。在《逻辑原子主义哲学》中语言与世界是同构的，命题表达的是事实，对命题结构的分析可以得出世界的结构，尽管不是一一对应，即并不是存在什么样的命题就有什么样的事实，但它们的逻辑形式是相同的。

题态度词的命题被解释成信念的主体与命题之间的二元关系，命题是命题态度词的对象。例如，在信念句"奥赛罗相信苔丝狄蒙娜爱凯西奥"中，奥赛罗的信念是假的，即苔丝狄蒙娜并不爱凯西奥，在实在中不存在苔丝狄蒙娜对凯西奥的爱；但奥赛罗相信的是一个命题，那么该命题就必须存在，否则就没有什么是奥赛罗相信的，也就不会出现这个信念句，但这个信念句确实存在，因此他就确实相信这个命题，在实在中就必须存在苔丝狄蒙娜对凯西奥的爱，这就产生了矛盾。在《数学原则》中，由于罗素认为真命题和假命题都是实在的一部分，所以他在假命题和假信念句的统一性的解释上均存在问题。

在1907年《论真理的性质》（ONT）一文中，罗素首次使用了事实这一概念①。在这篇文章中，他尝试性地提出了两种真理观：第一种认为"真和假都能属于我们称之为命题的这些非精神的复杂物，存在两种命题：事实（即真命题）和虚构（即假命题）"（ONT 49），他也称假命题为非事实（non-facts），这其实是《数学原则》中命题实在论的延续，仍然承认客观的假命题的存在；另一种理论否定了假的客观性，认为真是"对事实的信念的性质，事实是唯一非精神的复杂物"，假是对无的相信。这表明他已经看到承认客观的假是有问题的，试图用否定客观的假来解决问题，但在这里他只是尝试性地提出了这种理论的可能性，并没有详细解释假命题的真是如何可能的这一问题。尽管他说这两种真理观并不太好取舍，但他仍倾向于第一种理论。这两种理论都认为事实是一种客观的复杂体，独立于我们对它们的理解，是真信念的对象，是客观存在的，但此时他还没有将事实和命题区分开来，仍然坚持命题实在论。在对假命题的解释上，承认客观的假（非事实或虚构）显然是有问题的（《数学原则》中的悖论），否认客观的假还只是一种假设，因而这篇文章可以看作是向《数学原理》的真理符合论的一个过渡。

为了应对《数学原则》及《论真理的性质》中对客观的假命题的承诺所造成的悖论，在1910年《数学原理》中他明确将命题与事实区分开来，命题不再被用作一种客观的形而上学复杂物，而是简单地被理解成直陈句，是语言中的项，他用事实代替了此前理论中的命题的本体论地位，将

---

① 在1911年《亲知的知识和描述的知识》（KAKD 115）和1912年《哲学问题》中也有事实的雏形，尽管没有用到事实这个词。

事实从命题中独立出来①，命题有真假，事实没有真假，存在的只是事实，否定了客观的假，命题的真假在于与事实的符合或缺乏相应的事实。正因《数学原理》对事实和命题进行了重新界定，提出了事实本体论，拥护真理符合论，Linsky 才将《数学原理》看作逻辑原子主义的起始点。《数学原理》中的一些观点在这一学说的后来发展中，尤其在其典型代表作《逻辑原子主义哲学》中有所变化和继承。例如，在《数学原理》中他只承认与基本命题相应的事实的存在，否认了对应于其他命题种类的事实的存在，尤其明确否认了作为一个单一复杂物的全称事实的存在（PM 46），在否认了客观的假之后，他用缺乏一个相应的基本事实来解释基本命题的假，这就使得原子命题的真假和原子事实成为其真理论和形而上学的核心。但在《数学原理》后不久他即认为这种图景过于简单，并在《逻辑原子主义哲学》中描述了更为复杂的框架：除原子事实之外，他还承认了否定事实、全称事实、信念事实，认为它们具有不同于原子事实的独特的逻辑结构，当然后来在维特根斯坦的批评下他在《数学原理》第二版中又回到了《数学原理》第一版这种强形式的原子主义立场。为了更好地解释假信念的问题，他在《数学原理》中提出了多元关系判断理论（the multiple-relation theory of judgment）②，尽管这个理论也是失败的，并不能充分解释判断的统一性问题③，并且正是在维特根斯坦对这一理论的批评下，他放弃了《知识论》手稿的写作，但这一理论一直持续到《逻辑原子主义哲学》中，直到在《数学原理》第二版中才采取了前期维特根斯坦对信念的分析。但《数学原理》第一版和第二版都不属于本文研究的范围，因而本文集中探讨他在《逻辑原子主义哲学》及相关著作中关于事实理论的观点。

　　虽然在《数学原则》中，罗素认为命题是实在的、非精神的、独立于句子的，但他似乎更在意组成命题的成分的特征，即项的特征。世界中的存在对象是项，命题是复杂项，对命题在世界中的存在地位，他既认为是

----

① 《数学原则》时期的命题包含 PLA 时期命题和事实两重含义，因而出现了假命题既存在又不存在的悖论，PLA 时期则将两者分开，问题从假命题转移到否定事实和信念事实身上。
② 事实上，在《论真理的性质》中对假信念句的分析中已具备此理论的雏形（ONT 46–47）。
③ 罗素的多元关系判断理论在本章第三节第五点信念事实中有所涉及，故在此不作详细考察。进一步详细研究可参见 Stevens（2005）第三、第四章，以及其他人的一些论文，如 Griffin（1985）。

实在的，但似乎又不独立存在：可分解为简单项。到逻辑原子主义时期（由于《逻辑原子主义哲学》是罗素逻辑原子主义学说的主要代表著作，方便起见，我们用其英文简写称其为 PLA 时期），罗素明确承诺，世界中既存在逻辑原子，也存在事实，它们是两种不同的实在对象，明确承认事实是世界中的实在成分，这显然是受维特根斯坦的影响的。至于逻辑原子主义理论是否更好地解决了上述命题的统一性，尤其是假命题和假信念的问题，有待于我们对 PLA 时期事实理论的详细考察。事实上，我们认为逻辑原子主义理论对这一问题的解决只是将假命题的困难转移到否定事实上，由《数学原则》中承认客观的假命题造成的悖论转移到否定事实身上，无论是承认否定事实还是否认否定事实均没有解决这一悖论。至于信念句的解释对这一时期的罗素仍是一个困难，他并没有一个很明确的解决方案，这两个问题将在下面第三节第二点否定事实和第五点信念事实中详加探讨。下面我们就来详细考察下他在 PLA 时期的事实理论。

第二节　事实的基本界定

一　事实存在的根据

罗素认为一切科学的知识、所有合理的哲学都应运用分析的方法，分析的起点是那些"绝对不可否认的材料"（PLA 179），而作为罗素第一个不可否认的材料即是世界中包含事实。"世界包含事实"是第一个自明之理（PLA 182）。罗素认为世界中存在事实是显而易见、一经思考就能想到的，因而他并没有从严格逻辑的意义上给出其存在的论证。根据他的那些不太严谨的解释我们大致可以总结出如下几点理由。

首先，对世界的完全描述和解释必须考虑事实。"外部世界……不能仅由一些殊体（particulars）而被完全地描述，你必须也要考虑那些我称为事实的东西……它们与具体的椅子和桌子一样，是真实（real）世界的一部分"（PLA 183）。你不能仅仅通过罗列世界中的个别事物来达到对世界的完全解释，你必须也提及这些事物之间的关系和性质，而所有这些即是事实，事实肯定是对外部客观世界的描述（PLA 191—192）。我们应该知道的不仅是这个、那个以及其他事物，而且还应知道什么是红的，什么是黄的，什么比什么更早，什么在另外两者之间，等等（OKEW 60）。也就是说，当一个人问我当前的世界形势如何，我只给其罗列一大堆事物和人的名字是不够的，我应进一步告诉他，这些事物和人还具有什么性质，处于什么关系中，这即是在向其描述事实。

其次，承认关系的实在性即是承认事实的存在。传统哲学为了否认感官世界的实在性以证明神秘主义洞见而认为所有的命题都是主谓形式，否认关系的实在性，所有关系一定都能还原为表面相互关系的项的性质（OKEW 56），并进一步将性质还原为个体的性质，因此是不可能承认世界中有事实的存在的。罗素认为要反对传统形而上学对科学和常识世界的拒斥，首要任务即是承认关系的实在性（OKEW 59），世界中的事物有各种性质，彼此之间处于各种关系，所有这些即是事实（PLA 192）。承认关系的存在，即是承认事实的存在（OKEW 61）。

最后，命题真假的确定必须考虑事实。命题不仅仅是表述我们的心灵状态，大多数情况下是对外部世界中的事实的表达（PLA 183），因此，仅仅知道通常意义上的个体、性质和关系的存在是不足以解释命题的真或假的。比如在命题"A 爱 B"中，仅仅知道 A、B 以及爱这个关系是不足以知道命题的真假的，因为 A 和 B 可以存在但两者可以不具有相爱这个关系，或者实际情况是 B 爱 A，但 A 不爱 B，即 A、B 可以不例示爱这种关系，或者没有以命题显示的次序例示这种关系，因此要知道该命题的真假必须存在事实，与事实相符即是真，与事实不相符即是假。事实是命题的"成真者"（truth-maker）。

二　事实的含义

罗素说他不打算给事实以一个精确的定义，而是试图给出一个初步的解释以便让读者知道事实的含义。根据他给出的解释，事实大致具有如下几个特征。

第一，事实是使一个命题为真或为假的一种东西（PLA 182，191，196）。当一个命题是真的时候，事实就是实际情况的那种事物；当一个命题是假的时候，事实就不是实际情况的那种事物。某种天气状况（如下雨或不下雨）、生理事件（比如死亡）、天文学定理和算术规律等都是这个意义上的事实。至于心理事实，罗素也是承认的（PLA 183），但他并不关心这种事实。组成命题的符号本身不决定命题的真假，否则你可以仅仅通过考察命题而不用环顾周围真实的世界来断定世界的真值（PLA 187），因此一个命题如"这个是红色的""这个先于那个"是被断定还是被否定只能经验地被知道（OKEW 62）。可能有人认为仅仅凭借苏格拉底本人至少可以使"苏格拉底存在"这样一个陈述为真，但罗素认为这是不对的，这涉及他对存在的理解，他将存在只用于摹状词，而苏格拉底是一个缩略的摹状词，这个陈述即是断定一些关于苏格拉底的性质的存在，那么要知道这个陈述的真必须知道有关苏格拉底的一些性质或处于一些关系中，这即涉及事实，因此仅凭具体的存在物本身是不能使任何陈述为真或为假的。

第二，事实是复杂的。事实是与简单物相对应的，不是一个具体存在着的事物，而是有两个或更多的成分。在 PLA 时期罗素一直持有真理符合论的预设，即认为世界与语言存在一种基本相同的结构，因此世界中存在的这种事实的客观的复杂性被命题的复杂性反映出来（PLA 197）。理论上，我们应该从对事实的复杂性的分析开始，事实的复杂性不像命题的复杂性那样是某种心理学的东西，不是你认为它们复杂才使得它们复杂的，而是真正客观的复杂性。但在实际分析过程中，我们是从命题的复杂性得出事实的复杂性的，因为在所有抽象的事物中，符号是更易把握的，而且罗素认为这种基本的客观复杂性也许是不可定义和不可分析的，只能用命题的复杂性来理解它，给出一个标准。命题的复杂性则体现在：（1）它是由几个语词组成的，每个语词都能够出现在其他语境中。（2）当你理解了一个命题由之组成的那些语词的意义时你就能理解一个命题，通过理解一个命题的组成词来理解一个命题的这一特征是复杂物的标志，因为组成词是不具备此特征的，这些组成词代表具体的事物。因此，对应于命题的事实也是复杂的：不同的事实之间可以具有共同的成分，因此可以将一个事实切割成组成部分。也即是说，事实是可以被分析的，因而是复杂的。

第三，事实是客观存在的。事实是关于外在世界的，本身是客观的，不是由我们的思想和信念创造出来的（除了一些心理事实之外）（PLA 183），也不是指那些我们用来断定事实的短语或当我们在做出断定时的心理结构，而是无论我们可能选择怎样思考事实，它们都是其所是的东西，是使我们的断定为真或为假的那些世界的一般结构中（constitution）的特征（OP 285），事实是属于客观世界的。

第四，事实是由一个完整的句子而非由一个单一的名字如"苏格拉底"来表达的事物。有人可能认为一个单一的语词可以表达一个事实，如"火"（fire）、"狼"（wolf）等词，但罗素认为一个单一的语词要表达一个事实需要依赖一个未被表达出来的语境，一个事实的完整表达总会涉及一个句子。罗素反复强调事实是不同于简单的事物的：（1）事实是由命题（句子）表达的，而简单的事物是由名字表达的①。命题不同于名字，命题不是事实的名字，故事实不可被命名，这在一个假命题中可以明显看出两者的区别。例如，在"金山是一种虚构"这个命题中，金山是不存在的，因而不是一个真正的名字，但这个命题仍旧是一个有意义的命题。因此，事实不可被命名，只可被断定、否定、希望、质疑、意愿、意欲等。事实不可放在逻辑主词上②，而简单的事物（被命名的事物）则只能放在主词的位置。事实虽以事物作为构成成分，但却完全不同于事物，不可被命名，只可被断定。（2）事实与命题的关系不同于名字与被命名的事物之间的关系，命题的形式逻辑特征不同于名字的形式逻辑特征。名字与被命名的事物之间只有一个关系——命名关系，否则就不是名字，只是无意义的声音；一个命题与一个事实之间则有两种不同的逻辑关系——为真或为假，否则就是无意义的。对于世界中的每一个事实都存在两个命题对应于它，这同一个事实使一个命题为真使另一个为假。

第五，事实没有真假两极性，存在的只是事实（PLA 184）。罗素认为也不能说所有的事实都是真的，因为真和假是相互关联的，说事实是真的，就意味着可能存在假事实；而罗素认为不存在假事实，命题才是本质上具有真假二元论的东西，命题的本质是它能以两种方式对应于一个事实，一种为真的方式；一种为假的方式（PLA 187，208）。这一观点显然是为了应对他在极端实在论阶段承认假命题而造成的两难困境，即在解释假命题和假信念句的统一性问题上的困难③。这里，罗素将命题和事实区

---

① 这里的简单物是在宽泛的或者说比较传统的意义上说的，即日常的专名也可当作此时的简单物，但罗素严格意义上的简单物是指那些简单的感觉材料，这里是为了说明复杂物和简单物的区别，故没那么严格。

② 当一个命题出现在逻辑主词的位置时，就不具有罗素所说的命题的意义了，只是被提及（处于引号中）或是一个复合命题的一个分支，仍不是一个名字。可参见弗雷格在《论概念和对象》（1892）一文中关于处于对象位置的概念的解释。

③ 在极端实在论阶段，罗素的命题具有此阶段事实所具有的本体论地位，很显然，命题是具有真假的，因而可说存在假事实，详细讨论可参见本章第一节。

分开来，承认命题的真假两极性的同时否认事实具有真假，这同一个事实可确定两个对立命题的真假，因此可以解释假命题的存在。但假命题的统一性问题在这一阶段仍然存在，只是从假命题转移到否定事实上，我们将在否定事实一节具体讨论。

第三节　事实的种类

　　事实的存在对罗素而言是自明的，但存在哪些种类的事实则是需要论证的。逻辑原子主义时期的罗素和前期维特根斯坦认为语言之所以可以描述世界，是因为语言和世界具有相同的结构，他们关于世界结构的观点依赖其对语言结构的探讨，这是逻辑原子主义学说的一个理论预设：对日常语言进行分析得出理想语言的结构，从而给出世界的结构。虽然两人都被看作逻辑原子主义学说的代表人物，但他们关于世界结构和语言结构的观点存在很大的差别。前期维特根斯坦的理论常被看作罗素的极端版本，他认为语言的本质结构是基本命题的真值函项，因而他只承认基本（原子）事实的存在，其他事实结构是基本事实特定方式的排列，而基本事实的结构又是对象特定方式的结合。然而对罗素而言，他只认为分子命题是原子命题的真值函项，因而只是否定了分子事实的存在。除了像前期维特根斯坦那样承认肯定的原子事实之外，他还承认否定（的原子）事实（尽管有些犹豫）、普遍事实和信念事实（即多于一个动词的事实），他认为正是因为这些事实的存在才使得原子命题、否定命题、普遍命题和信念命题有意义（成真或成假），对世界的完全描述需要这些事实的存在①。

---

① 虽然罗素在《数学原理》第一版，尤其在第二版持有像前期维特根斯坦一样强形式的逻辑原子主义，完全接受了前期维特根斯坦的外延原则：理想语言中的任何复杂句子都是诸原子句的真值函项连接，只承认原子事实的存在，并一度在《我们关于外间世界的知识》中也认为"如果我们知道所有的原子事实，并且也知道除了我们知道的那些原子事实之外不存在其他原子事实，理论上而言，我们应该能推出任何形式的所有真理"。（OKEW 63）（他在注释里认为信念事实虽不是严格意义上的原子事实，但此时他将其包含在原子事实中）这使得原子命题的真假和原子事实成为罗素真理论和形而上学的核心，但本文考察的是以《逻辑原子主义哲学》为其逻辑原子主义学说核心代表作的观点，在此他认为《数学原理》中只承认原子事实的立场过于简单，从而还承认了全称事实、否定事实、信念事实是相应命题成真成假的依据。

Sainsbury 认为罗素在 PLA 时期持有这样一种事实的存在原则："由逻辑完善的语言中的一个真句子'p'所陈述的一个事实是真实的存在物当且仅当在逻辑完善的语言的真句子中不存在比'p'更短的非空集合 X，例如 X 蕴涵'p'。"[①]（Sainsbury 1979：220）根据这个原则，他认为罗素应该只承认原子事实、全称事实的存在，而否认否定、析取、合取、条件、存在事实的存在，尤其认为罗素对否定事实的承诺是与他自己的这个基本原则相违背的[②]。事实的这个存在原则是 Sainsbury 根据罗素的观点推导出来的，事实上，根据罗素对这些事实种类的解释，他是不可能持有这种原则的，因而，Sainsbury 指责罗素关于事实种类的观点是不一致的是没有根据的。下面我们就来具体看一下罗素到底承诺了哪些事实种类。

一　原子事实

（一）基本界定

第一，原子事实是最简单的事实。"当我说到一个'事实'的时候，我不是指世界中那些简单的事物中的一个，我意指的是某个事物具有某种性质，或某些事物具有某种关系。"（OKEW 60）罗素这里所说的事实在特定的意义下才是原子事实，例如，在"这个是白色的""这个在那个的左边""这个先于那个"这样的事实中，只有在"这个""那个"是指当你看到日常对象时所见的东西时才是原子事实[③]，如果它们指日常的对象，比如这支粉笔或这个人，那么就不是原子事实，因此，像"苏格拉底是聪明的"这样包含日常专名的都不是最简单的原子事实，而是含有一个摹状词的存在命题，是比较复杂的命题。

第二，原子事实包含无穷多的事实分层，具有无穷多的形式。"你拥有一整个的无限的事实分层——在这些事实中，你拥有一个事物和一个性质，两个事物和一个关系，三个事物和一个关系，四个事物和一个关系，等等。"（PLA 199）在这些无数多的形式中，含有一个性质的事实比关系

---

① Sainsbury 认为一个理想语言的句子比另一个短，当且仅当第一个比第二个包含更少的符号，每个名字和简单的谓词可当作一个简单符号，括号不被当作符号。

② Stevens 也认为罗素对否定事实的承诺与他的奥康剃刀原则相违背（Stevens 2005：136）。

③ 即是要求"这个""那个"指称殊体（简单的感觉材料）时才是原子命题，关于这一点在探讨逻辑原子和殊体的含义时将会详细讨论。

事实要更简单，二元的关系比三元的更简单，以此类推，我们可以将一元关系（性质事实）形式还原为二元关系，二元的还原为三元的，等等，任何阶层（order）的关系都可以还原为比它高一层的关系，这就是罗素所说的只可向上还原，不可向下还原①（PLA 203）。

例如，可以将"这个是红色的"这个性质命题还原为"这个"与某个标准的红色的事物具有"颜色相似性"（colour-likeness）或"相同颜色"（sameness of colour）这种直接的关系，而不是认为这个具有某种颜色。罗素认为贝克莱与休谟就已经用此方法来消除抽象观念了，只是没意识到是在将性质（谓词）还原为关系而已。罗素的这种向上还原的观点显然是针对传统形而上学的向下还原的主张的，后者认为所有的命题都是主谓形式，关系命题都是可以还原为此种形式的，不可还原的那些被斥为幻象加以否认，从而得出许多关于实体（substance）和绝对（absolute）的理论，而这些恰好是传统形而上学的核心。罗素则举出在不对称关系中是不可能将关系还原为性质的，因而承认关系的实在性，坚持多元论的世界观，并同时认为要还原的话也只能向上还原，进一步强调关系的重要性，甚至认为性质也可还原为关系，关系是肯定存在的，虽然他认为性质也是存在的，但其存在性是可以怀疑的。当然他只是指出了这种还原的可能性，并没有给出实际的操作，这里涉及原子事实的逻辑形式问题，留待逻辑形式一节专门处理。

第三，原子事实是确定原子命题是被断定还是将被否定的东西。罗素逻辑原子主义理论的一个基本预设是世界与语言具有相同的结构（PLA 197；OKEW 62），事实是命题的成真者，命题是表达事实的复杂符号［即真值承担者（truth-bearers）］。命题具有无穷多的形式，最简单的即是原子命题，原子命题是表述原子事实的命题，其真假由原子事实确定。

第四，原子事实只能以直接经验的方式而非推理地被认知，这样被认识的原子事实是感觉—知觉的事实，是最明显最确定地被认知的事实。上述第三点表明原子命题的真假是依赖原子事实的，涉及的是具体的事物、性质和关系，与原子事实的形式无关，只能被经验地知道。因此，"在原

① 当然在对称和传递关系中是可以向下还原的，但在不对称关系中是不可还原为谓词的相同或不同的（PLA 206 – 207）。

子事实的知识的最初获得上，逻辑是无用的。在纯逻辑中，没有提到任何原子事实：我们将自己完全约束在形式上，而不问什么对象能填入形式中。因此，纯逻辑独立于原子事实；反过来，在某种意义上，原子事实也独立于逻辑。纯逻辑和原子事实是两极，一个完全是先天的，一个完全是经验的。在这两极之间有一个很大的中间地带。"（OKEW 63）这些中间地带包括分子命题、全称命题、信念句等。

第五，原子事实包含性质事实和关系事实，均是一个单一的（single）事实，原子事实的成分是事物、性质或关系，而不是其他事实。性质事实是最简单的原子事实：某个具体的事物具有一个性质；次一级简单的事实是两个具体事物具有一个关系，再接下来的是三项、四项关系，等等。原子事实的成分是：性质事实"分配（assigns）一个性质给一个事物，这个事实仅仅有两个成分，这个事物和这个性质。当它包含一个两个事物间的关系时，它有三个成分，这两个事物和这个关系。当它包含一个三个事物间的关系时，它有四个成分，等等。事实的成分，在我们正在使用的'事实'一词的意义上，不是其他事实，而是事物和性质或关系。当我们说存在多于两项的关系时，我们意指的是存在由一个单一的关系和两个以上的事物组成的单一事实。"（OKEW 60－61）也即是说，原子命题只包含一个单一的动词，是最简单的命题，不包含量词、否定、合取、析取、蕴涵等逻辑词，只包含简单的主谓命题和简单的关系命题，它们具有相同的结构，都是由主词和谓词构成的；相应地，原子事实包含的项可以是无穷的，但只含有一个单一的 n 元关系，因而是一个单一的事实，而不是复合事实，原子事实也相应地可以区分为性质事实和关系事实。

（二）原子事实的独立性问题

在对逻辑原子主义学说的一般描述中，学界常将罗素和前期维特根斯坦看作其代表人物，但实际上，两人在很多方面都是不同的，前期维特根斯坦可看作是极端版本的逻辑原子主义［参见 Pears（1967）和 Sainsbury（1979：219）］，如果我们可以用这一术语来界定他的话。其中的一个不同之处体现在两人对原子事实和原子命题（前期维特根斯坦称为基本事实和基本命题）的独立性的界定上。

前期维特根斯坦明确提出了这样的要求：

基本事实彼此独立。（TLP 2.061）

从一个基本事态的存在（即基本事实）或者不存在不能推导出另一个基本事态的存在（基本事实）或者不存在。（TLP 2.062）

基本事实是最简单的事实结构，彼此之间既没有因逻辑结构上的关联而导致的推导关系，也没有因意义或因果上的关联而导致的推导关系。

同样，基本命题彼此之间也是逻辑独立的，不存在任何推导关系，从任何一个基本命题的真假逻辑上并不蕴涵任何其他基本命题的真假。

一个基本命题的特征是任何其他基本命题都不能与它相互矛盾。（TLP 4.211）

从一个基本命题不能推导出其他任何一个基本命题。（TLP 5.134）

这里，维特根斯坦意义上的基本命题不是我们通常所说的命题逻辑中的简单命题——单称、全称和特称命题，也不是谓词逻辑中的简单命题（Fa）或简单命题形式（fx）。例如，"视野中的点 A 是红色的"和"视野中的点 A 是绿色的"这些命题是谓词逻辑中的简单命题，但它们是不相容的（incompatible）（不可同真，但可同假），从一个的真可以推出另一个的假，因而不是相互独立的，也即不是维特根斯坦意义上的基本命题。

维特根斯坦认为只有继续对谓词逻辑中的这些简单命题进行彻底分析才能找到真正简单的基本命题，但他并没有明确解释应该如何进行进一步的分析，并认为诸如基本事实、对象、基本命题和名称的问题都是属于经验范围的问题，如果勉强给出一些猜测性的，只能是无意义的胡说（TLP 5.557—5.5571）。因而对维特根斯坦而言，基本事实、基本命题、对象和名字都是形而上学的独断要求，给不出例子，也不可被认识，因特别强调其形而上学上的简单性和独立性要求而放弃了认识论上的可被认识的要求。这是前期维特根斯坦理论所蕴含的一大内在困难。

相比维特根斯坦的独断要求而言，罗素对原子事实的独立性的立场是不清楚的，在他的著作中也没有详尽地处理这个问题，只在 1914 年《我们关于外间世界的知识》中，当谈到原子事实只能被经验地认知而非推理地认知时，他说道：

可能一个原子事实有时能从其他原子事实推论出来，尽管这似乎
非常可疑；但无论如何一个原子事实不能从不包含任何一个原子事实
的前提中推论出来（inferred）。由此可见，如果要认知（known）原
子事实，那么至少其中一些原子事实必须非推理地被认知。……如果
我们知道所有的原子事实，并且也知道除了我们知道的那些原子事实
之外不存在其他原子事实，理论上而言，我们应该能推出任何形式的
所有真理。（OKEW 62 –63）

　　引文的第一句话表明他对原子事实（命题）的独立性持开放性的态
度：一方面一个原子事实可以从另一个原子事实推论出来，也就是说，原
子事实不是独立的，而是相互依赖的；另一方面又对原子事实之间存在这
种推导关系表示了怀疑，这似乎表明他认为原子事实应该是独立的。但仅
凭这句话是不清楚他的立场的，至少他没有将独立性当作原子事实的一个
定义性特征，因而原子事实彼此独立也不应当作逻辑原子主义的核心信条
（tenet）。

　　但可以确定的是，就其所给出的原子事实的例子"这是白的"而言，
罗素肯定不持有维特根斯坦意义上的那种强化的独立性原则：原子事实既
无逻辑结构上的关联也无因果关系上的关联，既是逻辑独立也是因果独
立。关于原子事实或原子命题总是独立的这个论题的通常反例是那些包含
相互排斥的简单性质的句子，例如，"颜色排斥问题"（color exclusion
problem）："a 是红色的"与"a 是蓝色的"并不彼此独立。因为颜色这种
简单的性质是相互排斥的，因此"这是白的"与这是红的、绿的、蓝的等
是不相容的，从一个命题的真可以得出其他命题的假。因此可以说，罗素
的原子命题不是因果独立的。

　　虽然罗素并不持有维特根斯坦意义上那种强化的独立性原则，但他的
某些哲学立场与原子事实或原子命题的独立性学说是相符合的（Klement
2005）。也即是说，他持有一种弱化版本的独立性原则——原子事实是逻
辑独立的，尽管不是因果关联意义上的独立。

　　首先，虽然具体的原子事实总是偶然的，其涉及的性质和关系不总是
相互独立的，但其逻辑形式是相互独立的。命题间的逻辑关系总是通过命
题的逻辑形式而获得的（IMP 197 –198；PLA 237 –239），原子命题具有

最简单的可能形式，因而仅仅凭借原子命题的形式是不可能导致其与其他原子命题之间的任何逻辑连接或不相容性的。因此，罗素的原子事实和原子命题像维特根斯坦一样是逻辑独立的。

其次，罗素的逻辑构造的概念也表明了其原子事实和原子命题的逻辑独立性。有些表面上看来是逻辑上不相容的原子命题其实不是真正的原子命题，它们之间存在的那种不相容的逻辑必然性关系是由于其包含的主词和关系词的本性造成的，它们不是绝对简单的存在物，而是一种逻辑构造，经过完全分析和正确的逻辑构造后，在绝对简单的存在物和真正的原子事实中，那种假定存在的逻辑必然性关系会完全消失。在后来总结他的PLA 时期的态度时罗素写道："世界中的原初材料（raw material）没有平滑（smooth）的逻辑性质，任何似乎有那些性质的东西都是人造的。"（IPOM XI）也就是说，真正的原子命题应该是逻辑独立的。

维特根斯坦的原子事实不仅在逻辑结构上独立而且在因果关联上也是独立的，两者是相关联的，因果独立依赖逻辑独立。诸如"颜色排斥"的问题表明的是命题间事实上存在的因果关联，维特根斯坦认为这种因果上的排斥也即是表明其逻辑结构上不是简单的。但罗素则将逻辑结构（可能性）上的独立性与事实上的因果独立性区分开来，他的原子事实和维特根斯坦的基本事实一样在逻辑结构上是最简单的因而是逻辑独立的。不同于维特根斯坦的是，他为了认识论上的目的——事实是可以被认识的——而给出了一些例子，这些例子是用日常语言来述说原子事实的，彼此之间存在因果关联，因而，在事实的层面上原子事实不具备因果独立性。而且对罗素而言，原子事实因果上的不独立并不影响其逻辑上的独立。因此，我们不能笼统地说罗素的原子事实是否独立，而应该区分出逻辑独立（可能）和因果独立（事实），维特根斯坦坚持两者因而是强独立性的观点，罗素持有前者而否定后者因而是弱独立性的主张①。

---

① 关于原子事实的独立性问题与他关于殊体的定义密切相关，对这两个问题罗素的观点都是有些矛盾的：一方面，殊体是绝对简单的，是给不出例子的；另一方面，殊体又是可以被认识的，因而是可以用语言去谈论的，也即不是绝对简单的。一方面，原子事实的逻辑结构是最简单的，因而是逻辑独立的；另一方面，原子事实又是对现实世界的描述，是可以被认识和述说的，因而不是因果独立的。每当形而上学的要求（逻辑可能）与认识论的要求（实际现实）出现冲突时，罗素与维特根斯坦相反，总是满足认识论的要求，而牺牲形而上学的要求：既然殊体给出了例子，那么原子事实也是能给出例子的，因而也就不是独立的。

二 否定事实

（一）基本界定

罗素在 PLA 时期承认了否定事实的存在（尽管在有些地方他表示出了犹豫，参见 PLA 212，215），这不仅引起了其同时代人的广泛注意，而且也成为分析哲学界内一直有争议的问题。

对于什么是否定事实，罗素并没有给出一个严格精确的定义。否定事实是相对肯定（的原子）事实而言的①，它并不是因为包含一个对应于否定符号的存在物才不同于肯定事实的，因为根本不存在对应于否定符号的对象（PLA 196；OP 287），否则 A 与 ~ ~ A 不可能等价，也就是说，否定事实并不比相应的肯定事实包含更多的成分。至于如何区分一个事实是否定的还是肯定的，他认为并不存在形式标准，我们必须考察语词的意义，否定事实并不以否定词"not"为其形式特征。例如，"苏格拉底死了"这个命题虽然没有含有否定词，但它部分地是一个否定事实，它包含两个陈述："苏格拉底曾经活着"和"苏格拉底现在没有活着"。罗素认为在理想语言中我们容易区分一个命题是肯定的还是否定的，因而也就能比较容易区分出肯定事实和否定事实：肯定事实是使肯定的原子命题为真，使否定的原子命题为假的事实，是指某个东西是实际情况；否定事实是指某个东西不是实际情况，是使肯定的原子命题为假，使否定的原子命题为真的事实，例如他认为苏格拉底没有活着可以当作一个否定事实②。在较为复杂的事实中也包含肯定和否定，只是不太容易区分出两者。

有人可能认为，如果不能方便地区分肯定事实和否定事实，这就已经说明不存在否定事实，存在的仅仅是事实，将事实区分为否定和肯定是无意义的，这也违背了罗素自己的奥康剃刀的原则（Stevens 2005：136）。但罗素认为能否区分两者的问题与我们如何解释否定命题无关；否定事实

---

① 这里所说的否定命题约束在对原子命题的否定中，因为对非原子命题的否定可以还原为一个肯定的普遍事实或其他原子事实的真值函项，因此，否定事实的存在问题是关于对应于否定的原子命题的事实的存在问题。

② 虽然"苏格拉底活着"并不是罗素严格意义上的原子命题，但他在解释一些观点时为了方便说明问题，常将这些包含日常专名的句子也当作原子命题。

的存在不仅仅是一个定义问题，即使我们不能给出一个合理的定义这也不能说明否定事实的不存在，恰恰相反，否定事实是不可定义的，是终极的。对罗素而言，否定事实的存在具有形而上学的意义，形而上学的任务就是去描述世界。否定事实的重要性在于，当你要给出世界的完整描述时，你是否必须要提及否定事实，这是一个真实的确切的问题（PLA 215）。罗素对否定事实的承诺在于强调如果要对世界进行完全描述就必须提及否定，仅仅提及肯定事实是不充分的，否定和肯定一样都是终极的、不可还原的、不可定义的。

罗素反复强调否定事实与肯定事实都是终极的、原初的。在原子事实中，肯定事实和否定事实含有相同数量的构成成分，但却具有不同的形式，这两种形式间的差异是终极的、不可还原的，形式的这种特征被罗素称为性质。事实和事实的形式具有两种对立的性质：否定性质和肯定性质（OP 287）。性质这个概念被罗素当作所有事实所拥有的一个基本的、不可定义的特征，因为即使承认了事实的否定性质，你也不能从对这个事实的分析中非循环地得到一个关于否定事实的本性的解释，如果我们继续追问这些性质是什么，我们所能说的就是它们是事实的肯定性（positiveness）或否定性（negativeness），这又回到了原点。因此，罗素才说："如果否定性是终极的是正确的话，你就不能给出（否定事实）一个一般的定义。"（PLA 216）①

罗素承诺否定事实是为了更好地解释假的肯定命题或真的否定命题是如何可能的这个问题。《数学原则》中的命题实在论是这样来回答这个问题的：命题是实在的，因而假命题也是实在的，假的肯定命题是因为存在与之对应的假命题而为假的。这个理论有两个内在困难：第一，假命题是实在的很荒谬；第二，这个理论不能解释真的否定命题的统一性问题。假命题的存在性表面上使真的否定命题可以统一成一个整体，但在现实世界中却并不存在这种假命题所谓的实在，因此又不能使之形成一个整体，这即是真的否定命题悖论②。为了解决这个悖论，他转向真理符合论。符合

---

① 对于一个事实是否定的或具有否定性质是什么意思罗素并没有详细展开，具体探讨可以参见《论否定的真的成真者》（Beall 2000），他认为在实在（事实）中存在不可还原的构成成分——两极性（polarities），两极性可以看作是罗素肯定性质和否定性质的变体。

② 这个悖论可以表述为：一方面，命题的统一性在于动词（或概念）的某种实际关联力；另一方面，要使此否定命题为真就必须缺乏这种关联，不存在这种实际关联力。

论引入了真值承担者（命题）与成真者（事实）之间的鸿沟，每个真都理
应有一个成真者，真的否定命题之所以可能在于与之对应的否定事实。否
定事实作为否定命题的成真者似乎比假命题更为合理，但实际上仍然存在
上述两个问题：第一，否定事实是何种意义上的存在，其与肯定事实的存
在有何不同？罗素并没有处理这些问题。第二，否定事实也没有解决真的
否定命题的统一性问题，上述悖论从假命题转移到了否定事实身上：如果
每个真命题是由于对应于这个命题的实在的某个特征而为真的话，那么对
应于一个否定的真（negative truths）的实在特征又是什么呢？在逻辑原子
主义时期罗素采取了简单直接的方式来回答这个问题：真的否定命题是因
为存在与其相对应的否定事实而为真的，否定命题的统一性在于否定性这
种命题性质，但至于否定性是什么、它是如何使得否定命题成为一个统一
体的，他并没有回答，他将否定性当作不可定义的和终极的问题而绕开
了，也就是说，逻辑原子主义时期对否定事实的承诺并没有避开《数学原
则》中对假命题的承诺所造成的悖论。否定事实并没有解决真的否定命题
的统一性问题。

（二）否定事实存在的根据

是否每个真的原子否定句都对应着一个真的否定事实？罗素在 PLA 时
期大致持肯定态度，但大多数人对否定事实很反感，只愿承认肯定事实，
认为否定命题是对肯定事实的某种表达，将否定命题当作分子命题看待，
是肯定命题的某种真值函项。反对者的主要策略是将否定命题进行还原，
存在如下几种还原方式。

第一，将否定还原为不相容（incompatible）。当我们断定"not-p"时，
我们实际上断定的是存在某个命题 q 是真的且与 p 不相容（PLA 213），例
如，当我们说"这个不是红色的"时，我们可能断定的是与"这个是红色
的"这个命题不相容的某个命题，如"这个是白色的或者蓝色的或者黄色
的"，等等。之所以用否定形式可能是因为：（1）我们碰巧不知道到底是
哪个实际的真命题与 p 不相容；（2）你可能知道这个实际的命题是什么，
但相对于这个使 p 为假的具体例子而言，你对 p 是假的这个事实本身更感
兴趣。

罗素对此的反驳是：（1）为了将"not"还原为不相容性（incompat-
ibility），你必须有这样一个相应的不相容的事实"p 与 q 不相容"，这就
使得不相容性成为一个基本的、客观的事实，而这并不比承认否定事

实更简单（PLA 213 - 214）。（2）将否定命题还原为与其不相容的肯定性质的命题是有条件的：被否定的性质与用来替代之的肯定性质不能同时存在，即两者是相互矛盾的，例如，"桌子是方的"可以被"桌子是圆的"否定，但不能被"桌子是木头的"否定，前者之成立条件是因为圆的东西不是方的，这与"桌子不是方的"同样都是否定事实，这说明不相容性不能脱离否定性而存在，否定性才是更根本的（OP 288）。

第二，用一个事实的缺乏（absence of a fact）来替代否定事实。例如，在"A 爱 B"这个命题中，如果 A 爱 B，这是一个好的实质性的事实（a good substantial fact）；如果 A 不爱 B，这仅仅表达了由 A、爱（loving）、B 组成的一个事实的缺乏，并不是表明一个否定事实的实际存在。罗素则认为一个事实的缺乏本身就是一个否定事实：不存在 A 对 B 之爱（A loving B）这样的事实（OP 288）。在此阶段罗素认为不能用此方法逃避否定事实，但他后期则用事态的缺乏来否认否定事实的存在。

第三，将否定性还原为一种终极的反对关系（opposition）。这种关系是不可定义的，其特征是，当两个命题是对立的时候它们不能同真尽管可以同假，当我们否定一个命题时，实际上是在断定这个命题的某个对立命题的真。这种观点与上述不相容观点是类似的，反对关系的定义本身就已经使用了否定概念，而且，完全有可能说一个命题是不正确的而不知道（或不提及）任何其他命题（OP 288 - 289）。

第四，将否定还原为每个简单谓词的对立面（contradictory）。Sainsbury 认为，如果理想语言中的每个简单谓词都包含一个简单的对立面的话，那么对世界的完全描述将不需要否定事实（Sainsbury 1979：222）。罗素可以这样反驳：否定词实际上是用于整个句子而不是谓词的（PLA 212 - 213）。Sainsbury 又认为，当否定事实约束在原子否定句中时，对谓词的否定和对整个原子句的否定是没有区别的，任何原子否定句都可以用谓词的简单对立面来替代谓词和否定符号；在非原子句的否定中，有很多方式可将其还原为原子句的否定，因此否定符号是可以用该谓词的简单对立面来消除的，否定事实也是不存在的。

首先，罗素在理想语言中是不可能承认每个简单的谓词都有一个简单的对立面的，这显然会增加理想语言的词汇。如果一个谓词可以用包含否定符号的方式分析的话，那它就不是简单的，也就不是理想语言中的词汇①。其次，一个简单谓词的对立面本身就包含了否定，否定比对立面更根本。如反对者常用的颜色排斥论证，否定句"这不是红色的"可以还原为"这是白色的"，但事实上它们之所以可以还原是因为两者是不相容的，而这恰好预设了否定的存在。

因此，无论反对者将"not"解释成什么——不相容性、缺乏、反对、对立面，总存在某个解释将给予你一个否定事实，否定是比它们更根本的性质。例如，在对"这个房间里不存在一匹河马"这个命题进行分析时，如果你仅仅说这个房间的每个部分都充满了不是河马的某个东西，比如桌子、椅子等，我们是不可能得出这个否定命题的，要理解这个命题必定存在一个相应的否定事实（PLA 213 – 214）。因此，虽然否定事实的存在并没有成功地解释真的否定命题的统一性，但是要弄清否定命题与肯定命题的差别（尤其当罗素否定了"not"所对应的逻辑对象后），确定否定命题的真假，要对世界做出一个完全描述，你将不得不提及否定事实。相比那些用来解释否定命题的间接概念，直接承诺否定事实存在更简单、更直接，这可能是承诺否定事实的最大好处。

（三）后期关于否定事实的观点

真理符合论的核心是成真者公理（truth-maker axiom）：如果一个陈述A是真的，那么某个使得A必然为真的事实是存在的。在这样一种理论框架之下，对于真的否定命题的解释有两种：要么承认否定事实；要么对这个公理进行一些修改。

在 PLA 时期，为了更好地解释真的否定命题及其与真的肯定命题的区别，罗素采取了前一种简便的方法，承诺了否定事实的存在。但是正如我们看到的，这种承诺并没有避免真的否定命题的统一性悖论，而且，终极的、不可定义的否定性的提出又与他的奥康剃刀原则相违背。因此进入40年代后，他否认了否定事实的存在，开始寻找对否定命题的其他解释，接受了后者更有挑战性的选择。

---

① 对罗素而言，红色和白色都是他理想语言中的词汇，他显然不会将"白色"分析成"不是红色"，否则白色就不是理想语言中的词汇了。至于红色是否是白色、黄色等其他颜色的简单对立面，是否可以还原，学界是有争议的，至少罗素认为不可还原，都是它的简单体。

如果太阳在照耀，那么"太阳在照耀着"这个陈述描述的是独立于这个陈述而发生的一个事实。但如果太阳并未照耀，那么就不存在被真陈述"太阳没有照耀着"所肯定的是"太阳—没有—照耀"（sun-not-shining）这个事实。（HK 520）

罗素后期对否定事实的讨论集中在 1940 年《意义与真理的探究》（IMT）和 1948 年《人类的知识》（HK）两本书中，他主要试图用信念（belief）来解释肯定句，用非信念（disbelief）来分析真的否定句，从而否认实在的任何否定性特征。

在《意义与真理的探究》中，罗素认为作为句子的性质的真来源于作为信念的性质的真，一个句子的真在于这个句子所表达的信念或非信念的真。"A 听到句子 S 可能被相信或者被反驳或被怀疑，如果被相信，听者的信念被这同一个句子 S 所表述；如果被反驳，听者的非信念被 not-S 这个句子所表述。"（IMT 193）在《意义与真理的探究》中他没有详细回答非信念如何能合理地解释否定的真，在《人类的知识》中他给出的答案是将非信念当作一个个体的肯定状态，虽然非信念与信念是对立的，且两者的成真方式是不同的，但两者同等重要，而且都是肯定的。

给定一个单一的陈述句，例如"这是红色的"，我们对这个陈述句有两个态度：相信或不相信。在这种意义上两者都是"肯定的"：它们是有机体的实际状态（actual states of the organism），没有"not"这个词这些实际状态也能被描述。（HK 141）

罗素将相信和不相信都当作一个有机组织的肯定状态。例如，肯定句"糖是甜的"表述了对糖的甜性（sweetness of sugar）的相信，这个句子由于糖之为甜（sugar's-being-sweet）这个事态而为真，即糖是甜的这个事实使之为真。否定句"盐不是甜的"表述了对盐的甜性的不相信，这个不相信是真的是因为盐之为甜（salt's-being-sweet）这个事态的缺乏，而不是盐是甜的这个事实的缺乏，因为根本不存在这个事实，而且一个事实的缺乏即是一个否定事实。这又重新引入了否定事实。

为了解释否定的真同时又避免不相容的问题，罗素又引入了一个新的概念：肯定的非相似关系（positive dissimilarity）。

由于知觉，当我说"这个不是蓝色的"时候，我可能被理解成是在说"这个是一个不同于蓝色的颜色"，这里不同（differing）是一个肯定的关系，可被称为非相似，不是抽象的不同（non-identity）。无论如何，人们可以认为这就是那个使我的陈述为真的事实。（HK 139）

我认为罗素后期用肯定的非相似关系代替不相容关系来否认否定事实并未完全解决问题，他并没有说明为何这种关系是肯定的，这只能是一种独断。Stevens 认为罗素完全可以只用非信念这个概念来解释否定的真，否定的真可被定义为是对肯定的真所表述的东西的不相信。一个肯定的句子 A 表述了一个信念 A_b，A_b 是真的当且仅当实在包含 A 这个事实，否则是假的；一个否定的句子 ~ A 表述了一个非信念 A_{db}，A_{db} 是真的当且仅当 A_b 是假的，否则 A_{db} 是假的（Stevens 2005：142 - 143）。这表明我们只需要一个唯一的成真者，即真的肯定原子句的成真者，否定的真不需要成真者，肯定的假也不需要成假者（false-makers），它们的真依赖肯定的真的假，即信念的假。

我认为罗素后期用非信念来解释否定事实的方法并未克服此前他自己对不相容和缺乏两种解释的反驳，而且后期的这种解释过于复杂，不易把握。维特根斯坦也认为一个否定句子的真在于相应的肯定句子缺乏一个成真者，但他并没有像罗素那样诉诸信念或非信念①，而是诉诸基本事态的存在和不存在②。

罗素对否定的真命题和肯定的假命题解释上的困难是与他坚持真理符合论相关的。真理符合论认为一个命题的真在于与事实的符合，而对否定的真的解释则对此理论提出了挑战，是个例外。对于真理符合论者而言只有两种方式可回应这个问题：要么直接承认否定事实，然后解释否定事实是什么、它们如何能存在——PLA 时期的罗素采取此种方法；要么将真理

① 有人可能认为维特根斯坦承诺了否定成真者的存在："诸基本事态的存在和不存在是实在。"（TLP 2.06）我们也称呼事态的存在是一个肯定的事实，事态的不存在是一个否定事实。然而，他也认为否定事实将被存在的东西所决定："诸存在着的基本事态的总和是世界……诸存在着的基本事态的总和也决定了哪些基本事态不存在。"（TLP 2.04 - 2.05）
② 详细讨论可参见韩林合的《〈逻辑哲学论〉研究》，我们这里关注的重点是罗素的观点，因而就不再详细论述维特根斯坦的观点了。

符合论约束于肯定的真，然后解释否定的真如何可能——后期罗素采取的方法。正如我们看到的，无论是承认否定事实还是否认否定事实对否定的真的解释都存在很多问题：PLA 时期罗素用不可定义的否定性质来界定否定事实是很神秘的，而后期的非信念解释也是困难重重。可以说，对否定命题的合理解释是真理符合论者面临的一大内在的理论困难。

三　普遍事实

（一）普遍事实存在的根据

普遍事实（general facts）是相对单称事实（singular facts）而言的，后者指包含完全确定的殊体、性质和关系的事实，如"这个是白色的"，前者是包含不确定的事物的事实，是由包含不确定的词（all、every、any、some、a）的命题——普遍命题（包括全称命题和存在命题）①——表达的事实，普遍事实包括全称事实和存在事实。

在 PLA 时期，罗素认为在客观世界的清单中（inventory）肯定存在普遍事实，原因如下：

首先，对世界的完全描述需要普遍事实。"假设你已经成功地记录下整个宇宙中的每个单一的特殊事实（single particular fact），并且在你没有记录的任何地方不存在任何种类的单一的特殊事实，但是你仍旧对宇宙没有一个完全的描述，除非你也增加这个命题：'我已经记录下的这些即是存在着的所有的特殊事实'。"（PLA 183 - 184，236）显然，这个增加的命题表达的正是一个普遍事实。

其次，普遍命题真值的确定需要普遍事实。分子命题的真值能由原子命题的真值函项来确定，因而不需要存在单一的分子事实来与之对应；但包含量词的普遍命题的真值不能由对原子（单称）命题的真值函项获得，不可还原为其合取或析取，即使这个合取或析取包含具有这种命题形式的所有真例子，除非我们还知道这些真例子即是全部的例子，而这本身就又是一个普遍事实。

---

① 普遍命题和全称命题的英文都是"general proposition"，当被译作普遍命题时，是泛指包含全称命题和存在命题两种命题的命题；当被译作全称命题时，是特指包含"所有"的命题，与包含"一些"的存在命题对立，是特指普遍命题中的某一种命题。

你不可能通过从特殊事实的推理达到一个普遍事实，无论（特殊事实的数量）有多少。……你永远也不能仅仅只从特殊命题的推理就到达一个普遍命题。你将总是不得不在你的前提中至少拥有一个普遍命题。（PLA 235）

也就是说，有些普遍事实的知识是原初性的（primitive）、自明的（on its own evidence）、非推理地获得的，因为你只能从至少包含一个普遍命题的前提中推出一个普遍命题，普遍事实没有被任何特殊事实的集合所蕴涵①。因此，必然存在一些非推理地获得的、不来源于感觉的、初始的普遍事实，这种自明的全称命题属于纯逻辑的命题。由于普遍真理并没有提及任何特殊的事物、性质和关系，因而是完全独立于存在着的世界中的偶然的事实的，也即是说，普遍真理能够独立于对特殊事物或它们的性质和关系的经验而被认识，是不能被经验地证明的。

因此，普遍真理不能仅仅从特殊真理推论出来，如果要认知普遍真理，它们必定要么是自明的，要么从至少包含一个普遍真理的前提中推论出来。但是所有的经验证据都是特殊真理。因此，如果存在任何关于普遍真理的知识的话，那么必定存在某些独立于经验证据，即不依赖感觉材料（data of sense）的一般真理的知识。（OKEW 65－66）

我们可用如下逻辑符号来更清楚、更直观地说明普遍事实（命题）是不能还原为单称事实（命题）的合取的。

以全称命题为例。要使 $\forall xFx$ 与 "$Fa \wedge Fb \wedge Fc \wedge \cdots \wedge Fn$"（Fn 是单称命题）的逻辑积（logical product）外延上相等必须碰巧所有的并且只有这 n 个事物处于量化式的论域内（domain of the quantification），即要使两者相等还应包含这个额外的事实：这些考察的 n 个事物即是量化式的论域里的

① Sainsbury 认为特殊真理（particular truths）的完全集合（complete set）要能蕴涵相应的普遍真理的概括（generalization），前提是必须先天地（knowable a priori）知道这个集合是完全的，但这通常是不可能的（Sainsbury 1979：220）。Pears 指出了一个反例："古代所有的七个圣人都出生在雅典一千英里的范围内"，他认为这个命题可以被单称肯定命题的集合所蕴涵（Pears 1967：263）。不过，这样的反例并未否定真正的普遍事实的存在。

所有存在物。我们用尖括号表示一个命题的成真者，如〈Fa〉是对应于"Fa"这个命题的事实，将量化式的论域限制于 {a，b，c，…，n} 内。令单称（原子）事实的合取集合为（A）：

〈Fa〉∧〈Fb〉∧〈Fc〉…∧〈Fn〉

令这个额外的事实为（B）

〈{a，b，c，…，n} 是定义域里所有事物的集合〉

这里，（A）是一个分子事实，（B）是另一个普遍事实，而〈∀xFx〉=（A）∧（B），也就是说，即使（A）可以还原为原子事实的真值函项，但仍然存在（B），因此，承认这个对应于∀xFx的普遍事实的存在比（A）（B）的合取更简单、更直接，而且，以此类推，即使对于这个特殊的全称命题∀xFx可以还原为（A）（B）的合取，那么在原初的意义上，一定存在某个普遍事实是不可还原为原子命题的合取的，因而，整体上而言，普遍事实是存在的。①

（二）后期关于普遍事实的观点

对普遍事实的存在与否学界也产生了争议，其争论的焦点在于：是否原子事实罗列的完全性（completeness of the enumeration）本身是超出原子事实自身之外的一个额外的事实。罗素在 PLA 时期给出了肯定的回答，其持有的完全性标准是：对世界的一个完全描述必须包含每个真，而实际情况是，除了原子命题的真还有普遍命题的真，因此，由所有的原子事实组成的清单不是一个完全描述。艾耶尔就对此标准提出了质疑，他认为一个列表不会因为没有被说成是完全的就不是完全的："如果你能列举出每个原子事实，你就对世界给出了一个完全的描述。"（Ayer 1971：91）Sainsbury 则认为虽然我们能提出其他的完全性标准，但罗素的这个标准似乎更合理，而且艾耶尔既没有提供其他标准，也没有表明罗素的标准是不正确的（Sainsbury 1979：221）。

到 40 年代，与他对否定事实的态度发生转变一样，罗素不再认为普遍事实是不可避免的，完全性本身并不是一个额外的事实，从而否认了普遍事实的本体论地位。当然，如果要断定一个给定范围里的特殊知识是否是完全的是必须要使用到全称项的（general terms），但这并没有表明必须

---

① 详细论证可参见 Stevens 的《分析哲学的罗素起源》，他认为罗素的这个论证不是认识论的，而是形而上学的（Stevens 2005：137 – 138）。

存在另一个事实——普遍事实，而只是说明量词是被用来陈述这个给定范围的知识的，断定的是原子事实罗列的完全性，是第二阶的知识。罗素在《意义与真理的探究》中很明显地否定了全称事实的存在："非精神的世界能完全被描述而不使用任何逻辑词，尽管没有'所有'这个词我们不能说这个描述是完全的。"（IMT 92）到罗素最后的哲学著作《人类的知识》这本书时，他只承认肯定事实和原子事实。

在《人类的知识》中，罗素以全知（omniscience）为例，区分了一阶全知和有限制的一阶全知（limited first-order omniscience），前者指"每个不包含全称词（general words）的句子的真假的知识"，后者指一个开语句（open sentence，例如 x is human）的所有值的真假的完全知识（HK 150）。PLA 时期罗素认为一个人的有限制的一阶全知的完全性本身就是一个额外的事实，普遍事实被用来保证相关的开语句的全称封闭的真（the truth of the universal closure）；到后期他则认为拥有一阶全知的一个人仍旧不知道的是他的一阶知识的完全性，是关于他的知识的某种东西，而不是关于这个独立于他的知识的世界的："人们可能会说他知道每件事除了不再有东西可知，似乎没有独立于认知的（knowing）事实对他来说是不可知的。"（同上）也就是说，罗素在后期认为量词断定的是命题（知识）的完全性而不是世界的完全性，只存在全称命题知识，不存在全称事实。

四　分子事实

分子命题是相对原子命题而言的。原子命题是指包含一个单一动词的命题，是最简单的命题形式。有两种方式可从原子命题达到更复杂的命题：分子命题和信念命题（含命题态度词的命题，将在下一节讨论）。分子命题是原子命题以一种类似原子进入分子的方式而进入的命题，是由"或者"（or）、"并且"（and）、"如果"（if）等这类词来连接原子命题而构成的命题，这些逻辑连接词是一个分子命题的标志。

同原子命题一样分子命题也具有真假，均是由事实决定的，但两者成真的条件是不同的：原子命题的真假仅仅在于观察外部世界是否存在一个单一的原子事实与之对应；而分子命题在相应的事实和与事实相符合的本性上都不同于原子命题，两者具有不同的形式。分子命题的真假不仅涉及其支命题——原子命题①——的真假（有时甚至都可能知道分子命题的真假而不知道其组成成分原子命题的真假，例如蕴涵关系），还涉及它们之间的关联。所有的分子命题都是原子命题的真值函项，其真假仅仅依赖于其支命题的真假，其意义完全由其真值表确定，因此，假定存在一个单一的分子命题的成真者——分子事实——很明显是多余的。

例如，在析取命题"p 或者 q"中，这个命题的真假涉及两个不同的事实，世界中并不存在一个对应于析取命题的单一的析取事实。

> 这个命题"p 或者 q"的真假不依赖于一个单一的客观的析取事实而是依赖于两个事实，一个对应于 p 另一个对应于 q：p 将有一个事实对应于这个命题，q 也将有一个事实对应于这个命题。也就是说，这个命题"p 或者 q"的真假依赖两个事实而不是一个，正如 p 和 q 所依赖的那样。（PLA 209）

析取命题的意义就在于在给定了其支命题的真假之后弄清它们的成真条件，即由析取的真值表确定，罗素明确地否定了作为单一的析取事实的存在。

罗素并没有具体探讨合取事实和条件事实，显然他也是否定这些事实的存在的。

> 我称（如下）这些事物为命题的真值函项，即当一个分子命题的真假仅仅依赖进入这个分子命题中的命题的真假时。这同样适用于"p 并且 q""如果 p 那么 q"和"p 与 q 不相容"②。（PLA 210）

而且罗素总是笼统地说分子命题的意义是完全由它们的真值表确定的，当两个命题具有相同的真值表时即是相等的（同上），在对应于分子

---

① 当然，分子命题的构成成分可以不仅是原子命题，也可以是分子命题或其他复杂命题，可以无限复杂化，但我们只约束在其子命题是原子命题的情况下，其他复杂化的分子命题以此类推即可知其真假。

② "p 与 q 不相容"是指两者不可同真；虽然合取、析取、蕴涵命题都是由其支命题——原子命题——对应的原子事实的真假决定，但决定的方式是不同的，当然，即使决定方式不同，但三者都不存在单一的事实与之对应。

命题的事实中不存在一种复杂性（complexity）（PLA 211）。因此，对罗素而言单一的分子事实是不存在的，虽然分子命题的成真者仍旧是一些事实，但它不叫作分子事实，分子命题的真假依赖其支命题所对应的原子事实的真假和真值表①。

与分子事实的不存在相关的一个主张是：罗素在维特根斯坦的影响下，否认逻辑对象的存在，这也可能导致罗素认为不存在分子事实。

> 你不能在真实的世界里找到一个能称之为"或者"的对象，并且说道，"现在，看着这个，这就是'或者'"。不存在这样的事物，如果你试图用这种方式分析"p或者q"，你将会陷入困境。（PLA 209–210）
>
> ……像"或者"和"非"这样的词是命题的一部分，但却没有对应相应事实中的任何部分。（PLA 196）

五　信念事实

在《逻辑原子主义哲学》中，罗素事实清单中的最后一个项目是"多于一个动词的事实"（facts with more than one verb），即由含有诸如"相信"（believe）、"希望"（wish/hope）、"欲望"（desire）、"意志"（will）②、"怀疑"（doubt）等命题态度词的命题所表述的事实，罗素将这些事实和命题统称为信念事实（facts as beliefs）和信念命题。信念命题和原子命题的相同之处在于它们都是一个单一的命题，而不是相关联的两个及以上命题，不同的是原子命题含有一个单一的动词，信念命题则是在一个统一的命题中含有两个及以上的动词。

信念理论最大的困难在于如何解释假信念的存在。事实上，这个困难与假命题所面临的难题是相同的③：即如何处理错误而不假定非存在物（non-existent）的存在，因为罗素认为任何错误理论都不能假定非存在物

---

① 至于析取、合取、蕴涵等真值表可参见一阶逻辑中的命题逻辑，这里不再赘述。

② 罗素认为欲望和信念应该具有相同的逻辑形式，不太肯定意志的逻辑形式是否与它们相同，他倾向于认为意志的情形更类似于知觉的情形，直接指向事实，排除了错误的可能性（PLA 218）。这里我粗略地将这些归为具有相同逻辑形式的一类，并只集中考察信念的情形。

③ 详细讨论参见本章第一节和第三节第二点中对假事实和否定事实的讨论。

的存在，否则世界中就会存在很多荒谬的东西（PLA 223 – 225）。信念难题解决的关键在于如何解释一个假信念命题中的从属动词（the subordinate verb）（即除"相信"之外的动词）的关联作用，这个动词既然是一个动词，似乎表面上就应该关联着从句命题中的构成成分，但事实上它并没有关联那些项，这就形成了一个悖论：在假信念句中，一个动词既要有某种关联力，但在现实世界中又不存在这种实际的关联力。由于罗素本人否认用非存在物的存在（潜存）来解释假命题和假信念的存在，因而他必须寻找其他的解释模型。

罗素在不同时期大致尝试了五种解释模型：二元关系、多元关系、类似前期维特根斯坦的解释、中立一元论以及行为主义，这些解释各自都存在很多问题，并受到了罗素自己及其他哲学家的批评，正如罗素所说："关于信念的问题是一个需要被讨论的实质性的问题（substantial question），任何答案都是可被怀疑、可被争论的，"（PLA 218）这主要是由于错误理论的本性造成的：对于假命题和假信念而言，无论是承认非存在物的存在的解释还是否认非存在物的存在的解释都是有问题的。由于后三种模型是罗素在《逻辑原子主义哲学》之后的理论，不在本文的探讨范围之内，因此本文只涉及对前两种模型的考察。下面我们就来探讨 1919 年之前罗素的信念理论：信念事实存在的根据，以及信念事实的逻辑形式。

（一）信念事实存在的根据

在 1919 年之前罗素假定了信念事实的存在，认为它们是不可还原的事实。他对此的论证主要是通过对行为主义和中立一元论的批评达到的，后两者都完全否认信念现象的存在。

以詹姆斯和杜威为代表的实用主义对信念持有一种行为主义的解释：如果你说一个人相信一个事物，你的意思是他以某种方式行动（behave）。即："当我相信一个命题的时候，这意味着我以某种方式行动，意味着我的行为有某种特征：如果这个行为导致了想要的结果，那么我的信念就是一个真信念，如果没有导致想要的结果就是假的信念。"（PLA 219）

首先，罗素认为这种信念理论与他早期关于信念的二元关系解释模型一样，都持有这样一种假定：信念的对象不是事物之间的关系，而是可能存在或可能不存在的单一事物，信念即是与这个对象的关系。他对这个假定的反驳是：第一，有很多信念不能表达成这种图式（scheme）；第二，它不能对假信念（false beliefs）给出任何解释（参见下面对二元关系模型的批评）。因此，罗素认为信念句中对象的一边（objective side）最好用一个命题而不是一个单一的语词来表达。其次，罗素认为行为主义通过将信念还原为身体行为来消除信念、欲望等精神现象，用因果关系来解释信念，这种考虑远离了逻辑，属于心理学的一个主题，而罗素要探讨的是信念的逻辑形式。

中立一元论是对立于唯心主义一元论和唯物主义一元论的，它认为精神的事物与物理的事物在本质性质上并没有什么不同，它们是由相同的材料（material）构成的，只是在排列和背景（context）上有所不同（ONA 139）。与行为主义一样，它们也否认意识作为孤立的现象的出现，而用中立的物质来解释精神和物理。

罗素对此的反驳是：如果完全消除了意识，那么在解释诸如"这个""我"（I）这类词的意思，以及到底是什么东西使这类词缺乏公平（im-partiality）这类问题时就会面临很大的困难。在纯粹物理的世界中存在完全的公平，时间的所有部分（parts）和空间的所有区域（regions）都同等突出（emphatic），我们可以用中立的物质来解释这些概念。但与主体相关的一类词并不是中立的，是有明显偏向的，罗素认为中立一元论不能用中立的方法来很好地处理这类概念。罗素对信念的讨论主要在于给出其逻辑形式，那些消除信念的理论并没有成功做到这一点，因而他假定了信念事实的存在，承认它们的不可还原性。罗素在1919年之后转向了中立一元论和行为主义，否定信念的不可还原性，他的后期观点不在我们讨论的范围内，这里就不再赘言。

（二）信念事实的逻辑形式

罗素关于信念事实的逻辑形式的探讨存在两种解释模型——二元关系和多元关系，这两种解释模型都承认信念的存在、信念是不可还原的，不同点在于前者将信念命题的逻辑形式等同于原子命题的形式，将被相信的命题当作一个整体，是相信的对象，从而避开了对这个被相信的命题的统一性的内在讨论；后者认为信念命题是不同于原子命题的，是一种新的命题形式，对被相信的命题进行了分解，探讨了信念句的内部结构及各部分之间的关系，但这种模型对假信念的统一性问题的解释仍旧是不成功的。下面我们就分别来陈述这两种模型及各自所面临的困难。

1. 二元关系模型

在《真理的性质》及《论真理的性质》中罗素持有这种解释模型。这种理论模型是十分直观的，在语言上也是很便利的，是信念句的表层语法形式。这是一个一旦你思考信念句的逻辑结构形式就会很自然地达到的第一个很明显的模型：信念句是一个相信主体（believing subject）与一个单一的命题之间的一种二元相信关系，如信念句"我相信 P"可以表述成 B（I，P）。

这种解释认为信念总是有对象，这个对象是一个单一的事物，它可能存在也可能不存在，信念即是主体与这个对象之间的一个二元关系。这种理论得益于这样一个预设：一个信念是一种单一的心灵状态，是一个单一的事物。罗素称真信念的对象为事实，至于假信念的对象罗素持有两种观点：一种认为是客观的非事实（objective non-facts），也可称为客观的假或虚构（fictions），它们与事实合起来被称为命题，命题是客观存在的，是信念的对象；另一种认为假信念是对无的相信（ONT 48 - 49）。后一种观点已经开始反对二元关系的预设，认为它会导致类似说谎者的悖论，因此他认为信念不是一个单一的事物，不是由关于一个复杂对象的一个观念组成的，而是由几个内在相关联的观念组成的，这一观点已经预示了后来的多元关系判断理论的出现。

这种信念理论虽然简明直观，直到今天仍有很多分析哲学家持有这种解释，但它却存在很多问题，其中最大的缺点在于这种模型无法合理地解释假信念的可能性。假定"我相信查理一世死在他的床上"，查理一世、死亡、他的床都是客观的，但是除了在我的思想中之外，它们并没有像我的假信念所假定的那样结合在一起，事实上根本就不存在"查理一世在床上的死"（Charles Ⅰ's death in his bed）这个客观的事实以使我能与之有某种理解关系（OKEW 68），也就是说，无论将假信念看作是与无（nothing）的关系还是与客观的假之间的关系都不是对它的正确分析。因此，信念问题的解决依赖一个充分的逻辑形式清单，需要在二元关系之外寻找更复杂的形式，从而可以合理地解释错误问题。

2. 多元关系模型

这一理论在《论真理和谬误的性质》（ONTF 155 - 156）、《哲学问题》中已有雏形，在《知识论》中得到完善，并直到《逻辑原子主义哲学》中仍持有此观点。在《逻辑原子主义哲学》中，罗素认为假信念事实的存在就表明信念事实是一种新的单一的（single）事实形式，是不同于原子事实、普遍事实、分子事实的一种独特的事实形式，你不能将一个信念事实切断成两个部分，如我相信"苏格拉底是有死的"（PLA 218），一个信念事实是一个整体。信念事实不是关于一个单一观念的复杂物，而是关于诸多观念的一个复杂物，罗素认为信念的对象最好用一个命题而不用一个单一的语词来表达，那些表面上看来是一个单一观念的对象实际上是一个缩略的摹状词。这种对信念的界定可以恰当地区分开知觉和信念（判断）①的差异：在知觉中，存在一个单一的心灵状态，实际的事实或客观的复杂物处于心灵面前，是心灵的对象；然而在信念中，不存在这样一个单一的心灵状态，存在的仅仅是关于这个客观的复杂物的构成成分的复杂物，这些构成成分以某种方式被关联着。知觉和判断的区别即直觉的知识和推论的知识的区别（ONT 46 – 47）。

（1）在信念句"I 相信 P"中命题 P 的地位是什么？

罗素认为在一个信念句"I 相信 P"中，我相信的不是事实，因为还存在着假信念；也不是命题，因为在 PLA 时期罗素否认了命题的实在性，认为命题是无。假命题或假信念并不是一种奇特的影子式的事物（shadowy things），它们并不像事实那样存在于实在的世界中②。正如假命题是一个事实的单独片段，必须被分析掉那样，我们也不能将"我相信命题 P"看作是我与命题 P 之间的一个两重（twofold）或两项（two-term）关系，而应该分析掉信念句中的命题 P，命题 P 并不是信念句的真正构成成分，这个命题 P 的构成成分才是这个信念的构成成分，这就是罗素的多元关系判断理论：信念句是一个主体与多个对象处于相信关系之中，相信是一种多元关系项之间的一种关系。他说，在一个信念句中，你不能问："你相信的是什么东西？"这是一个伪问题，因为根本就不存在一个你相信的单一的对象（PLA 224）。也就是说，命题 P 作为一个单独的句子时，是一个整体，具有统一性，一旦它作为一个成分进入信念句中时，就不能当作信念的一个单一的统一对象，而应该将该命题的构成成分当作相信的对象。③

① 罗素及一些感觉材料论者认为感觉和知觉是绝对可靠的，不会出错的，而信念和判断却是有真假的。
② 罗素对实在的界定是：在对现实世界的完全描述中你将必须提及的每件事；因此假命题、假信念、假推测、没有实现的欲望都不在实在的列表中（PLA 224）。
③ 我认为这与弗雷格对信念命题的含义和所指的分析有相似之处。弗雷格认为：一般情况下，命题的含义是思想，命题的所指是真值，但当一个命题进入一个信念句中后，这个信念句的所指就不是真值，而是这个被相信的命题的含义进入到信念句中。详细讨论参见弗雷格的《含义和所指》（1892）。

总之，我们不能将被相信的命题 P 看作一个独立的存在物、一个单位（u-nit）放入信念命题中，这是对上述二元关系解释模型的拒斥。

（2）信念事实的逻辑形式

信念事实是一种新的种类的事实，其逻辑形式是不同于原子事实的。后者可以比较容易地给出一个空间图式（map-in-space），因为空间关系本身就是一种原子关系或原子关系的复合，但要给出信念的图式并不容易。例如，在"奥赛罗相信苔丝狄蒙娜爱凯西奥"这个信念句中，有人给出这样一个图式：

罗素认为这个图式的错误之处在于：在符号中你有关联这两个事物的"爱"这种关系，但在实际的事实中，并不存在真正关联这两个事物的这种关系。因此，罗素认为我们不能给出与信念具有相同逻辑形式的任何空间图式①。

根据多元关系判断理论，上述假信念命题可表述为这样一个图式：B [奥赛罗，苔丝狄蒙娜，爱，凯西奥，R（x，y）]，括号中的是相信关系的诸关系项，R（x，y）是"苔丝狄蒙娜爱凯西奥"的逻辑形式。这种分析表明，在一个信念句中，信念主体与信念所涉及的诸对象（含有某种关系和某种逻辑形式）之间发生了多元相信关系，这个相信关系将信念主体与诸对象结合成了一个复杂物；与此同时，这些对象之间并没有产生任何关系。这种理论对真假信念的解释是：如果诸对象中的那种关系事实上将其他对象按照一定方向安排到所涉及的那种逻辑形式之中的话，这个信念就是真的，否则就是假的。例如，如果事实上"爱"这种关系将苔丝狄蒙娜、凯西奥、R（x，y）结合在了一起，将苔丝狄蒙娜和凯西奥安排进了 R（x，y）中的话，这个信念就是真的，否则就是假的（TK 136 - 143）。

不同的信念事实的逻辑形式是不同的，信念必须根据被相信的东西的

---

① 相同的逻辑形式指的是一种能通过用新的项来替代一个命题中的构成成分而从另一个命题中获得的形式（PLA 225 - 226）。

本性而有不同的逻辑形式，也就是说，如果被相信的命题的形式是不同的，那么整个信念命题的形式也是不同的。因此，罗素说"信念本身不能被当作一种适当的单一项"（PLA 226）。当然，当你相信的命题一旦确定后，无论你相信的是一个真的命题还是一个假的命题其逻辑形式都是相同的。

罗素对信念事实的承诺①及对其逻辑形式的多元分析，并没有解决假信念所面临的困难。从上述图式我们可以看出，动词"爱"与名字"苔丝狄蒙娜""凯西奥"处于同一个层级上，都是"相信"的对象，也就是说，罗素将从属动词"爱"也当作信念句中的一个对象项（object term）。虽然在《逻辑原子主义哲学》中，他意识到这样做的不妥，反对将从属动词当作一个对象项，反复强调在一个信念句中至少存在两个动词，这两个动词都必须作为动词出现，将项与动词严格区分开来，但至于这两个动词的区别及其关系，他并没有给出解释，只是强调两个都是动词，其区别在于从属动词在假信念中没有实际关联从句中的项，也不是"相信"的项。虽然这种解释似乎说明了真信念和假信念的区别，但是在假信念中从属动词如何既是动词却又没有关联力这个困难仍旧没有澄清，这个问题即是后来分析哲学中常被讨论的：是否一个动词谓述地出现以及是否一个动词真正地关联着它们的项之间的关系问题。关于这个问题的讨论不在本文的范围内，在此不多赘言。

多元关系理论受到了维特根斯坦的强烈批评，正是这一批评使得罗素放弃了《知识论》的写作，一度接受了类似前期维特根斯坦的信念理论（集中体现在《数学原理》第二版附录 C 中），并于后期转向一种完全不同的解释模型——中立一元论以及行为主义。前期维特根斯坦的批评大致如下：如果多元关系判断理论认为信念即在于主体与他相信的诸对象之间的多元断定关系，并且这些对象之间并没有依一定的次序产生任何关系的话，那么就会出现相信一个胡说的命题的情形，而实际上，人们是不可能相信一个毫无意义的命题的，也即是说，无须任何其他前提我们就可从"A 断定 a 与 b 具有关系 R"直接得出"a 与 b 具有关系 R"是一个有意义的或可真可假的命题，用 aRb 表示即是可直接得出命题"aRb．∨．～

---

① 在二元关系模型中，罗素也承认信念事实的存在，只是认为信念事实和原子事实具有相同的形式，在多元关系模型中，信念事实不同于原子事实，是一种新的事实，不能被分析还原掉。

aRb"。罗素的信念理论忽视了被相信的命题也是具有真假两极性的要求的，因而是不成立的。

第四节　事实的逻辑形式

一　逻辑形式的引入

罗素认为传统形而上学带有大量神秘主义色彩，其很多核心概念是神秘的、不科学的，并不能合理地解释科学和日常生活的世界，明显缺乏健全的实在感。而且，关于那些传统论题又产生了许多彼此争锋相对、却又无法评判的形而上学体系，这些争论导致哲学并不像科学那样快速、稳健、累积式地前进。罗素认为传统哲学这一缺陷主要是由于其所依赖的工具——传统逻辑——的缺陷造成的，其中最主要的缺陷在于传统逻辑并不关心逻辑形式①，它只承认存在一种简单的命题形式，即主谓命题形式，将关系命题的形式还原为主谓命题的形式，拒斥关系的实在性，这成为传统形而上学中很多错误的来源②。罗素认为反对传统逻辑和传统形而上学的第一步是承认关系的实在性（OKEW 59），而对关系逻辑的研究必然要求我们对事实的逻辑形式（the logical forms of facts）进行分类，这是逻辑的首要任务，也是哲学逻辑的研究对象③。因此，对逻辑形式的研究是理解整个罗素哲学体系的关键。

---

① 形式、逻辑形式、命题的逻辑形式、事实的逻辑形式、事实形式在罗素那里常不加区分地使用。

② 在罗素看来其最主要的错误是拒斥日常感官和科学世界的真实性，相信超感官世界的真实性，认为只有理智的纯粹思维和概念的先天推理才能获得关于实在的真正认知，他们关于实在的理解被罗素称为一元论的神秘主义世界观，用已有的一元论结构偏见去掉了世界结构的多样性，形成了整齐划一的世界观。

③ 罗素所认同的逻辑包含两个部分：数理逻辑和哲学逻辑。数理逻辑只在其初始发展的阶段才具有直接的哲学重要性，其后来的发展更多地属于数学而非哲学，对哲学研究只具有间接的作用；哲学逻辑指的是逻辑的哲学部分，研究事实可能具有的全部的不同形式，列举不同种类的原子命题、分子命题、全称命题等，形成一个逻辑形式清单。这种对逻辑形式的研究相比数学逻辑对最普遍的命题的研究而言，对哲学问题的科学讨论更为重要，传统逻辑却忽视了对逻辑形式的研究，只承认主谓命题形式，从而产生了很多错误。

逻辑形式对很多传统哲学问题的解决很重要。在罗素看来逻辑是哲学的本质，哲学逻辑的任务就是抽出日常语言的逻辑形式，使之更加明显和纯粹。传统哲学的逻辑框架因为缺乏对逻辑形式的研究，拒斥关系逻辑，混淆简单命题和全称命题形式，从而得出了神秘主义的形而上学。罗素认为哲学应该列出所有可能性的逻辑形式清单，这样才能完全正确地描述和解释世界的多样性，揭示世界的真实结构。

逻辑形式在我们对日常语言句子的理解的解释中很重要，尽管对大多数人来说逻辑形式的知识是不明显的。我们可能理解一个句子中所有个别的词，却并不理解这个句子，尤其当这个句子又长又复杂的时候；我们也可能有关于形式的知识而没有关于成分的知识。"要理解一个句子，必须既有关于成分的知识，也有关于具有这个形式的特殊例子的知识。正是用这种方式，一个句子才传递了信息，因为一个句子告诉我们一些已知的对象是根据某个已知的形式而关联起来的。"（OKEW 53）

逻辑形式对推理也很重要。"在所有的推理中，只有形式才是本质的：特殊的论题除了保证前提的真之外是无关紧要的。"（OKEW 53）逻辑形式还能帮助解决命题的统一性的问题，因为当你知道了一个句子的逻辑形式的时候，你就知道了这个句子的各个成分的意义是如何联结起来以确定这个句子的意义了。

二　逻辑形式的基本界定

在罗素的哲学体系中，如下概念与逻辑形式是密切相关的：哲学逻辑、PM 公式①、逻辑常项、完全普遍的命题（只包含变项）、逻辑命题（即逻辑真）、推理，这些概念组成了一个以逻辑形式为核心的概念网络：哲学逻辑是以逻辑形式为研究对象的逻辑；PM 公式即是日常语言句子的逻辑形式，是理想语言的句子；逻辑常项是出现在一个逻辑形式中的一个常项；完全普遍的命题是一个由全称量词封闭的逻辑形式；逻辑命题是那些只包含变项且能从逻辑前提被推演证明出的逻辑形式，是因其形式而先

---

① 在1910—1913年间罗素和怀特海合作写了《数学原理》，这部巨著主要探讨了数学和逻辑公式，简称为 PM 公式或 PM 句法，也即一阶逻辑句法。

天地为真的，是同语反复式①；一个逻辑有效的推理是因为其逻辑形式而有效的。也就是说，对这些概念的理解全都依赖对逻辑形式的理解。

虽然逻辑形式及其与之相关的概念对罗素的哲学体系十分重要，但他对逻辑形式这个概念的明确讨论，甚至对于理想语言的讨论都是很少的。他关于逻辑形式的探讨散见在《什么是逻辑》《知识论》《我们关于外间世界的知识》和《逻辑原子主义哲学》中，虽然这些讨论都很简略，对一些观点他本人也不太确定，但我还是列出他的一些论点，以期对我们的理解有所帮助。

在《什么是逻辑》一文中，他首次提到了复杂物的形式②。"一个复杂物的形式就是这个复杂物与用不同的东西来替换掉这个复杂物中的每个构成成分而得到的另一个复杂物之间的共同的东西。"（WL 55）他认为，在一个复杂物中，一定存在某个东西我们可以称之为形式，"形式不是一个构成成分，而是构成成分被结合在一起的方式。"（同上）他反复强调复杂物的形式不同于复杂物的构成成分，如果形式是一个构成成分的话，那么这个作为构成成分的形式将又以某种方式与其他构成成分相关联，这个被关联的方式实际上还是形式，这就会导致无穷后退（TK 98）。尽管形式不是具有这个形式的复杂物的一个构成成分，但他认为它仍旧是某个东西（something），而不是无（nothing）。

例如，在"苔丝狄蒙娜爱凯西奥"这个句子中，用变量替换掉复杂物中的具体构成成分，得到"aRb"，这即是这个复杂物的形式，通过给 a、R、b 赋值而得到的任何复杂物的类都具有这个相同的形式 aRb。③ 但同时他又认为"一个形式不是一个单纯（mere）的符号：一个完全由变量组成的符号体现了一个形式但还不是一个形式"。（WL 56）也就是说，形式是一类事实所共同具有的东西（共性），是最抽象的，我们虽然可以用 aRb 来表达一个形式，但由于 aRb 仍是具体的东西，因此还不是形式本身，这似乎类似于前期维特根斯坦说逻辑形式只能显现不可言说，但他在这仅有

---

① "逻辑命题的一个必然特征是它们应该仅仅包含变项，断定的是完全由变项组成的命题函项的普遍的真或有时为真（sometimes-truth）"（PLA 240-241）。

② 到这个时期，罗素已经将命题和复杂物区分开来，这里的复杂物即后来的事实。

③ "两个复杂物具有相同的形式，当且仅当一个复杂物能通过在另一个复杂物的其他地方用新的项来替代而从这另一个复杂物而得到。"（WL 55）"当两个事实仅仅在关于它们的构成成分上不同时这两个事实才具有相同的'形式'。"（OP 286）

两页纸的手稿中只是列出了一些论点，并没有给出详细的解释，并在维特根斯坦的批评下放弃了写作，将什么是逻辑这个深奥的问题留给维特根斯坦处理。

在《我们关于外间世界的知识》中，罗素反复强调了命题的构成成分和形式的区别。任何一个命题和推理都包含两个部分：特殊的主题（subject-matter）即构成成分和某种逻辑形式。形式不是另一种构成成分和特殊的存在物，而是"命题和推理的构成成分被结合起来的方式"（OKEW 52），是更抽象的东西。命题的形式是由命题中的动词指示的，逻辑处理的正是世界中存在的事实的那些完全普遍的、纯粹的形式。

在《逻辑原子主义哲学》中，他对前两次关于逻辑形式的探讨进行了总结。"一个命题的形式指的是当你用一个变项（variable）替代这个命题中的每个单一的构成成分所得到的东西。"另一个不同的定义是指"你能从一个给定的命题通过用其他成分来替代这个命题所包含的一个或更多个成分而获得的所有那些命题的类"。（PLA 238）也即是说，通过用其他成分替代掉一个命题中的成分，你就能得到一类命题，这些命题的形式是由所有这些命题组成的类。这是一个相当临时的定义，因为形式的观念比类的观念更根本。罗素并不认为这是一个真正好的定义，但这个定义暂时解释了一个命题的形式到底是些什么类型的东西。"一个命题的形式就是任意两个命题之间共同的东西，其中，这两个命题中的一个能通过用其他成分替代原始的成分而从另一个命题得到。"（同上）形式是一类命题所共同具有的东西。将一个命题符号化的过程即可得到该命题的逻辑形式，逻辑形式就是那些仅仅包含变项的公式，如 Fx、xRy 等。一个命题的逻辑形式是区别于其表面的语法形式的①，罗素认为命题的语法形式是误导人的，逻辑形式才是一个句子的本质形式，是深层语法，哲学的目的就是找出每个句子的逻辑形式，揭示世界的本质结构。在日常语言的句子中，逻辑形式是隐藏的，并不总是很容易被发现；在理想语言（完全分析）的句子中，命题可以"在一瞬间就表现出被断定或被否定的事实的逻辑结构"（PLA 198）。

---

① 早期分析哲学家试图区分出逻辑形式与语法形式：逻辑形式是指一个陈述或一个命题的结构或样式，可以被具有相同类型的其他命题所共享；语法形式是一个句子的表层语法结构。两个句子分享相同的语法形式这事实并不蕴含他们分享相同的逻辑形式，相反，语法形式能掩盖逻辑形式的差异，产生哲学困难。参见《布莱克维尔西方哲学辞典》（2004）。

　　根据上述界定，对罗素而言，其逻辑形式是可以用诸如 xRy 的形式语言表达出来的，而且 x、R、y 可以独立于 xRy 这个形式而单独存在，逻辑形式可以独立于事实之外而单独存在。这些界定面临很多困难，并受到了维特根斯坦的批评。例如，在"苏格拉底爱柏拉图"这个命题中，苏格拉底、爱、柏拉图是这个命题的构成成分，xRy 是这个命题的逻辑形式。既然诸如 xRy 的逻辑形式是哲学逻辑的研究对象，那么，作为对象的 xRy 的逻辑形式的成分又是什么呢？由于罗素认为 x、R、y 不是命题的成分，因此它们似乎可以被认为是无，似乎所有的逻辑命题都完全没有成分，这显然是很荒谬的；因此他认为形式肯定是某个东西而不是无，因为具有某种形式的一类命题总是为真或为假的，但这种观点会导致无穷后退：一个形式又将需要其他形式才能被关联起来。这个困难主要在于逻辑形式是最抽象的东西，是不能用具体的语言表述出来的，一旦表述出来就不是最抽象的共相，而是具体的符号，这些符号又存在着形式，以至无穷。罗素本人已经意识到这个困难，但他自认没有能力处理这个难题①。前期维特根斯坦的策略是认为逻辑形式只能显现不可言说，这种观点因其过于神秘也不被学界接受。虽然罗素关于逻辑形式的界定存在一些问题，但当今学者大多仍持其观点。

三　逻辑形式的种类

　　根据逻辑原子主义学说，逻辑形式提供了一个逻辑图景，命题的逻辑形式对应于实在的基本结构，作为逻辑分析的哲学就是要列出所有可能的逻辑形式的清单，下面我将给出逻辑形式的大致种类。

　　事实的逻辑形式是无穷多的，包括命题形式和推理形式。传统逻辑认为有且只有一种简单的命题形式②，即把一个谓词归属于一个主词的那种形式，其形式可表述为 Fx，其他较为复杂的形式都可还原为这种简单的主谓形式。虽然语法偏爱主谓形式，但罗素认为这种形式在哲学上既不普遍也不常见，世界的结构图景中肯定存在着那些无穷多的更为复杂的结构

---

① 罗素的《什么是逻辑》和《知识论》是探讨这些问题的未成文的手稿，在维特根斯坦的批评下，他放弃了对这些问题的探讨。
② 简单命题：即不陈述两个或两个以上其他命题间的关系的命题。

（尽管罗素本人也承认他并不打算处理所有的逻辑形式）。

最简单的命题形式是原子形式。"一个形式是原子的当且仅当这个形式的部分不是一个形式"（WL 56）。原子形式的数量是无穷的，包括主谓形式（性质命题）、二元关系形式、三元关系形式等。二元关系和性质命题的形式是不同的，"当你到达 xRy 时，你得到了一个仅由变项组成的图式（schema），根本不包含常项，是一个关于二元关系的纯粹图表，并且很清楚的是任何表述一个二元关系的命题都能从 xRy 中通过给 x、R、y 赋值的方法推导出来"。（PLA 238）xRy 是所有二元关系命题的纯形式。关系形式是罗素十分强调的，因为传统逻辑将关系还原为性质，从而否定了关系的实在性。罗素以不对称关系不能还原为性质以及对内在关系公理的批判①为依据，承诺了外在关系理论。二元关系是一种最简单的关系性质，因而受到了更多的注意，无论是接受还是否定关系的实在性的哲学家都关注到二元关系的存在，这种关系形式也是罗素反复强调的，只有承认两项关系，才能正确地分析连续性序列（serial order），合理地解释空间和时间。多于两项的关系指的是由一个单一的关系和两个以上事物组成的单一事实，这包含三元、四元、五元关系等。"在我们关于事实的逻辑形式的目录（inventory）中必须承认所有这些关系：包含相同数量的事物的两个事实有相同的形式，包含不同数量事物的两个事实有不同的形式。"（OKEW 61）在罗素看来，关系是肯定存在的，不能向下还原为性质，只能向上还原为更高一级的关系。

原子命题是由 n 个不可分析的名字和一个不可分析的 n 阶谓词组成的命题，用个体变元（individual variable）和谓词变元（predicate variable）②替换掉原子命题中的名字和谓词就得到了原子公式 φx、ψxy、χxyz，这些公式是最简单的逻辑形式，是所有其他句法和公式的基础（Sainsbury 1979：144）。

较为复杂的命题形式包括否定形式、量词形式、分子形式和信念形式。任何事实的形式都是成对的，给定适当的构成成分 x、R、y，要么存在 xRy，要么存在 ~ xRy。量词形式是指含有全称量词或存在量词的命题形

①　参见 1907 年罗素的两篇文章《一元论的真理理论》和《论真理的性质》。

②　个体变元又可叫作"名字—变元"（name-variables），即能适当地出现在由名字占据的位置上，可用。

式，全称量词（universal quantifier）是一个具有这种形式"（∀）"的一个
表达式，空白处可填上一个个体变元［在这种情况下指的是一个名字或者
个体量词（individual quantifier）］或者一个谓词变元［这种情况下是一个
谓词量词（predicate quantifier）］，运用一个量词到一个原子公式就产生了
一个量词公式。存在量词与全称量词可以相互定义，量词公式的一般形式
是（∀x）φx 和 ∃x φx。在分子形式中，罗素承认的基本命题连接词是否定
（not/～）和析取（or/∨），把一个公式装入括号并在这个括号前放置一个
否定符号就能得到一个公式，在两个加了括号的公式之间插入析取也得到
一个公式。用这些项我们能引入进一步的命题连接词，如合取（and/&）、
蕴涵（if...then/→）、等值蕴涵（iff/↔）、等于①（the same as/ = ），所有
的推理都依赖分子形式。信念形式是十分复杂的，其详细探讨参见上一节
第五点关于信念事实的讨论，此处不再重复。

推理形式是更为复杂的逻辑形式。罗素认为推理的形式都是假言的②，
即陈述如果一个命题是真的，则另一个命题也是真的。逻辑就是研究这些
纯形式（即逻辑命题），它们仅仅依赖形式为真（逻辑真），是完全普遍
的。三段论推理就是完全普遍命题的一个例子，例如，当我说，"苏格拉
底是人，所有的人都是有死的，因此苏格拉底是有死的"，这个推理的前
提和结论之间的连接并不依赖苏格拉底、人、有死性，它的一般形式可以
表述为："如果一个事物有某种性质，并且任何有这个性质的东西有某种
其他性质，那么这个事物也有这种其他性质。"这个命题是绝对普遍的，
是自明的，没有提及任何特殊的事物或性质，它们是独立于经验证据，是
不依赖感觉材料（data of sense）的一般真理的知识，是初始知识（OKEW
65 – 67）。纯逻辑和数学处理的就是诸如此类的命题，如：

> 如果 p→q，且 q→r，那么 p→r。
> 如果所有的 a 是 b，且所有的 b 是 c，那么所有的 a 是 c。
> 如果所有的 a 是 b，且 x 是一个 a，那么 x 是一个 b。（PLA 240）

---

① 等于是一个被定义的谓词常项（defined predicate constant）。
② 罗素关于推理的这个观点是不正确的，并非所有的推理形式都是假言的（假定真理），大多数
推理都是断定真理，这是罗素特有的观点。

有效的推理形式是无穷无尽的，而且它们最终可以被安排进一个形式化的公理系统之中，即一阶逻辑的命题系统，本文在涉及逻辑的地方均只略提一二，这里就不再详述。

四　逻辑形式的认识方式——逻辑直觉

上面谈到关于完全普遍的命题的知识是自明的、先天地被认识的，是独立于经验证据、不依赖感觉材料的初始知识，这就涉及一个问题：关于逻辑对象或逻辑形式的逻辑知识是如何可能的？罗素认为，逻辑知识的获得与我们关于世界的知识一样都来源于亲知[①]，他将我们对逻辑对象或逻辑形式的亲知称为"逻辑经验"（logical experience）或"逻辑直觉"（logical intuition），这是一种能使我们理解逻辑项（logical terms）的直接知识，对"殊相""共相""关系""谓词""二元复杂物""或者""并非""全部""一些"等这些逻辑概念的理解依赖对包含在这些概念中的逻辑对象的亲知。

罗素认为对逻辑形式的亲知是我们经验中的初始的成分，是一种非常基本的亲知或经验，在我们对任何一个日常命题的理解中[②]和关于逻辑的明确的知识中都依赖对它们的亲知。虽然他对逻辑形式是什么仍存有困惑，但却十分肯定我们能亲知纯粹的抽象形式，否则我们就不能理智地使用诸如"关系"这样的词（TK 99）。事实上，当我们理解了一个句子时就已经包含了对该句子的逻辑形式的亲知，逻辑直觉是理解任何命题、判断、推理的基础。例如，在"a 相似于 b"这个陈述中，假设我们亲知了a、相似性和 b，但是却没有亲知"a 相似于 b"这个复杂物（这个复杂物的存在会保证陈述的真，即后来所谓的"事实"），如果我们要理解这个陈述，就必须知道这三个成分是如何被连接起来的，这就必须要求我们已经亲知了这个二元复杂物的形式（TK 101）。

在 TK 及之前，罗素认为世界中存在着与逻辑常项和逻辑形式相对应的逻辑对象，这些逻辑对象是独立于任何特定的个体和事实而存在的，故

---

① 这里的亲知是在一种扩展的意义上使用的，逻辑亲知不同于通常所说的对特定的、具体的物理或心理事项的感知的亲知。在《知识论》中罗素认为亲知的对象有三种：殊体、共相、纯粹的逻辑形式，虽然都叫亲知，但这三种亲知的方式是不同的。

② 罗素认为我们对一个命题的理解不是通过直接亲知与之对应的事实的，事实不可被亲知。

他也称其为逻辑共相，相比于通常所说的共相，它们更加普遍，更加抽象。因此，以逻辑对象为研究对象的逻辑命题才是普遍有效的、绝对确实的①，适用于任何世界中的任何事项；同时，逻辑命题的获得依赖对逻辑对象的逻辑亲知或经验，因而也是先天的②，是独立于任何关于具体的、特定的事物的经验的。

　　罗素的这种逻辑观存在两个问题：其一，逻辑经验很神秘，令人费解。罗素的逻辑直觉类似于唯理论者的理智直观，即在关于逻辑知识或先天知识的来源问题上，他和唯理论并没有实质的区别：我们的先天知识仅仅来源于我们的理性，无须也不能通过感性获得。罗素将这种逻辑直觉也称为一种亲知经验是很难令人接受的，因为既然是一种经验，就很难合理地解释其是如何能够获得普遍有效的知识的。其二，逻辑对象的存在是有问题的。在维特根斯坦的批评下，罗素在《知识论》之后否认了对应于逻辑常项的逻辑对象的存在，接受了维特根斯坦关于逻辑命题是同语反复式的观点，逻辑与世界无关。但他并没有否认逻辑形式的存在，而是认为逻辑命题正因其逻辑形式才先天地为真的，这正好印证了逻辑形式是罗素哲学的核心这个观点。

---

① 罗素这里不像康德那样用绝对必然性来形容逻辑命题，因为必然、可能、不可能是用来描述命题函项的谓词。

② 罗素的先天不同于康德的先天（等价于普遍有效性和绝对必然性），这里的意思是既不能被经验证实，也不能被其否证，即独立于经验。

第三章　世界的事实结构（下）
——逻辑原子

　　原子一词的本意是不可分的单位、要素，这一观点最早起源于古希腊的原子论学说，近代物理、化学也对原子进行研究，这两种原子是物理或化学原子，而罗素研究的是逻辑原子，是逻辑分析中的最后剩余物，而不是物理化学分析的原子。

　　逻辑分析与物理或化学分析虽然都利用了分析的字面意思——分解、拆开，都以发现隐藏在被分析的对象中的某种新的、本质性的东西为目标，但两者是有区别的。首先，分析的对象不同。前者是以世界的一般结构为对象，借助现代逻辑的概念和技巧，通过分析一般的概念结构或语言结构而获得世界的一般结构；后者以具体的事物为对象。其次，分析的过程不同。哲学家的分析活动不需要做观察和实验，更不需要任何仪器和物质；而科学家在从事分析活动时则需要借助仪器和相关的物质进行实验和观察。因此，这两种分析所产生的结果——逻辑原子和物理原子——也是不同的。物理化学原子需要借助仪器才能观察到，是物质的构成成分和元素的最小单位，逻辑原子是世界结构（实在）的最小组成元素，是语言中最小词汇所指称的对象，是语言得以可能的前提之一，不需要借助仪器而直接通过感官就可以观察到。

　　罗素明确说到逻辑原子不是物理原子（PLA 179），这是对逻辑原子的否定性说明，对其肯定特征他并没有给出集中的界定，只是说它们是殊体（particular）、性质和关系，根据他给出的逻辑原子的这些外延的特征，我们总结出了逻辑原子的内涵性特征——简单性和可亲知性，下面我们就分别从内涵和外延来探讨其逻辑原子的具体含义。

第一节　逻辑原子的内涵

一　简单性

作为世界的终极结构元素的对象是绝对简单的，这一点对前期维特根斯坦而言毋庸置疑，但对于罗素而言，其逻辑原子是否是简单的却一直存有争议，这主要由于他在不同时期不同本文中一些相互冲突、十分含糊的说辞造成的，这些不同文本造成的相关问题有：逻辑原子是否存在？简单物是否存在？逻辑原子与简单的关系如何？回答这些问题的核心在于如何理解罗素所说的简单及简单物。在此，我认为应将其所谓的简单性分为绝对简单和相对简单两种类型，虽然在不同的文本中他都使用了"简单"一词，但在不同的背景中其含义是不同的。只有弄清这两种简单性所处的语境，我们才能很好地解释那些看似矛盾的文本，才能更好地理解逻辑原子的本性。并且，在澄清了罗素逻辑原子的这两种简单性之后，可以使我们更容易地区别罗素的逻辑原子主义和前期维特根斯坦的学说，看到两人的区别和联系及其各自学说的目的和缘起。

（一）绝对简单

对罗素而言，在《逻辑原子主义哲学》中所公开提及的简单应该理解为绝对简单，这也正好说明了他常说的：其逻辑原子主义在很多地方是受启发于维特根斯坦的，同时，这也可以很好地解释在《逻辑原子主义哲学》及其相关文本中那些相互矛盾的说法。他对绝对简单物存在与否的立场是不一致的，这种不一致是有文本依据的，正是这些文本导致了学界对此相关问题的争论。一方面，和前期维特根斯坦一样，他认为绝对简单物作为逻辑分析的产物是肯定存在的，是必须的，这即是他关于绝对简单物存在的肯定论证；另一方面，受英国传统经验论影响，出于认识论的考虑，他认为这种逻辑分析的产物不仅是世界的最小构成单位，也是认识的基本要素。然而根据我们的常识可知，可认识的东西都不是绝对简单的，因此这种剩余物只能是相对简单，这即是他关于绝对简单物的否定论证。正是由于罗素赋予了逻辑原子绝对简单性和可认识性两个相互冲突的特性，才使得他对逻辑原子的绝对简单性持有肯定和否定两种截然对立的态度。下面我们分别梳理他对逻辑原子的绝对简单性的这两种态度和论证。

1. 肯定论证

在《逻辑原子主义哲学》中，罗素并未用到绝对简单（absolute simple）这个词，与此相类似的一个词是终极简单物（ultimate simples），只在文中提及了一次（PLA 270），另一相类似的说法是分析中的最后剩余物（last residue，PLA 179）或分析的界限（the limit of analysis，LA 337），除此之外，简单或简单物在《逻辑原子主义哲学》及相关文本中多是单独出现的。① （Sainsbury 1979：29）

Pears 认为罗素对于简单体的存在给出了三种论证方式：理性主义、经验主义及实用主义（Pears 1985：4 - 7）。严格说来，实用主义方法只能算是罗素的一种信念，并不能算作一种严格的论证。"当然，这是一个可以被争论的问题——即是否当一个事物是复杂的时候则必然它在分析中应该拥有简单的成分。我认为假定复杂事物能够无限分析，而你永远达不到简单物是完全有可能的。我认为这不是真的，但这肯定是一个人们可以争论的事情。我本人确实认为复杂物——我不喜欢谈论复杂物——是由简单物组成的，但我承认这是一个困难的论证，分析能够永远继续下去是可能的。"（PLA 202）这段文字完全可以看作是对简单物的否定，只是文中的黑体字才表明了罗素自己的态度，此种实用主义的论证方法只能当作一种权宜之计，只表达出了罗素的个人情感和喜好，并不能当成是一种论证，因而不是我们考察的重点。

至于经验主义方法，它指的是"当我们分析我们词汇中的语词时，我们很快达到一个点，我们发现我们不能再分析下去了，因此我们得出结论：我们已经达到了底线，不可分析的语词对应着不可分析的事物"（Pears 1985：4 - 5）。很明显，经验主义方法易导致对绝对简单存在的怀疑，分析没有终点是完全有可能的。罗素借助亲知原则作为完全分析的界限表明他持有另一种简单性标准：相对于我们的简单，也即相对简单（Pears 1967：49），尤其是当他将逻辑原子等同于简单的感觉材料后，可以说他就已经放弃了对绝对简单的要求，因为感觉材料即使再简单再小也要占据一定的时空位置才能被我们观察到，因而即使相对于知觉主体来说

---

① 罗素受前期维特根斯坦影响混淆了简单性和不可分析性这两个概念。

也并非是绝对简单的（韩林合 2007a：50 - 51；韩林合 2007b：158 - 159）。经验主义方法的论证方式实际证明的是相对简单物的存在，这样说来，对绝对简单存在的证明只剩一种论证方式，即理性主义方法，也即先天论证（a priori arguments）：实在是由不可分析的逻辑原子组成的这一结论是自明地为真的，或可由先天推理建立起来（Pears 1985：4）。照理说，作为一个经验主义者，罗素不应用此独断的方法，事实上他的此种论证方法也是十分简单的。

> 我拥护的哲学是分析的，因为它主张一个人必须发现复杂物由之构成的简单元素，复杂物预设了简单物，然而简单物并未预设复杂物。（AR 94）

> 我称我的学说为逻辑原子主义是因为我希望在分析中达到的最后剩余物是逻辑原子而不是物理原子，其中一些是我称为"殊体"的东西——例如小的颜色或声音片断，瞬间的事物，另一些是性质或关系等。关键点在于我希望达到的原子是逻辑分析的原子，而不是物理分析的原子。（PLA 179）

> 你能在理论上，如果不在实践上，达到世界由之构成的终极简单物，这些简单物具有一种不属于其他任何事物的实在性。正如我试图解释的那样，简单物具有无限多的种类。存在各种不同阶的殊体、性质和关系，即由不同种类的简单物所组成的整个分层……（PLA 270）

> 我承认这对我（正如对莱布尼兹一样）是十分明显的：复杂的东西一定是由简单物组成的，尽管成分的数量可能是无限的。（LA 337）

先天论证在罗素这里体现得还不够明显，而且也很粗糙；先天论证在前期维特根斯坦那里体现的最为集中，借此我们可以来窥探罗素未成系统的理性主义论证。

维特根斯坦分别从本体论和语义学两个角度对对象的存在进行了证明。

> 只有当存在着对象时，才存在着一种稳定的世界形式。（TLP 2.026）

> 诸对象构成了世界的实体。正因如此，它们不能是复合而成的。

（TLP 2.021）

　　如果世界没有实体，那么任何一个命题是否有意义就要取决于某个其他命题是否是真的。（TLP 2.0211）

　　这时，我们就不能（以真或假的方式）勾画关于世界的图像了。（TLP 2.0212）

　　简单符号的可能性的要求就是对意义的确定性的要求。（TLP 3.23）

　　这些与其说是先天论证，不如说是独断要求，对象的存在完全是一种先天的逻辑要求和逻辑分析或推导的结果，因而根本没有办法提供任何具体的例子，纯粹是一种逻辑设置（TLP 4.2211）。罗素在对殊体的纯逻辑的定义中也体现了类似维特根斯坦对对象的这种逻辑要求，因而也说无法给出例子。上述论证表明，有时罗素对逻辑原子也有类似于维特根斯坦对对象的要求：绝对简单，这是一种形而上学的独断的要求，正如维特根斯坦的对象肩负的两个任务——形而上学的任务和语义学的任务——是相互冲突的那样，罗素的逻辑原子也含有两个相互冲突的性质：绝对简单和亲知，因为逻辑原子既是世界的最小要素也是认识的基本单位，与前期维特根斯坦不同的是，出于经验主义立场和认识论的要求，罗素放弃了形而上学的绝对简单的要求，而坚持一种相对简单（相对原子性）的标准（韩林合 2007b：156-157）。正是由于前期维特根斯坦的对象和罗素的逻辑原子都承担着世界的最小要素的责任，故其体系都有传统形而上学独断的成分和神秘的成分，他们两个人的哲学体系中的形而上学成分完全被后来的维也纳学派所抛弃，最终只关注知识论和语言学的层面。

　　2. 否定论证

　　罗素对于逻辑原子的绝对简单的立场是不一致的。在有些地方，他像前期维特根斯坦在《逻辑哲学论》中那样，认定绝对简单物是存在的，完全分析是可以达到的。但正如后期维特根斯坦所明确指出的那样，其对象纯粹是一种逻辑的设置物，是一种先天的要求的结果，因而中期和后期维特根斯坦完全放弃了对对象形而上学的要求。而罗素也正如维特根斯坦在他的《逻辑哲学论》一书的主要来源——1914—1916 年笔记——中那样，时而对最简单的世界构成元素持坚信态度，时而持怀疑态度。这表明他们很早就意识到了承认绝对简单物存在的困难所在，他们几乎在肯定绝对简单物存在的同时也怀疑和否定了它们的存在。

在《逻辑原子主义哲学》第二节讨论一开始，也即在上述证明绝对简单物存在的实用主义方法中即表明了对其存在的明显否定，那段文字既可以理解成是对其的证明也可以理解成对其的否定；在接下来对 Mr. Carr 的回答中也表现出对简单物的怀疑："我认为这（简单物）不是必然被暗含的。"（PLA 202）在《逻辑原子主义》中他也表达出了同样的怀疑："当我谈论'简单物'的时候，我应该解释为我正在谈论某个不是被经验的东西，而是仅仅在推理上被看作分析的界限。通过更完善的逻辑技巧，可以避免对它们的预设的需要是完全有可能的。"（LA 337）也即是说，简单物只是分析推理预设的一个终点，预设这样一个终点对于建立一个封闭的完整体系是至关重要的，从对终点的预设我们可以看出 PLA 时期的罗素像传统哲学家们一样试图建立一种体系哲学，但又受现代科学精神的影响，对这样无法证实的预设保持着怀疑精神，对其预设是可以避免的，传统哲学的独断和近现代科学的实证精神在处于新旧哲学交替时期的罗素身上有很明显的交织。于是，在后期《我的哲学的发展》中，他说道："至于简单物，我找不到理由来肯定或否定它们能由分析达到。"（MPD 164）因此，罗素得出结论说：无任何东西是简单的。（MPD 123）

事实上，这些否定论证的文本几乎与上述肯定论证的文本出现在同一个地方，可见罗素对逻辑原子的简单性这个性质的立场是多么举棋不定，这是造成对其理解上产生争议的来源。这里，我们应将罗素所说的简单进行分类，否则就会像 Sainsbury 所说的那样，如果将逻辑原子等同于绝对简单物，那么罗素时常流露出的对绝对简单物存在的否定说辞也同样适用于对逻辑原子的否定，尤其是当他将逻辑原子等同于感觉材料后，也应对感觉材料的存在表达出质疑，但事实上，罗素并未对逻辑原子和感觉材料的存在产生过怀疑（Sainsbury 1979：47）。因此，并不能将逻辑原子等同于绝对简单物，简单性确实是逻辑原子的一个规定，但不是本质规定，对绝对简单的怀疑和否定并不能看成是对逻辑原子的怀疑和否定，进而是对逻辑原子主义这种哲学立场的放弃。因而，逻辑原子虽在有些地方被当作绝对简单物，但并不能就此就将两者等同，基于罗素的经验主义立场，逻辑原子应是相对于我们（主体）才是简单的，尤其在当其被等同于感觉材料之后更是如此。

（二）相对简单

在给出殊体纯逻辑的定义后，如前期维特根斯坦一样，罗素认为根据这个定义我们是给不出殊体及其名字的任何例子的，"这个或那个是否是一个殊体的问题是由逻辑定义来决定的"，而"你在现实世界里实际上能发现哪些殊体的问题是一个纯经验的问题"，"逻辑学家并不关心，也不会给出例子"（PLA 199）。但紧接下来的一段他却给出了例子："这就使得要得到在这个词（专名）专门严格的逻辑意义上的名字的任何例子都是非常困难的。人们确实用作逻辑意义上的名字的唯一词是像'这个'或'那个'这样的词。人们能用'这'作为一个名字代表他此刻亲知的一个殊体。"（PLA 201）这段文字表明他采用了另一种简单性标准：相对简单，因为我们亲知的东西很难是绝对简单、不可分析的，因为一个感觉材料不是"一度在感官中给予的整体"，而是"能被注意挑出的整体的一个部分：具体的颜色块，具体的声音，等等"（RSDP 142）。罗素本人也承认感觉材料并非绝对简单："当我看见一个颜色或听到一个声音的时候，我就直接亲知了这个颜色或声音。在这些情况下我亲知的感觉材料通常是复杂的，如果不是总是复杂的话。这在视觉的情形中尤其明显。当然，我并不仅仅认为假定的物理对象是复杂的，而且直接的可感对象也是复杂的，包含着处于空间关系中的部分。是否可能意识到一个复合物而未意识到它的成分不是一个容易的问题，但总体说来似乎是没有理由认为为什么这不应该是可能的。"（KAKD 109）这里，他给出了逻辑原子的另一个性质：亲知，正是由于这个特征才使得逻辑原子与感觉材料等同了起来，成为沟通两者的桥梁。一旦逻辑原子可以亲知，等同于感觉材料后就不可能是绝对简单了，因此他放弃了绝对简单的要求。故如果有人拿罗素与前期维特根斯坦相比，指责罗素的逻辑原子没有前期维特根斯坦的对象那种性质和规定上的一贯性，这种指责是不公允的，因为罗素的逻辑原子的本性就是矛盾的，含有两个相互冲突的性质，这点恰恰是区别于前期维特根斯坦的对象之关键所在，这与罗素本人的科学性情是相符合的：凡事都不是绝对的，都是存在着无限的可能性的。他的逻辑原子本身就包含着丰富的内涵，而不是一个有着固定边界的对象。

逻辑原子主义是罗素运用逻辑分析的方法于世界结构而得出的一种独特的形而上学理论，是对分析方法的承诺和辩护。对罗素而言，分析是指从不可否认的材料出发，达到不可定义（不可分析）的概念和一般原则。

罗素和维特根斯坦一样，在某种程度上他也坚持完全分析，维特根斯坦独断地认为，既然"对象是最简单的东西，因而一旦达到了对象，这就说明我们对世界（或事实）、对逻辑空间（或事态）的结构—形式—的分析已达到了其逻辑的终点。这时，我们便有了对于世界（或事实）、对逻辑空间（或事态）的结构的完全的分析"（韩林合 2007a：71）。但事实上这种完全分析的标准在实际的分析过程中是不易操作的，因而在实践的层面，罗素转而借助亲知原则："所有分析只对复杂的东西才是可能的，并且在最后的分析中，它总是依赖于直接亲知一些对象，这些对象是那些简单符号的意义。"（PLA 194）罗素给出了一个具体的、可操作的完全分析的标准。至于亲知原则是如何对分析和理想语言强加约束，以及亲知原则的运用又产生了哪些问题则是另一个非常复杂的问题，需要单独讨论，这里就不多赘述。

在《逻辑原子主义哲学》中，罗素对简单物存在的肯定论证和否定论证均应看作是对绝对简单的肯定和否定，他对绝对简单物的立场是不一致的，最终当他将其逻辑原子看作我们亲知的感觉材料时，这就表明他放弃了对绝对简单的要求，绝对简单并不是逻辑原子的本质属性，虽然这个性质对于形而上学体系至关重要，这即说明逻辑原子主义作为一个形而上学理论不是一贯的，出于认识论和语言意义的目的有所退让，但这并不妨碍这种哲学立场的继续存在，他本人也承认，即使通过分析达到的逻辑原子并非是绝对简单的对其体系也并无大的损害："一种逻辑语言将不会导致错误，如果它的简单符号（即，那些不以任何符号或任何有意义的结构为部分的符号）全都代表某种类型的对象，即使这些对象不是简单的。这种语言的唯一缺点是它不能处理比它的简单符号所代表的对象更为简单的任何事物。"（LA 337）因此，"是否存在可由分析达到的简单物这整个问题就是不必要的了"（MPD 123）。因此，正如 Sainsbury 认为的那样，应将逻辑原子主义区分为简单性原子主义和感觉材料原子主义（Sainsbury 1979：53）。前一种原子主义随着它被提出的同时几乎也就伴随着对它的怀疑和否定，但是感觉材料原子主义则在他的逻辑原子主义时期一直都被坚持着，直到他放弃了感觉材料理论而转向中立一元论才随着逻辑原子主义理论的放弃而结束，可以说，感觉材料构造理论是逻辑原子主义理论的核心议题，这也是罗素与前期维特根斯坦的一大区别：对维特根斯坦而言，绝对简单是对象的本质特征，一旦放弃绝对简单性要求也即放弃了对象，也就放弃了其早年《逻辑哲学论》中的世界结构框架。但对罗素而言，两者有一定关联，但并不是必然的，否定了绝对简单，并不必然否定逻辑原子及其整个形而上学立场，其感觉材料的原子主义才是后来分析哲学家们大力发展的领域，并不像有些学者认为的那样：罗素的逻辑原子等同于感觉材料之后，即架空了逻辑原子，其逻辑原子主义哲学的立场在提出的同时就被否定了，是完全不成立的理论体系。事实上，我们应区分出两种原子主义：作为形而上学的原子主义是不彻底的，相比于前期维特根斯坦也是不完美的，没有坚持一贯性原则；但作为感觉材料的原子主义则开辟了分析哲学的认知论新视域，是整个 PLA 时期都在探讨的题中之意。

对逻辑原子简单性的研究，可以使我们更好地理解罗素所说的分析方法。即使通过分析根本达不到终极简单物，这并不能表明分析作为一种哲学方法就是无效的。事实上，分析是分阶段进行的。"我确实坚持的是，无论什么复杂物，只要能发现其成分，便是我们知识的进步，即使这些成分本身仍是复杂的。"（SA 40）在那些有关简单物的有争议的文本中，与其说罗素是为了论证绝对简单物的存在，不如说是在为自己的分析方法辩护，是在反对传统形而上学的唯心主义一元论及与其相关的内在关系学说。因此，尽管罗素很快便放弃了简单性的要求，但这并未影响其原子主义立场，他甚至用逻辑原子主义一词描述他后来的哲学立场。事实上，逻辑原子的亲知特征才决定了作为一种形而上学哲学立场的逻辑原子主义的命运，正是亲知原则的彻底贯彻才导致了逻辑原子主义这种独特的理论，而亲知原则的放弃则意味着罗素从逻辑原子主义转向了中立一元论。下面我们就来探讨下他的逻辑原子的另一性质——可亲知性。

二　可亲知性

在《逻辑原子主义哲学》第二节探讨名字时，罗素说道："一个名字，在其意义是一个殊体这种狭窄的逻辑意义上，仅仅能被用于说话者亲知的一个殊体，因为你不能命名你没有亲知的任何事物。"（PLA 201 - 202）也就是说，殊体是可被亲知的对象。在谈到颜色词的意义时，他认为"'红色'这个词仅仅能通过亲知这个对象而被理解"（PLA 195），这表明殊体和性质均是可被亲知的。

　　上一节我们探讨了逻辑原子的简单性这一性质，虽然罗素强调逻辑原子是逻辑分析的最后剩余物，是世界结构的终极构成元素，理论上而言，它们应该是绝对简单的，在相关文本的很多地方他也明确表明了这一要求，但由于逻辑原子还是语言意义的承载者，是语言得以可能的前期，因而是可以直接被认识的，是直接经验内的事项，因此，他放弃了绝对简单的要求，转而只要求相对简单即可，这就是为何在承诺绝对简单的同一处文本中他又否认了绝对简单的原因。前期维特根斯坦对对象的两个相互冲突的要求——形而上学上的要求和语义学上的要求——是导致其放弃前期体系转向后期哲学的原因之一：他最大限度地强调了对象的形而上学属性——绝对简单、必然存在，因而无法解释人们如何能够找到并命名他所谓的对象（韩林合 2007b）。罗素的逻辑原子也包含这两个相互冲突的要求——绝对简单性和可亲知性，但他采取了与前期维特根斯坦相反的选择，最终放弃了形而上学上的绝对简单性要求而满足了语义学上的亲知要求。但他对逻辑原子绝对简单的放弃并未损害逻辑原子主义学说的整个理论体系，无论其原子是绝对简单还是相对简单，都处于这一学说框架下，但对逻辑原子的亲知这一性质的坚持与否却是衡量他是否仍持有此种学说的关键要素，亲知也是其逻辑原子与前期维特根斯坦对象的最大区别之一。如果说逻辑构造的引入是其成熟时期的逻辑原子主义与 1912 年《哲学问题》中的表象主义立场的区别所在，可以看作是其学说的起点，那么对亲知原则的坚持与否则可看作是其逻辑原子主义学说与中立一元论的区别所在，可看作是其学说的终点。在 1919 年《论命题》这篇文章中，罗素抛弃了感觉材料理论，放弃了主体与对象（感觉材料）之间的感觉的二元关系特征，即放弃了亲知关系，从而转向中立一元论①。正因如此，Sainsbury 才说亲知原则形成了原子主义这种独特的形而上学（Sainsbury 1979：26）。下面我们就来详细探讨罗素的亲知理论，弄清亲知对于理解逻辑原子至关重要。

---

① 1919 年之后罗素仍持有构造理论，直到 1927 年《物的分析》后他才再次回到他在《哲学问题》中的知觉因果理论立场，因此有些人将 1914—1918 年也看作一种中立一元论，这显然是他们将中立一元论等同于构造理论的结果，事实上，构造理论跨越了罗素的逻辑原子主义和中立一元论，而亲知理论跨越了罗素的表象主义实在论和逻辑原子主义，逻辑原子主义时期的界定可以说是与逻辑原子的界定有很大关系的，是其构造理论和亲知理论的交叉时期，这些理论和学说立场既交叉又不同，因而不能混为一谈。

（一）亲知原则的提出

亲知原则的最早提出是在 1905 年的《论指称》中①。"在我们能够理解（apprehend）的每个命题中（即，不仅在那些其真或假我们能判断的命题中，而且也在所有我们能思考的那些命题中），所有的构成成分都确实是我们对其有着直接亲知的存在物。"（OD 56）当然，他对这一原则最著名和全面的陈述是在《亲知的知识和描述的知识》和《哲学问题》中。"无论命题是否主要考察那些仅仅通过描述而被我们知道的事物，我们能理解的（intelligible）所有命题完全由我们亲知的构成成分组成，因为我们没有亲知的一个构成成分对我们而言是不可理解的。"（KAKD 128）"在分析包含摹状词的命题中的基本认识论原则是：我们能理解的（understand）每个命题必须完全由我们亲知的构成成分组成。"（PP 58；KAKD 117）这三个对亲知原则的界定中"理解"一词用的英文虽然不同，但并不影响这一原则的表述。有一点值得注意的是：在《论指称》中亲知原则是摹状词理论的结果，而在《亲知的知识和描述的知识》和《哲学问题》中亲知原则是对包含摹状词的命题进行分析的基本认识论原则，这恰好表明亲知原则与逻辑分析在逻辑原子主义中的关联十分密切，从而导致逻辑原子既简单又亲知的双重性质。据此，亲知原则的核心论断是：对命题的构成成分的亲知是我们理解该命题的必要条件（Miah 2006：33）。

亲知原则的存在对罗素而言是自明的，是不需要论证的，他只给出了很简略的辩护：只有知道了我们正在判断或假定的是什么东西，我们才可能做出一个判断或假定（KAKD 117），即，只有理解了命题中语词的意义才能理解命题，而语词的意义是我们亲知的某个东西（PP 58）。这里，亲知原则的提出引入了一个新的意义观②：一个语词要有意义必须指向某个

---

① 尽管亲知原则是在《论指称》中被明确表述出来的，其实在其未出版的手稿《关于指称的要点》（*Points about Denoting*，1904，麦克马斯特大学罗素档案馆文件编号 220.010960，原始页码第 1—18 页）中也可发现这个原则，Cappio（1981：185 – 205）就认为甚至在《数学原则》第四章中罗素就已经预设了这一原则。

② 在 1903 年的《数学原则》中罗素持有极端实在论的意义观：一个表达式的意义是这个表达式代表的一个存在物。亲知原则的提出对这种意义观进行了限制：理解一个表达式的意义在于亲知作为它的意义的那个存在物，两者都是关于意义的，前者是意义的本质，后者是意义的认识论。显然，在罗素的哲学中意义与理解（或认知）关系密切，一个表达式的意义不会超出通过理解这个表达式而被认知的东西，亲知原则即保证了意义与理解之间的这种关联（Sainsbury 1979：13）。

我们通过亲知而认识的对象，只有亲知的对象才能被语词所意指，语言从亲知获得其意义。自1910年左右罗素否认了命题的实在性转向了真理符合论：在所有真的知识或意义中，在认知者和被认知者之间一定存在某种终极的亲密结合（fusion of intimacy），即某种亲知关系。罗素引入亲知原则之后的意义观是不同于通常理解的指称的意义理论的（referential theory of meaning），后者认为一个语词的意义即是这个语词代表的对象，这是一个语义学问题，语词与对象之间的关系是语义关系而不是认识关系，但是罗素将意义（meaning）与认知（knowing）紧密结合在一起，甚至在给维特根斯坦的《逻辑哲学论》写的导论中将语言与其所指之间的关系问题看成属于认识论的问题（ITLP Ⅸ），这也是为何说罗素的逻辑原子主义是关于语言、知识和世界的本质的学说的一个复杂混合体，其对世界的形而上学考察离不开他的语言哲学和认识论立场。

（二）亲知的性质

自罗素开始反对德国唯心论以来，他站到了英国古典经验论传统的一边，但他并不满意传统哲学对"经验"一词的界定，他是在技术意义的层面上使用亲知一词的，亲知是经验中最简单、最普遍的（pervading）方面。"经验"是从日常语言引入哲学中的词汇，是十分模糊的。起初，经验哲学中的经验被约束在通过感官习得的东西，渐渐地，其范围扩大到我们以任何方式意识到的所有东西，这个词几乎成为了唯心主义的口号。罗素放弃了"经验"一词中的无立场性（non-committal），他是在很技术的层面上来使用经验一词的，将其约束在经验的关系形式中，他用更少中立的"亲知"一词突出了"经验"一词中包含的主体与对象之间的二元关系，他几乎不加分别的使用经验（experience）、亲知（acquaintance）和意识（awareness）（TK 35）。

在《亲知的知识和描述的知识》中他给出的亲知定义是："当我与一个对象有一种直接的认知关系，即当我直接意识到这个对象本身的时候，我就说我亲知了这个对象。"（KAKD 108）亲知是主体和对象之间的一种直接关系，并不包含任何推理的中间过程（PP 46）。我们能亲知的东西是我们直接经验到的东西，不是间接经验到的东西，也不是我们通常认为我们亲知的那些东西，如桌子、椅子等。亲知关系与呈现（presentation）关系的不同在于前者强调的是主体与对象之间的关系，后者强调的是对象和主体之间的关系，只要一个东西曾经在一个心灵面前，我们就可说亲知了此对象。

　　根据罗素在不同文本中的描述（KAKD、PP、TK、RSDP），亲知具有如下几个特征：

　　1. 亲知是一种直接的二元关系（dual relation）。

　　罗素采用亲知一词来表述认知主体与被认知对象之间的一种直接关系是为了保留主体与对象的二元论，他将二元论看作认知的基本特征。"呈现"一词易导致强调对象而忽视主体，与此不同，"亲知"则强调了主体存在的必要，亲知关系的图式可表示成 S-A-O（TK 38）。

　　主体是心理的（mental），是亲知对象的存在物，虽然罗素对主体的本性并未给出清楚明白的解释，但可以肯定的是它不是心灵（mind）、自我（self）或笛卡儿式的自我（ego），很可能它被当作一种心理行为（mental act）①。尽管他认为不能亲知主体，也不知其本质，但主体确实是存在的，是亲知关系中的一个域（the domain），作为亲知关系的所指（referents）而被认知，"我"（I）意指的是当下经验的主体。对象是被亲知的存在物，它可能是也可能不是心理的（反省中的对象是心理的）。虽然罗素对主体和对象本性的界定并不清楚，但可以肯定的是他承认两者都是一种存在物，是亲知关系的项，承诺了主体与对象的二元区分。

　　亲知关系是一种直接的、初始的（primitive）、不可还原的、根本的二元关系，是一种认识关系，不同于构成判断的关系。亲知的任何例子都是心理的，是一个主体和一个对象经由亲知关系结合起来的复合物。当一个可被亲知的对象出现在心灵面前的时候，心灵直接亲知了它，不再需要其他东西为中介②。

---

① 参见罗素 1913 年的一篇文章《感觉材料的性质——回应道斯·希克斯博士》（*The Nature of Sense-data-A Reply to Dr. Dawes Hicks*）。自罗素反唯心主义开始直到 1919 年《论命题》之前的时间里他都坚持行为—对象区分（act-object），这是他坚持亲知二元论的标志，自《论命题》后他反对这种区分，从而也反对其早年认识论的核心概念——亲知关系，而是认为感觉（sensations）是中立的。

② 他反对在主体和对象之间存在第三种存在物：内容（content），它们是精神的，是思想和心灵状态，通过这种中间状态主体理解了对象，他对内容的反驳可参见《知识论》第三章和《论命题》一文中。

2. 亲知是关于事物的知识，是非判断的（non-judgmental），是所有知识的基础。

罗素区分了亲知的知识和描述的知识①，与此相关的一个区分是：关于事物的知识（knowledge of things）和关于真理的知识（knowledge of truths），这些知识都以亲知的知识为基础。在"A 知道……"这种表达式中，省略号后面可用两种不同的语法形式来填充：一个直接的对象或一个由"that"引导的从句，前者即是关于事物的知识，它是外延性的（extensional），后者是关于真理的知识，不是外延性的。当然，在罗素看来，这两对区分并不完全等同，因为在上述表达式中填充一个日常专名或一个限定摹状词，如"苏格拉底"或"法国国王"，表面上我们似乎得到的是关于事物的知识，实际上这些日常专名都是缩略的摹状词，包含它们的表达式实际上包含着一个存在命题，因而它们是关于真理的知识。

当罗素说亲知是关于事物的知识的时候，他指的是我们能认识感觉材料，感觉材料是直接被给予的（given），不能被定义的，甚至都不能用"被给予"这个性质和事实来定义（这是反思和自我意识的结果），它们就是被给予自身。为什么亲知不包含关于真理的知识呢？因为它们不是形成判断的一种关系，而是形成呈现的一种关系。

我们直接亲知的是当下的感觉材料，没有真假之分，而判断是有真假的。亲知是一种二元关系，其对象可以被命名，而不可被断定，而判断是一个多项关系（multi-term）②。虽然亲知本身是非判断的，不是关于真理的知识，但它却是关于真理的知识的基础，进而是所有知识的基础，而且，亲知的知识是逻辑独立于关于真理的知识的（PP 46－48），这种独立性表明他持有意义先于真理的立场，我们可以理解了一个命题而不知道它的真假（Pears 1967：97），而对一个命题的理解必须已经亲知了包含于其中的殊体及其性质。

---

① 这一区分最早可以在《数学原则》一书中发现（PoM 63），当然，主要的解释是在《亲知的知识和描述的知识》和《哲学问题》第五章中明确提出的。
② 参见本文第二章第三节第五点信念事实中对多元关系判断理论的探讨。

3. 亲知是完全的，没有层度上的区别，是非欺骗性的（non-deceptive）、不可错的。

亲知的一个功能是一旦一个人亲知了某个东西，那么这个人就完全、充分、全面地认知了这个东西，不需要其他进一步的信息，那些关于这些亲知对象的事实的知识并不能使你对它有一个更全面的理解，没有其他方式比亲知能使你更好地认知那些亲知的对象（PLA 202）。

罗素认为亲知没有层度区别（degree），要么亲知，要么没有亲知（OKEW 151）。当我们说更好地亲知了一个对象的时候，我们指的是亲知了这个对象的更多的部分，对每个部分的亲知要么是完全的，要么就不存在。

无论主体亲知的是什么，它一定是某个东西，而不是无，亲知的主体总是有对象的，因此，在亲知的任何例子中（无论真实的或虚假的），亲知本身是非欺骗性的，尽管从亲知可以得出错误的推断。这里，罗素的真假标准是：是否有某个东西出现。这就排除了错误的可能性，对于亲知而言没有真假二元论，即使在错觉或幻觉亲知中，我们也完全亲知了"某个东西"，只是在对我们的亲知进行描述的过程中才出现了真假。

4. 亲知的对象是真实的（real）。

无论亲知的对象是一个殊相或一个共相，它们都是真实的，是二元关系的一个项。罗素对此的论证是："对于那样一个（亲知的）对象，假定它是不真实的是无意义的。命名无的一个专名不是一个专名，而是一个无意义的声音。亲知无的一个亲知不是一个亲知，而是一个纯粹的荒谬。"（TK 48）

有人认为只有真实的（veridical）亲知是非欺骗的，其对象是真实的，即使在梦中和幻觉中存在某个直接对象，它们也只是一种"虚假的给予"（illusory given），是不真实的。但罗素并没有如此严格地限制对亲知的使用，他认为无论亲知的对象是什么，即使在梦中和幻觉中，只要我们没有超出直接的对象，只要这些对象是我们直接意识到的某个东西，它们就都是真实的，就不会产生错误，错误来源于我们把直接的对象（感觉材料）当作某个物理对象存在的标志。

在 1919 年之前，罗素认为亲知肯定是一种知识形式，其他哲学家却为此展开了争论①，反驳者的主要理由是认为"知识"一词通常是在"真判断"的意义上理解的。在《逻辑原子主义哲学》之后他虽然仍持有某种形式的亲知原则，但他抛弃了感觉材料理论，这使他的亲知的概念发生了很大的变化。此前，感觉材料是在感觉中被认知的东西，感觉是直接亲知感觉材料的经验，是一种二元关系，是一种认知（cognition）；1919年的改变主要不在于他对被感觉的对象（感觉材料）的观点的变化，而在于他抛弃了感觉（亲知）的主体和对象之间的一种二元关系（relational）特征，一旦他否认了这种特征，感觉与感觉材料之间的差别就消失了，因而纯粹的感觉也就不是一种认知了（Mind 142），从而转向了中立一元论立场。

（三）可亲知的对象

在1905—1918年间，罗素对哪些东西是可亲知的对象的观点是有变化的。在《论指称》中，可亲知的对象包括知觉的对象和具有更加抽象的逻辑特征的对象，不能亲知摹状词指称的对象（OD 41 – 42）。在《亲知的知识和描述的知识》中，我们可以亲知两类对象：殊体和共相（或者说是具体的存在物和抽象的存在物）（KAKD 112）。《哲学问题》中的亲知对象是特殊存在的事物（感觉中的外感官材料、反省中的内感官材料、记忆中的内外感官材料及自我）和共相（即一般观念）（PP 51 – 52）。在《知识论》中，罗素引入了一种新的亲知项——逻辑形式。在《逻辑原子主义哲学》中，我们可亲知殊相、性质和关系。综上所述，亲知的对象大致可以分为三类：殊相、共相、逻辑形式②。

1. 殊相③

殊相指的是特殊的存在物，罗素在不同时期对殊相的范围的问题持有

---

① 围绕"亲知的知识存在吗"这个主题在1919年、1949年有两场讨论会，论文分别发表在《亚里士多德协会论文集》（*Proceedings of the Aristotelian Society*）增刊第11、23期上。除此之外，在20世纪六七十年代还有 P. Hayner、J. Hintikka、S. A. Kivinen、R. Augustine 等人发表了关于亲知知识的文章。

② 从亲知的对象可以看出，罗素将对特殊存在物的感知（perceiving）能力（感觉、反省、回忆、想象）和对抽象概念的构想（conceiving）能力都纳入"亲知"这一个词的含义之下。

③ "particular"这个词一般指的是特殊的存在物，常被译成"殊相"，这是一种宽泛的理解，与共相（universal）相对，罗素这里也是在这种意义上使用这个词的，但他对这个词还有更技术层面的使用，指的是一种特殊的殊相，是感觉材料的一种，绝对简单的东西，是原子命题中主词的所指，也是逻辑原子的一种。为了区别宽泛意义的殊相，我把这种意义的"particular"译成"殊体"，这里我关心的是殊相的范围，至于殊体的本性留待本章第二节第一点再加以讨论。

不同的观点，最大的变化是在《知识论》中他将我们自己的心灵和过去遥远的殊相排除在外。在 1912—1918 年间，罗素所认为的殊相包含如下几种：

（1）感觉材料①

最明显的亲知对象的例子就是感觉材料，它们指的是"在感觉中被直接认知的东西：诸如颜色、声音、气味、硬度、粗糙度，等等"（P 12）。也即是说，感觉材料是感觉的对象，是当下展现给我们感官的东西，是我们直接意识到的，构成了我对日常对象的显像，也可被称为外感官的材料，其共同特征是：都是通过感官直接被给予的东西，对立于被推断的东西。"被给予"这个概念通常与不容置疑性（indubitability）连接在一起，被给予的东西即是我们能绝对肯定的东西。例如，在原子命题"这个是黄色"中，"这个"是专名，指称的是一个特殊的黄色的感觉材料。除了感觉的对象之外，殊相还包括反省、回忆、想象的对象，但这些均以感觉的对象为基础（KAKD 111），因此，在很多地方，罗素将感觉材料直接等同于殊相（也可说是狭窄意义上的殊体）来使用。

（2）内感官的材料（data of inner sense）

在《亲知的知识和描述的知识》《哲学问题》《知识论》中，罗素认为除了能亲知具体的事物，如太阳、食物等，还能通过反省直接意识到（即亲知到）"我之看见太阳"（my seeing the sun）、"我之意欲食物"（my desiring food）、"我之感到快乐或痛苦"（our feeling pleasure or pain），即除了能直接意识到事物之外，还能意识到对这些事物的意识，这些即是内感官的材料，这种反省中的亲知也叫作自我意识。反省中的亲知是不同于感觉中的亲知的，在感觉中，主体亲知的对象是感觉材料，是具体的事物，在反省中，主体亲知的对象是具有如下一种共同形式的复合物②：对——一个—感觉材料—的—自我—亲知（self-acquainted-with-a-sense-datum）（PP 49；KAKD 110）。这些反省中的亲知给了我们有关内感官的材料（思想、感受、欲望）的知识，这些材料可以看作是心理殊相（mental particulars）。

---

① 此时我假定感觉材料的本质是清楚的，对其详细探讨留待第四章第二节第一点。

② 这里所谈论的短语的复杂性与事实的复杂性英文都是"complex"一词，但两种复杂肯定是不同的，因此，我将前一种意义上的"complex"译成"复合"以示区别。

（3）包含特殊存在物的复合物

在《亲知的知识和描述的知识》中，罗素认为我们亲知的殊相不仅包含所有单一的存在物，还包含由一个或多个单一的存在物组成的所有那些复合物，如"这个—之于—那个—前面"（this-before-that）、"这个—之于—那个—上面"（this-above-that）、"这个—之—黄色"（the-yellowness-of-this）（KAKD 112）。事实上，上述自我意识的情形是这种复合物的一种特殊情形，自我意识的对象（内感觉的材料）也是一种复合物"对—A—的—自我—亲知"（self-acquainted-with-A），正因为亲知了这种复合物，我们才能知道这个命题"我亲知了 A"（I am acquainted with A），同理，直接意识到"这个—之于—那个—前面"（this-being-before-that）这个复合物，我们就理解了如下这个命题——"这个在那个前面"（this is before that）。

有人认为罗素对此复合物的亲知的承诺表明他认为我们可以亲知事实，对一个事实的理解即在于对相应的这种复合物的亲知。这种解释对于1910 年之前的罗素应该是适用的，此时的他常将事实和与之相应的复合物混为一谈，每个事实（或复合物）都对应着一个复合物（或事实），至于两者是否等同，他的态度并不明确。但根据此后他的一些相关说法，我们可以肯定他并不持有这种观点，尽管这种复合物与事实紧密关联着，但它本身还不是事实。首先，这种观点在解释我们对假命题①的理解时并不成功。例如在"盐是甜的"这个命题中，根本不存在"盐—之—为—甜"（salt's-being-sweet）这个复合物，也就不存在对它的亲知，那么我们是如何理解了这个命题的意义的呢？其次，从他反复强调命题与事实的关系不同于名字与被命名的事物的关系可以看出，事实不可以被命名，也不能处于一个逻辑主词的位置，只能通过命题加以描述，而后者则可以加以命名。因此我们认为此后的罗素应该是否认可以亲知事实的。他对上述复合物的亲知实际上是对个别性质或关系的亲知，即对一个共相的特定例子[即被例示的特定的共相，是一种殊相，学界称其为特普（trope）]的亲知，如某个具体的事物的颜色、某两个具体的事物之间的关系等，这里涉及如何理解性质和关系的本性的问题，罗素不仅认为有一般的性质和关系

---

① 罗素对假命题的解释经历了《数学原则》中对假命题的承诺，到《论真理的性质》中的非事实，再到《逻辑原子主义哲学》中的否定事实，这些解释面临的是同一个问题，实质上都没有解决否定命题的统一性问题，具体讨论参见本论文第二章第三节第二点否定事实和第五点信念事实。

（共相），也有个别的性质和关系，两者都可以被亲知，区别在于后者是由包含特殊的存在物组成的具有某种形式的一个复合物。

（4）记忆图像（memory image）

在《亲知的知识和描述的知识》和《哲学问题》中，罗素认为除了感觉材料之外，亲知的第一个扩展应是在回忆中的亲知，当我们记得已经见过某些颜色或听过某些声音，我们就直接意识到那些记得的东西，这些东西可被称为记忆图像。至于对过去的对象的亲知的范围问题，罗素在《知识论》中的观点发生了一些变化①，在此之前他认为只要我们在过去曾经亲知过那些对象，那么，即使不在当下，我们也能在回忆中亲知它们，他此时还没有区分直接回忆（immediate memory）和遥远回忆（remote memory），在《知识论》第四章中，他对遥远回忆中的亲知产生了怀疑，因为在时间上越遥远的过去越容易出错，是派生出来的，而"在任何认知事件（cognitive occurrence）中错误的可能性表明这个事件不是一个二元关系的例子"（TK 49），因此，遥远回忆是可错的表明它不是亲知关系，也"不属于我们对世界的亲知的基本构成成分"（TK 72，171）。这表明罗素在1913—1918 年间有将回忆与知觉合并的倾向。

在《知识论》中，罗素并没有否认直接回忆这种亲知方式，因为直接回忆与当下亲知处于很紧密的联系中（时间上仅间隔数秒或数分钟），是"似是而非的当下"（specious present），是在回忆中对过去的直接经验，因而也具有不可错性。罗素对直接回忆亲知的承诺，主要是因为这种亲知承担着两个很重要的功能：第一，直接回忆是我们能理解"过去"这个概念的来源，例如，几秒钟前听到的声音虽然此刻并没有被听到，也没有作为感觉材料被给予，但仍是亲知的对象（虽然作为感觉材料的给予与作为直接回忆的对象的给予是不同的）（TK 72），通过对过去的声音的亲知我们获得了"过去"这个概念；第二，直接回忆为我们的后续知识（subsequent knowledge）提供了材料，"如果过去永远不能在回忆中被直接经验，

① 学界对罗素的回忆理论曾产生过争论：Pears 在其《伯特兰·罗素和哲学中的英国传统》（1967）一书中认为罗素在 1905—1919 年持有极端实在论的回忆理论——回忆实际上就是与在过去被感知到的东西保持接触；而 Urmson 在《罗素论对过去的亲知》（1969）一文中反对此观点，认为罗素的专名只在一两分钟内持续；Pears 后来又在《罗素的回忆理论：1912—1921》（1974）一文中对他此前的观点进行了修正。对这个争论的讨论可参见 Perkins 的两篇文章《罗素论回忆》（1973）和《罗素对遥远回忆的实在论理论》（1975）。

那么我们一定要问，我们是如何知道此刻在回忆中被经验的对象是与过去的对象完全相似的？如果不能知道这点，那么我们假定的关于过去的全部知识就成为了虚幻。"（TK 26）

（5）主体

罗素对主体的界定是：能在感觉中意识到事物、在概念中意识到共相的东西，也是进行思维、感受、欲求、相信等等的东西（PP 48 - 51）。对于是否可以亲知主体自身，罗素的立场在不同时期是有变化的。在《亲知的知识和描述的知识》和《哲学问题》中，他的立场摇摆不定，一方面，他认为可以在反省中亲知自我（此时的罗素将主体与自我等同），如果假定不能亲知自我，那么我们将很难解释自我意识是如何可能的，以及我们是如何能理解"我亲知了 A"（I am acquainted with A）这个命题的，而且，如果"我"不可被亲知，对它的非循环定义是很难的。例如，"我"常被定义成"处于对我所意识到的东西的意识状态中的主项"（the subject-term in awarenesses of which I am aware），这肯定是不令人满意的。当然，他认为这个可以被亲知的自我并不是传统哲学所说的永恒实体，而是亲知了当下感觉材料的那个个体。另一方面，他又否认可以亲知自我，因为在我只对我自己的意识中很难发现什么心灵状态（KAKD 110），在对自我进行考察的时候总是涉及具体的思想和感受①。在权衡了双方立场之后，他倾向于承认对自我可以亲知（P 51），"我"和"这个"都是严格专名。

在《知识论》中，罗素转而认为我们不能亲知主体自身（此时的主体（subject）不同于自我（self）或心灵（mind））。他将亲知界定成主体与对象之间的一种二元关系，这很容易使人认为主体和对象都是可以被亲知的，否则说亲知是一种二元关系是很令人费解的，他在《亲知的知识和描述的知识》和《哲学问题》中就采取了这一立场。但他同时也注意到我们能很容易亲知我们自己的经验，但却似乎永远也不能亲知主体自身，内省中的主体是难以识别的，因而在《知识论》中他否定了对主体的亲知，但这似乎与他对亲知的二元理解相违背，倾向于支持中立一元论，但直到1919 年之前他的立场都是：虽然我们不能亲知主体，但只要我们认为亲知

---

① 罗素这里对自我的怀疑借用了休谟的论证："当我极其亲密地研究我称为我自己的东西时，我总是碰巧找到一些特定的知觉，冷或热、亮或暗、爱或恨、苦或乐。在任何一个没有知觉的时刻我根本不能把握我自己，除知觉之外根本不能观察到任何东西。"（Hume 1978：252）

是主体与对象之间的一个二元关系，这就保存了主体，尽管我们并不知道其本性，只能通过描述来认知它们，亲知理论并不必然暗含对赤裸主体（bare subject）的直接意识①。他认为"我"是一个摹状词，可被定义成"当下经验的主体"，不是真正的逻辑专名。当我们意识到经验了一个对象O的时候，我们得到这样一个事实：某个东西亲知了 O（something is acquainted with O），这里的主体是一个"似是而非的变元"（apparent variable），它们仅仅被当作亲知关系的所指（referents），并不在亲知中被直接给予。

　　Perkins 认为罗素在《知识论》中对是否可以亲知主体持有矛盾的观点：一方面，他否认可以亲知自我，但同时他又承认可以亲知包含主体为其构成成分的精神对象，即自我意识（TK 79），对经验本身的亲知似乎必定要假定对其成分的亲知为前提，这似乎就又承认可以亲知自我②。但事实上，罗素认为我们完全可能亲知了一个复合物而没有亲知它的组成成分（KAKD 109 – 110）。例如，我们用 S-A-O 表示一个主体对一个对象的亲知，用 S' – P – （S-A-O）（P 指对当下经验的经验关系，是"present"的缩写）表示自我意识，由于两者亲知的对象不同，因此 S 与 S' 在数上是不等同的，对罗素而言，"S-A-O"作为一个整体是 S' 亲知的对象，并不表明 S 和 O 也是 S' 亲知的对象。他关于复杂的感觉材料也持有相似的观点：我们能亲知一个复杂的感觉材料而没有亲知它的构成成分。

　　关于主体的问题是十分复杂的，正如他自己所说，自我意识的本性的问题太过广大，因而在《我们关于外间世界的知识》和《逻辑原子主义哲学》中他并没有再讨论此问题。

　　2. 共相

　　除了能亲知殊相，罗素认为我们还能亲知共相。共相的本质特征完全

---

①　在《知识论》中他一方面认为亲知是主体与对象之间的二元关系；一方面又认为主体不可被亲知，是通过描述认识的，是否因为这两者之间存在矛盾才造成了他在《论命题》之后放弃了对亲知的二元解释有待进一步研究，至少在《知识论》及《逻辑原子主义哲学》中他认为两者没有矛盾。

②　参见 Perkins 的文章《罗素关于知识论未出版的书》（1979—1980），他这篇文章对 Blackwell 和 Eames 于 1975 年在同一本期刊（*Russell*）上发表的一篇同题目的文章中的观点进行了批评，而 Miah（2006）支持 Eames 的观点，认为罗素这里并没有矛盾，我赞同他俩的观点。

不同于感觉材料，是抽象的观念（abstract ideas）或概念，如红色、上下、前后、相似性等等，可以区分为两类：性质共相和关系共相。对共相的认知方式是构想（conceiving），包含抽象的过程（abstraction），对共相性质和共相关系的认知都是通过抽象而获得的，罗素将这种认知方式也看作是亲知的一种。

> 我们不仅意识到具体的黄色，而且如果我们已经看见过足够多的黄色并且拥有充分的理智（intelligence），我们就意识到了共相黄色。
> 除非我们不仅亲知了一个给定对象在另一个给定对象前面这些实际特殊的实例，而且还亲知了"在……前面"（before），否则很难理解我们是如何能知道关于"在……前面"这样一个事实的。……因此我们必须假定我们亲知了"在……前面"的意义，而不仅仅亲知了关于它的例子。（KAKD 111–112；也可参见 PP 101–102）

上述引文表明，罗素将共相区分为共相自身和共相的实例，对前者的认识预设了后者，后者是一种殊相，这即是说，共相离不开殊相，没有独立于特定事物的共相，这表明罗素是亚里士多德意义上的温和实在论者①，但罗素的这种观点并不总是一致地出现在他的其他著作中，尤其从他对关系的理解来看，似乎他又是柏拉图意义上的极端实在论者。

除在《亲知的知识和描述的知识》中罗素提到了共相关系的例子外，在其他著作中他却否认共相关系有例子，以至于他在 1944 年《回应批评》这篇文章中完全忽视了他在《亲知的知识和描述的知识》中的观点，自认从 1902 年写作《数学原则》之后就一直持有"关系没有例子"这个立场，甚至认为性质也没有例子（RC 684），这实际上是他进入 40 年代以后的立场：除承诺基本关系外，"单有性质就够了，我们无须假设它们拥有实例"（IMT 103）。在 1902 年之前他持有完全相反的观点：没有共相关系只有共相关系的例子，"实际关联着两个项的任何关系一定不能关联任何其他项；

---

① 温和实在论的观点是：所有的共相（性质和关系）都必然在过去、现在或将来的某个时间得到现实的例示，不存在独立于殊相的共相，所有的共相均等同于其诸实例，共相是"事物之中的共相"或"事物之间的共相"（韩林合 2003：130）。

因此，任何特定的关系只能关联一个命题"①。到 1902 年 5 月开始写《数学原则》时他明确断定关系没有例子（PoM 50 – 52），一个关系 R 在它出现于其中的所有命题中都是严格相同的，不存在 R 的特殊化例子（particularized instances），存在的只是一个共相，这种对关系的极端（柏拉图）实在论立场在其后来的哲学生涯中基本没有改变过（除开在《亲知的知识和描述的知识》中的观点）。

罗素在 1944 年上述文章中甚至认为，与其对关系的立场一样，他在 1902 年后对性质也持有极端实在论的立场，这种概括显然是片面的，Miah 就认为至少在 1902—1913 年间罗素在很多地方明确断定了性质可以特殊化②（Miah 2006：30 – 31）。也许正是由于他认为性质可以被特殊化，因而，相对于关系肯定是一种共相而言，性质作为一种共相是可以被争论的（参见《知识论》第Ⅷ章）。罗素关于性质的看法没有其关于关系的看法明确，除在 40 年代罗素否认性质有例子之外，此前他应该都承认性质是有实例的，且每个特殊的被例示的性质彼此都是不同的，即使存在共相性质（尽管可被争论，总体上他仍倾向于承诺其存在），性质共相也是不能独立于殊相而存在的，因而在性质问题上，他持有温和实在论的立场，甚至有时被理解成特普论者（后期倾向于极端实在论）。总体上而言，无论是否存在并亲知了性质和关系的具体例子，我们都可以抽象出共相性质和共相关系并亲知它们自身。

3. 逻辑形式

在《知识论》中，除了对殊体和共相的亲知外，罗素引入了一个新的亲知项——逻辑对象，在逻辑经验中我们亲知了逻辑对象，逻辑经验是使我们能理解逻辑项的一种直接知识，Griffin 在他的论文《罗素论逻辑的性质：1903—1913》（1980）中将我们可以亲知的逻辑对象区分成三类：逻辑形式、逻辑连接词和逻辑范畴，其中，逻辑形式最为根本，对它们的亲

① 参见收藏于麦克马斯特大学罗素档案馆的罗素未发表的文章《差异有不同吗？》（Do Differences Differ？）（1899/1902），文件编号是 220.010870，原始页码第 5—6 页。

② 如《数学原则》中认为动词（关系）没有例子，而形容词（性质）有例子（PoM 52）；在 1913 年《感觉材料的性质——回应道斯·希克斯博士》这篇文章中他说道："尽管存在着一个给定颜色的共相，但是也存在着是这个共相的例子的殊体，当这个颜色被看见的时候就是感觉材料"（NS 80）；在 1912 年《论共相和殊相的关系》中认为不仅存在着殊体，这些殊体还有性质，这些性质是有例子的（ORUP 110 – 111）。

知又被称为逻辑直觉，对逻辑形式的亲知可以帮助我们理解后两种逻辑对象，如"谓词""关系""二元复杂物""或者""并非""全部""一些"等。尽管他自认并不知道这些逻辑词代表的逻辑对象的本质是什么，但他明确承认，既然我们能理智地使用这些逻辑词，它们是有意义的，那么我们一定亲知了包含于其中的逻辑对象（TK 99）。

逻辑形式的引入是因为罗素认为仅仅亲知了命题的构成成分还不足以理解该命题，还必须亲知其纯形式，他甚至认为对逻辑形式的亲知比对殊体和共相的亲知更具优先性（TK 99）。罗素的这种观点受到了前期维特根斯坦的批评，虽然维特根斯坦并未否认形式的存在，但否认了逻辑对象的存在，这即是说，形式并不是逻辑对象意义上的存在，因而也就不可能被亲知，只能被显示。事实上，从罗素本人对逻辑形式的解释就可发现其本质是很难界定的，一方面，它不是命题的构成成分，而是构成成分结合的可能方式，不是一个事物，那么就不应该是亲知的对象；另一方面，它又是亲知的对象，肯定是某个东西，而不是无，因而它们自身肯定又是有成分的，可以用逻辑符号表示出来，它们以变元为其构成成分。这一困难就在于逻辑形式作为亲知的对象，他必须给出其表达形式，而这就造成了逻辑形式也是有成分的，从而导致无穷后退，前期维特根斯坦的解决方法是否认它们是对象，给不出形式，只可显示。即使承认逻辑形式可以被亲知，这种亲知显然违背了罗素对亲知的界定：亲知是一种主体与对象之间的二元关系，逻辑亲知的对象——逻辑形式——既是某个东西又不是一个事物，对这种对象如何能亲知呢？对逻辑形式的认识和对殊体和共相的认识肯定是不同的，但他都用亲知一词来概括，这显然也是有问题的。

在前期维特根斯坦的批评下，他也否认了逻辑对象的存在，逻辑常项并不指称实际存在的逻辑对象，不再称逻辑形式为"对象"，也不再谈论对它们的亲知问题，似乎又回到了前《知识论》时期的亲知理论：对一个命题的理解只需亲知其构成成分，逻辑形式显然不是命题的成分，因而不再需要对逻辑形式的亲知就可以理解一个命题，至少对原子事实的认识，逻辑（纯形式）无用（OKEW 63；PLA 196，210；IMT 66）。事实上，虽然他不再谈论对逻辑形式的亲知，不再将其当作一个独立的对象谈论，实际上他将逻辑形式赋予了性质和关系，对任何一个性质和关系的理解，实际上理解了其处于其中的一个形式（PLA 205），这个问题涉及他对性质和关系的解释，留待下一节具体解释，这里就不再赘述。

第二节　逻辑原子的外延

罗素在《逻辑原子主义哲学》开篇就说道："我称我的学说为逻辑原子主义的原因是因为我希望作为在分析中的那种最后剩余物而达到的原子是逻辑原子而不是物理原子。它们中的一些将是我称为'殊体'的东西——诸如小的颜色片或声音片这类的事物，短暂的事物——并且一些将是谓词（predicates）或者关系，等等。"（PLA 179）罗素常不加区别地使用谓词和性质（谓词是指称性质的词），因此其逻辑原子的外延即是殊体、性质和关系，接下来我们将分别对其进行探讨。

一　殊体

（一）殊体的基本界定

殊体一词的英文是"particulars"，这个词在传统哲学中多被译成"殊相"（即特殊的东西），与"共相"（即普遍的东西）（universals）相对，我们这里将其译为"殊体"，是因为它在罗素的逻辑原子主义学说中具有特定的含义，它是一种特殊的殊相，我们亲知的殊相包括殊体。

罗素对殊体的定义是：

殊体＝原子事实中的关系项。（PLA 199）

这是一个纯逻辑的定义，关于什么是殊体的问题只能根据这个逻辑定义来确定。罗素的殊体与原子事实是相互定义的。原子事实是最简单的事实，它指的是某个特殊的事物占有一个性质，如，"这个是白色的"，或者两个及以上的特殊事物具有一个关系，如，"这个在那个的左边""A 把 B 给 C"等。相应地，一个原子命题是一个确实提及实际的殊体的命题，不是仅仅描述殊体而是实际命名殊体的命题。原子事实包含一整个关于事实的无限分层——一个事物和一个性质，两个事物和一个关系，三个事物和一个关系，四个事物和一个关系，等等。罗素常常为了方便将性质称为一元关系（monadic relation），因此，原子事实包含两个成分：关系（由动词、谓词或形容词表达）和关系项，不同阶层的关系涉及不同数量的关系项，他将这些关系项定义成殊体。

罗素给出的这个定义是纯逻辑的，对这个定义的理解并不以事先知道"这个或那个是一个殊体"为前提，即，我们不是从特定的殊体的存在的例子推导出殊体的存在的，而是通过一个以它们为分析终点的分析过程而知道它们的存在的。在真实的世界中我们实际上能找到什么具体的殊体的问题并不能通过这个定义得到解决，这是一个仍然有待解决的纯经验的问题，不是罗素这种逻辑学家关心的问题。和维特根斯坦的对象一样，根据这个定义我们给不出殊体的任何例子，因而也就给不出原子事实的任何例子。

但是就在他给出的这个逻辑定义的前后段落中他却给出了原子事实的例子。他认为最简单的事实是指某个特殊的事物具有一个性质，如"这个是白色的"。罗素对这样的原子事实进行了严格的限定，这个原子命题中的"这个"指称的不是日常对象，如我手中正拿着的一支粉笔，而是当你看着这支粉笔的时候你正在看见的东西，即当下的感觉材料。这表明原子事实是包含殊体的事实，而殊体是当下的、瞬逝的感觉材料。

（二）殊体的性质

相对于事实和物理对象而言，殊体是简单的。罗素一方面受维特根斯坦的影响，认为世界的终极构成成分是终极简单的，是分析中的最后剩余物，他称为逻辑原子，这些简单体具有不属于任何其他事物的实在性，它们包括殊体、性质和不同阶的关系（PLA 270）；但另一方面又对分析是否存在终点表示了怀疑，复杂的事物也许可以无限分析下去，而我们永远也达不到简单物是完全有可能的（PLA 202）。同时，就他给出的殊体的例子"颜色或声音的小的片段、瞬间的事物"，性质的例子"红色的""白色的"，关系的例子"在……左边""在……前面"等而言，逻辑的原子主义学说不应该是绝对简单的，而是相对于我们主体而言是简单的。因此，就其逻辑定义而言，殊体应该是绝对简单的，这正如维特根斯坦的对象那样是绝对简单的，永远存在的那样，是世界的终极构成要素；但就其给出的例子及我们可以对其有直接认识而言，殊体只能相对于事实和物理对象而言是简单的，是我们当下直接亲知的对象。这即是罗素的逻辑的原子主义学说与维特根斯坦的对象最主要的区别。当然，我们仍然可以用简单来形容逻辑原子，它们仍旧是世界的构成要素，只是不具有维特根斯坦对象意义上的绝对简单性而已①。

就上述逻辑原子的例子而言，殊体是可以亲知的。罗素认为逻辑原子是分析的终点，完全分析的标志总是依赖于直接亲知那些简单符号所指称的对象（简单符号指的是其部分不是符号的符号），殊体作为其理想语言中简单符号所指的对象理应是可以亲知的简单物。对殊体的认知只在于对它的亲知。当你亲知了一个殊体的时候，你就已经全面地理解了那个殊体自身，对殊体本身的理解并没有必要知道关于那个殊体的命题；相反，为了理解一个殊体的名字出现于其中的一个命题，你必须已经亲知了那个殊体。

除上面作为一种逻辑原子所具有的两种共同的性质——简单性和亲知性——之外，与性质和关系相比，殊体的一个独特特征在于其自存性（self-subsistence）。自存性指的是每个殊体的存在（being）在逻辑上都独立于任何其他殊体，其存在（existence）的逻辑可能性并不依赖任何其他东西。殊体的这个特征与传统哲学中的实体类似，它们都是自存的，不同之处在于殊体不具有实体那种在时间中的持存性（persistence through time）。一般说来，一个殊体只持续一个很短的时间，几秒钟或几分钟，因为我们的当下经验是瞬间变化的。在持存性上，殊体与实体是不同的，但在自存性上两者的逻辑地位是相同的。

罗素的逻辑原子主义学说与传统形而上学的一个很大的区别，即在他对殊体的瞬逝性这个独特的界定上。传统哲学之所以否定感觉材料的实在性即是因为它们是瞬间变化的，不具有永恒的持久性，而实体即是一种永恒存在的实在。但罗素却认为只有我们当下的感觉经验才是真正实在的、确切的，是我们知识最牢靠的基础，我们的一切知识都来自于转瞬即逝的感觉材料，他所认可的直接经验不仅包括真实的感觉材料，甚至包括我们通常认作是不真实的错觉（phantoms）和幻觉（hallucinations）②；相反，我们通常认为是实在的东西，如桌子、椅子等却是从感觉材料而来的逻辑构造，是殊体的类的序列，即是殊体的诸系统。他认为传统形而上学的一

---

① 具体讨论可以参见本章第一节中的对逻辑原子的简单性的探讨，这里不再重复。

② 它们与通常的感觉材料在实在性上处于相同的层次，也是世界的终极构成成分，都是知识的基础，不同之处在于它们与其他事物之间不具备通常熟悉的关联（PLA 274 - 275）。

个偏见是认为实在的东西必定是永恒的，要么永远持存下去要么存在很长一段时间，他的实在却完全相反，只持续很短的时间，那些永恒的东西并不在我们的经验中，而且常常具有很整洁的逻辑性质，因而他将这些看作是从我们的感觉材料构造出来的产物，并不是实在的（PLA 274；LA 326）。

罗素明确说世界的终极构成成分包括殊体、性质、不同阶的关系，感觉材料（显象）、错觉和幻觉是世界的终极构成成分的一部分。转瞬即逝的殊体是一个人在感官中直接意识到的东西，当殊体正巧被给予你的时候这些殊体即是感觉材料，是真实的东西，殊体与错觉和幻觉具有相同层次的实在性，这即是说殊体是感觉材料。显象、感觉材料、殊体在罗素那里常不加区别地互换着使用，当他说物理对象的世界是感觉材料的序列时，也即是说它是殊体的类的序列，因此，殊体在事实结构和序列结构中都处于十分基础的地位，是沟通两者的桥梁，至于殊体是否就可以直接等同于感觉材料我们留在第五章第一节讨论，这里暂且不论。

（三）逻辑专名

在日常生活中，虽然我们可以用包含通名的摹状词来谈论一个特殊的个体，但更多地还是使用专名。罗素的殊体是一种特殊的个体，是出现在最简单的原子命题中的简单物。原子命题确实提及并命名了实际的殊体，而不是仅仅对其进行描述，因而只能用名字来命名、提及殊体。

专名又可以区分为日常专名和逻辑专名。日常专名的获得最初也是用来代表亲知的殊体的，如苏格拉底、皮卡迪利、俾斯麦等①，但由于我们对这些日常专名的知识多为间接知识，因而不能充当代表殊体的真正名字，日常专名所指称的对象不是真正的殊体，这些名字是摹状词的缩写，它们描述的不是殊体，而是类或序列的复杂系统。罗素认为名字真正狭窄的逻辑意义是指称一个殊体的，即命名一个殊体，因为我们不能命名我们没有亲知的任何东西。罗素对专名的定义是："专名 = 代表殊体的词"

---

① 罗素在《亲知的知识和描述的知识》和《逻辑原子主义哲学》中认为在特定的情况下可以亲知俾斯麦（和俾斯麦同时代的邻居）和皮卡迪利（去英国旅行的人）（PLA 195），有时也将司各特当作逻辑专名来使用（PLA 244-226），但根据罗素的逻辑构造理论，这应该是不可能的，因为即使我们亲自见到俾斯麦或苏格拉底（TK 94-95），也只是亲知了关于他们的显象，而不是他们自身，他们仍然是感觉材料的一个系统。他在上述地方似乎将日常专名当作殊体的名字，这与他整个构造理论不一致，他仍然受到了对专名日常理解的影响。对于这些不一致，我们可以看作是罗素为了方便说明其观点给出的较为通俗易懂的日常例子，实则是不符合其一贯的理论立场的。

（PLA 200），他将这种专名称为逻辑专名，认为这才是真正的名字，而日常专名都是缩写的摹状词。一个逻辑专名的特点是它仅靠其自身就有一个意义，不需要任何背景，是一个照惯例被用来指称某个人的声音或形状的词，它没有给出关于这个人的任何信息，是没有意义的，因为意义是对立于指称而使用的。

由于罗素的殊体是世界的终极构成成分，应该是绝对简单的，因此要得到指称它们的这种真正严格逻辑意义上的"名字"的任何例子都是很困难的。但当他将殊体等同于可以亲知的感觉材料后，我们可以用来当作他的逻辑专名的唯一的词是诸如"这个"或"那个"的词。你能用"这个"来代表一个人当下亲知的一个殊体。他对作为逻辑专名的"这个"也进行了限定。在"这个是白色的"命题中，如果"这个"指的是你当下看见的这个，它就是一个逻辑专名，但是只要你想试图理解这个命题或者你指的是作为一个物理对象的这支粉笔，它就不是一个专名。只有当你很严格地用"这个"去代表感官的一个实际的对象时它才是一个真正的专名。

逻辑专名具有如下几个性质。首先，逻辑专名是短暂的，一个殊体的专名仅仅持续一两分钟。其次，逻辑专名是模糊的。同一个专名对于说话者和听者不意指同一个殊体，在两个连续的时刻也不意指同一个殊体，因为殊体只存在很短的时间，因而不同的人在同一个时刻对同一个对象，同一个人在两个连续的时刻对同一个对象的感知都是不同的，因此，逻辑专名的重要性不在日常生活中，而在逻辑上。最后，对逻辑专名的理解就是对殊体的充分全面理解。要理解一个逻辑专名唯一要做的就是亲知那个殊体，你必须知道这就是那个殊体的名字，这里不涉及一个命题的形式，这一点是相对于对谓词和关系的理解的，后两者涉及一个命题的形式。当你亲知了那个殊体的时候，你对这个名字就有了一个完全的、充分的、完整的理解，不需要进一步的信息，对于任何特殊的"这个"你没必要知道"这个是红色的"。对于逻辑专名所指称的那个殊体的一些事实的了解并不能使你对这个逻辑专名和殊体本身有一个更为全面的理解。对殊体的认知被预设在对提及这个殊体的任何命题的理解中，而不是相反——对这个殊体的名字的理解预设了关于这个殊体的所有命题的知识（传统一元论逻辑的观点）（PLA 204）。

二 性质

（一）性质的界定及谓词的所指①

在罗素的理想语言中，语词与句子的一个区别在于，前者的意义是简单的，它们是简单符号，对其的理解只需要亲知它指称的对象，后者是复杂的，对其的理解依赖对构成该命题的语词的理解（命题意义的构成原则）。罗素的指称简单对象的语词除了上述逻辑专名外，还包括简单的谓词和动词。

作为逻辑原子之一的性质和关系也是通过原子事实来定义的。从之前对原子事实和殊体的界定来看，原子事实包含关系和关系项，每个原子命题是由逻辑专名和谓词（有时是形容词）或动词组成的复杂体，其中由简单的谓词或形容词表达的成分是一个性质，由简单的动词表达的是一个关系。罗素常将性质看作是一元关系，因而，原子事实可以笼统地说包含关系和关系项。

总体而言，罗素对性质持有实在论的观点（尽管不是柏拉图意义上的极端实在论，而且他认为性质的存在也是可以怀疑的，这一点将在下一节详细讨论），但是性质与殊体并不具有相同种类的"实在"，属于不同的逻辑类型，其不同之处在于前者暗含一个形式或结构，我们不能用某个符号单独来指称它们（LA 337）。

罗素对谓词和动词的所指的观点从《数学原则》到《逻辑原子主义哲学》经历了一个变化。在《数学原则》中，罗素一方面认为谓词和动词的所指和与之相应的抽象单称项（corresponding abstract singular terms）的指称是相同的，都是指称相应的名词概念，即抽象对象或共相，如"红色的"和"红色"均指称红色，"与……不同"（differ from）和"不同"（difference）均指称不同（difference）。但另一方面他又承认"这个是红色的"与"红色是一种颜色"表达了不同的命题，这似乎意味着"红色的"

① 表达一元关系或性质（诸如红色的、白色的、方的、圆的）的词叫作谓词（包括形容词），表达更高阶的关系的词一般是动词（一个单一的动词或一整个词组），两者是原子命题的组成成分，但罗素常将谓词与性质直接等同，常说谓词是可以被亲知的共相（参见《知识论》第一部分第八章），我们应该将这种情形下的谓词直接当作性质来理解。

与"红色"有不同的语义作用①，因此这两种观点是相互矛盾的。同时，他关于谓词和动词指称相应的名词的观点无法合理地解释命题的统一性问题。我们可以将"A 与 B 不同"分析成相应的 A、不同、B 的一个列表，但命题与列表是完全不同的两个东西，他在《数学原则》中对两者的区别的解释是认为，当这些词用作动词时具有实际关联对象的能力，这即形成了命题的统一性，使得命题与分析后的命题成分区别开来，但这种解释在面对假命题和假信念句的统一性又面临着悖论（参见第二章第一节）。也就是说，在《数学原则》中罗素一方面承认两者的语义作用是有区别的；一方面又认为两者的指称是相同的，他没有合理地解释两者的区别。

在《逻辑原子主义哲学》（205—206）和《逻辑原子主义》（337—338）中他对谓词和动词的所指采取了不同的解释。罗素反复强调理解一个谓词和动词不同于理解一个名字，两者所涉及的心理活动是不同的，对前者的理解更为复杂。理解一个名字你只需亲知这个名字所代表的那个殊体即可，这里不涉及一个命题的形式。对于任何特殊的"这个"你没必要知道"这个是红色的"。对谓词的理解也需要亲知。以"红色的"这个词为例。这个词代表一种特殊的颜色，对这个词的意义的理解只能通过看见红色的事物，其他的方式（如学习语言和查词典）都是没有帮助的。当然我们可以给"红色的"这个词下一个定义②，如"最长波长的颜色"，但是罗素认为这个定义丝毫没有构成"红色的"这个词的意义。例如，当我们将"这个是红色的"这个命题替换成"这个是最长波长的颜色"的时候，我们得到了两个完全不同的命题。"红色的"这个物理定义并没有给出这个词的实际日常意义，它只是给出了一个真的摹状词，而罗素认为摹状词和逻辑专名是完全不同的东西。因此，对指称简单事物的简单谓词和动词只能通过亲知简单对象来理解（罗素的简单和亲知紧密联系着，不可

① 弗雷格关于对象和概念的区分与此问题类似，在"这是一匹马"和"马这个概念不是一个概念"两个命题中，前一个"马"是一个概念，含有空位，需要填充，具有形成命题的关联力，后一个"马这个概念"是对"马"的提及，是一个对象，因而不是一个概念了，他用不同的所指来区分谓词和相应的名词的不同语义作用，但罗素在《论指称》中却坚决反对他的这种做法。

② 罗素说我们不能说"分析红色的这个词"，只能说定义这个词，因为红色的是一种简单物，而我们只能用分析来说复杂物，如事实和物理对象，在对物理对象的分析（即逻辑构造）的时候似乎是对它们的一种定义，只在这种意义上，分析与定义很接近。参见本论文第四章第一节第三点。

亲知的就是复杂的，可亲知的即是罗素意义上的简单和不可分析，是可以命名的，尽管不是绝对简单的）。

对殊体、谓词和关系这些简单物的理解除亲知这个共同之处外，不同之处在于对谓词和关系的理解涉及一个命题的形式，你必须知道它们出现于其中的原子命题的形式是什么。"当你理解了'红色的'这个词的时候，这意味着你理解了具有'x 是红色的'这个形式的诸命题"（PLA 205）（用逻辑符号表示即是 Fx）。对关系的理解同样涉及对命题形式的理解，在理解包含"在……前面"这个关系的任何具体命题之前我们就已经理解了"x 在 y 的前面"这个形式（即 xRy)①，无论我们在这样的关系命题是填入真正具体的项还是假定的项（变项），我们必须先理解这个形式。谓词和动词并非仅仅指称抽象名词，其意义不是一个概念［F－性（F-ness)］，而是一个形式。这里，罗素将逻辑形式融入对性质和关系的理解中，而在《知识论》中他却将两者当作不同的亲知对象加以考察（参见本章第一节第二点），他这样做是为了解释殊体和性质、关系的不同，以及想再次强调命题的统一性在于关系的关联力上［动词体现了关系的这种本质力量（essential nerve)］这个在《数学原则》中就坚持的观点。

与罗素对谓词和关系的指称的观点的变化相关的一个变化是：他认为一个谓词和关系只能作为一个谓词和关系出现，不能作为一个主词出现（PLA 205－206），当它们似乎作为一个主词出现时，这个短语就需要进一步阐述和解释，并且依据奥康剃刀原则（具体的应该是消除抽象原则），他否定了与动词相应的抽象名词的存在，抽象单称项可以被消除。这个原则主要用来消除抽象性质和对称传递关系（如相等），这些关系常被认为具有某个共同的性质，这个共同性质可以替换成与一个给定的项具有这个关系的一组项的全体成员②，罗素用这个方法消除了"长度"（length）（LA 326－327）。这实际上可以看作是将性质还原成关系的范例。

Sainsbury 认为罗素主张抽象的性质名词可以还原成具有这个性质的全体成员的观点是没有正当理由的。罗素这种还原的观点似乎表明他认为包含抽象单称项的句子可以还原成包含动词的句子，每个包含一个抽象单称

---

① 至于原子命题的逻辑形式可参见本论文第二章第四节第三点。

② 这个原则的应用在《我们关于外间世界的知识》中是这样表述的：当一组对象之间具有一种相似性的时候，我们常认为这种相似性是由于它们具有一种共同的性质，这时我们可以用这组相似的对象的全体成员来替代这个被假定的共同性质（OKEW 51）。

项的可理解的句子仅仅是不包含这些项的句子的一个记法变体（notational variant），但他本人并没有给出这种还原的任何具体的例子（Sainsbury 1979：22－24）。Sainsbury 赞同罗素对谓词的指称的《逻辑原子主义哲学》和《逻辑原子主义》的解释，即对谓词的理解包含一个逻辑形式，但他反对在这两篇文章中认为谓词只可做谓词使用，没有相应于谓词的抽象单称项，他认同罗素此前在《数学原则》和《数学原理》中的观点，承认包含谓词和相应抽象单称项的两个句子确实表达了两个不同的命题，"红色的"和"红色"都是存在的，只是具有不同的语义作用，两者之间不可还原。而且确实存在着很多含有抽象单称项的句子，如"勇敢是一种美德""红色是一种性质"等，这些句子不能翻译成不包含这些项的句子，这即是用来证明共相的性质的存在的"抽象指称论证"。

（二）性质的存在问题

自罗素于 1897 年开始反对唯心主义以来，他对关系的外在性和实在性的立场一直都没有改变（参见下面关系一节），但他对性质的实在性就没有这么确定。总体而言，他对性质是持有实在论的立场的，是一种温和的实在论，即，他不仅承认作为共相的性质和关系的存在（可以重复，在同一时间可以完整地且完全地出现在多个空间位置上，为不同的、从空间上说不连续的殊相或殊相组所例示），还承认作为殊相的性质和关系的存在（不可重复，在同一时间只能出现在一个空间位置上，一个对象所具有的任何性质不能为任何其他对象所具有），并且，前者不能独立于后者而单独存在，正是他对性质和关系的这种独特观点使其与极端实在论和特普论区别开来，前者只承认共相关系，后者只承认殊相关系（韩林合 2003：130，140）。

罗素与传统哲学关于性质和关系的观点很大的不同在于，他认为我们可以在形式上向上还原关系，即，"我们可以将一元关系形式上还原成二元的，二元还原成三元的，将低于某个阶的所有关系还原成高于那个阶的所有关系"（PLA 206）。而传统哲学则认为只能向下还原，即，将二元关系还原成性质，性质还原成主体，最终得到一个唯一的大写的实在，即实体或绝对。他认为这种向下还原只在对称传递关系中成立，例如，二元关系可以还原成为谓词的相同（sameness of predicate），但在不对称关系中就不可以向下还原。以大于关系为例，"A 大于 B"并不在于 A 和 B 有一个共同的"大于"谓词，如果是这样，那么 B 也必须大于 A；也不在于它们有不同的谓词，如果 A 有一个不同于 B 的谓词，那么 B 也有一个不同于 A 的谓词，但这还是没有给出 A 与 B 之间的一个关系。在这两种情形下，无论谓词相同还是不同，都是一个对称关系，都不能等同于这个不对称关系。

正因为罗素持有这种向上还原的立场，似乎他否定了性质的存在，将性质还原成"特殊的相似性"（specific similarities）这种对称传递关系（TK 91）。以颜色为例，你先找到某个标准的红色的事物，然后将红色的诸事物定义成所有与这个标准的事物具有"颜色的相似性"（colour-likeness/colour-similarity）关系的所有事物，所有这些事物组成了一个类，这个类的全体成员具有"红色"这个谓词所有的形式逻辑性质。据此，"这个是红色的"这个主谓命题可以还原成这个命题："这个与那个具有相同的颜色。"这种将谓词形式上还原成关系的方式至少在逻辑上和经验上都没有什么可反驳的，也就是说，在形式论证的范围内，我们并不知道将一些项连接成一个类的东西到底是一个常见的谓词还是一个传递对称关系，很可能某些情形下的谓词确实是以这种方式产生的。而且，这也是贝克莱和休谟曾使用过的方法，只是他们自认为在对谓词的废除中是在消除"抽象观念"，而没有意识到是在将性质还原为关系罢了（TK 91；PLA 206）。

罗素的上述观点很容易使人认为他是一个特普论者，但就在给出上述观点的同时他也表明了自己的立场，虽然上述还原也许是可能的，但他仍然认为性质是存在的，尽管他并没有完全决定性的理由，只能说是他的哲学假定。他在《知识论》中给出的论证微不足道。首先，主词和谓词在逻辑上是明显不同的；其次，如果只承认包含三个、四个、五个成分的复杂物而不承认包含两个成分的复杂物是很奇怪的，也是不便利的；最后，那些如"白色的""疼的"等词正如关系需要关系项一样需要主词。因此，他假定存在着谓词，我们不能只将谓述看作是主词和谓词之间的一个二元关系，还应承认直接存在着谓词以产生这种谓述现象（TK 90）。虽然罗素认为谓词的实在性比关系更可怀疑，但他仍然假定其存在，因为即使不存在谓词，我们关于谓词的说法也适用于具体的相似性——如果我们能成功地用具体的相似性来替代谓词的话（TK 92）。

在《知识论》（93—95）中，罗素集中批评了传统哲学对谓词的这样一个基本理论预设：一个谓词是它的主词的一个实际的构成成分。也就是说，一个特殊主词（不是像"所有的人"那样的一般的主词）实际上是诸谓词的某种聚集（collection of predicates），谓述（predication）现象只是从中挑出一个谓词，并且断定它属于这个聚集。对谓词的这种看法暗含在很多传统哲学思维中，如认为主谓命题是分析命题，以此为基础的一个更广泛地被持有的信念是认为，殊体可以仅仅只由共相构成，这个信念反过来使得传统哲学家们从形而上学上对空间和时间十分厌恶，因为空间和时间使得我们只用共相来说明殊体似乎是不可能的。

　　罗素认为上述这个预设主要有两个错误的来源。其中之一是关于"事物"的本性的一个错误的观点。主谓形式在传统逻辑中之所以如此重要，主要是因为我们常以如下提问方式来从事哲学研究，即"这个是什么？""那个是什么？"（这里的"这个""那个"指的是某个给定的"事物"）。对这类问题的回答常常是给出对这些事物的描述，如"这个"是圆的、硬的、黄的、好吃的等等，这些性质的聚集构成了事物的本性，因为除了对一个事物指派性质之外我们不能给出关于它的其他命题。这种观点即是很多形而上学的根源，并且由于与表层语法相符合而得到了强化。罗素认为只有通过学习一些符号语言（即数理逻辑语言）才能矫正由于日常语言所暗示的这种根深蒂固的偏见。罗素将事物从实在的世界中清除出去了，认为事物是从相互关联的感觉材料而获得的一种复杂的推断，是感觉材料的类的序列，真正的殊相不是事物，而是单一的感觉材料。

　　那么我们是否可以对感觉材料问同样的问题呢，即，一个感觉材料是由它的谓词构成的吗？罗素在 PLA 时期给出的是否定回答，他在这时肯定是承认个体的存在的，对个体和性质、关系持有实在论的个体支撑物理论（韩林合 2003：164）。按照这个理论，一个个体与其性质是不同的，个体的存在不以其性质的存在为前提，两者应该是分离的，但由于他的个体（即殊体）不是传统形而上学的实体，也不是我们日常所说的个体（日常对象和物理对象），而是转瞬即逝的感觉材料，它们是诸如颜色、声音、气味、硬度、粗糙度等等的事物，或者是一些颜色、声音、气味等的片段，如我当下视野中的那个红色的点，感觉材料与其性质是紧密联系在一起的，没有脱离性质的赤裸的作为支撑物的感觉材料本身。尽管他否认一般的性质共相构成了事物的本性（传统哲学的观点），但他的感觉材料实际上与性质共相的特殊例子（particular examples）紧密相关，也许正是由于这种联系以至于他在后来放弃了个体的支撑物理论，转向个体的束（bundle）理论，即认为所有个体都是由其所具有的各种各样的性质构成的，是"性质集"（a set of qualities）或"性质束"（a bound of qualities），一束性质依据共现（compresence）这种基本的、不可分析的关系结合在一起而形成了个体，殊体和专名从实在论中消失了，名称所指的对象是性质。

> 我打算舍弃通常称为"殊体"的东西，并满足于通常会被认作共相的某些语词，比如"红的""蓝的""硬的"和"软的"，等等。我将指出，在句法的意义上，这些语词是名称。因此我并不是寻求取消名称，而是对"名称"这个词给出一种不同寻常的扩展。（IMT 94-95）

另一个错误的来源是，传统逻辑认为"苏格拉底是有死的"与"所有的人都是有死的"都是简单的主谓命题，具有相同的命题形式，这个错误实际上是从逻辑论证的层面强化了第一个错误。传统逻辑认为第二个命题也表达了一种谓述关系（a relation of predicates），可以改写成"人性蕴涵有死性"，这个命题之为真是因为有死性实际上是人性的一部分，这个命题是一个分析命题。在人性的基础上我们可以继续增加谓词，即增加内涵而减少外延，直到从"人性"缩小成"苏格拉底"，从而使得我们可以用这些谓词来定义苏格拉底，因此，第一个命题也是分析的。

罗素在《知识论》中给出了简短的反驳：含有名字的命题形式上是根本不同于含有摹状词的命题的。在"所有的人都是有死的"这样的普遍命题中，摹状词"所有的人"并没有告诉我们落入它之下的实际的诸殊体是什么，我们得到的是适用于这些实际的诸殊体的某个共相，对这个摹状词的认识只需要认识那个共相"人"而不用具体考察个别的人，因为我们可能并不知道这是某个特殊的人。但是在"苏格拉底是有死的"这个命题中（罗素这时假定我们能亲知苏格拉底），对"苏格拉底"这个专名的理解只需要亲知它所指称的那个对象，它就是一个被给予的"这个"，而不需要知道任何关于苏格拉底的命题。因此，当苏格拉底作为专名出现在命题中时，任何关于他的性质的命题都是综合的，即，任何谓词都不是这个给定的殊体的组成部分（TK 94-95）。

综上所述，罗素将性质区分为一般的性质和性质的特殊实例，他肯定了后者的存在（除他进入20世纪40年代之外，详细谈论参见本章第一节第二点中的共相），认为前者的存在性尽管没有关系那么确定，但至少也没有什么理论上的动机来否定作为谓词的共相的存在及对它们的亲知。也就是说，如果说在《逻辑原子主义哲学》中罗素对共相性质的存在还不那么确定的话（可以还原成特殊的相似性关系），那么他对共相关系的存在及对其的亲知则是十分确定的，下面我们就来看看他对此的论证。

三　关系

（一）关系的界定及存在

关系是"像'先于'出现在'A先于B'中那样能出现在一个复杂物①中的一个存在物"（TK 80），在一个给定的复杂体中以这样的方式实际出现的关系叫作"产生关系的关系"（relating relation）。只含有一个产生关系的关系的复合体叫作原子事实（只涉及一个命题），含有两个及以上的叫作分子事实（涉及多个命题）。既然所有的原子事实都只含有一个产生关系的关系，那么对原子事实的分类依据就是它们包含的项的数量的不同，而不是产生关系的关系。关联两个项的关系叫作二元关系，相应的事实叫二元关系事实，以此类推，存在三元关系、四元关系、五元关系等，只包含一个项和一个谓词的事实叫作性质事实或一元关系事实②，原子事实包含着由上述不同的关系组成的不同层级事实的整个无限分层。

罗素将关系和谓词一起称作共相，一个事实的所有成分要么是殊体要么是共相，并且至少包含一个共相。从上一节关于性质的讨论我们看到，他对性质的存在性并没有关系那么确定，他认为肯定存在着关系，并且一定存在一些关系是通过直接给予的方式（即亲知）而被认知的。他以"先于"（preceding/before）关系为例，当我们被告诉说"闪电先于雷声"的时候，我们能理解这句话的意思，这就表明我们对"先于"这个词的理解

---

① 一个复杂物指的是包含着构成成分可以分析的任何东西，在《知识论》中，罗素还没有严格区分开复合物（如A之先于B）（本文中有时我也称为复杂物）和复杂体（本文中有时也称为复合体）即事实（A先于B），他假定两者是相同的，两者之间存在一对一的联系。但当他用复合物来定义关系时，则是在事实这种复杂体的意义上来使用复杂的。

② 罗素在《知识论》中给出的谓词的例子有白色（whiteness）和圆形（roundness），谓词的存在在《知识论》中是可疑的，但他承认谓述是一种二元关系，谓词就是与另外一个项（有且只有一个）具有谓述关系的项（TK 80 – 81）。

不仅仅是通过一个描述而获得的，而是通过对时间顺序（time-sequence）的直接亲知而获得的，这时我们具有了一个包含着"先于"关系的直接经验。

即使我们承认存在着关于关系的知识，并且对关系的认识在于亲知，但亲知的对象到底是赤裸的关系本身还是可以从其推导出关系来的其他存在物仍然是有争议的，即，关系的存在性是通过对关系的亲知来论证的。如果亲知的对象是赤裸的关系本身，那么赤裸的抽象的关系就是存在的；如果对关系的认识是从对其他存在物的亲知推论出来的，那么关系则是派生的，不是实在的构成成分。罗素的观点是肯定存在着一些关系，我们是通过亲知其赤裸的关系本身而认知它们的。

（二）对共相关系的亲知

我们明显拥有关于关系的知识，但这种知识是通过描述获得的还是通过亲知获得的呢？某些关系肯定是通过描述认识的，即，它们是一种与某种已知的东西有某种已知的关系的关系，但是否所有的关系都是通过描述认识的呢？罗素持否定立场，他认为一定存在可以被亲知的赤裸抽象关系本身，这也即是对共相关系存在的承诺，他在《知识论》中是从如下几个方面来论证的。

首先，他否认了对关系的理解是从对包含该关系在内的诸复合物的亲知而获得的①。例如，为了理解"先于"（before）这个词，只亲知诸如"一个事物—先于—另一个事物"的诸复合物还是不够的。我们能亲知无数相继性（succession）的例子，却并不用意识到这些例子就是相继性的例子，也不用意识到这些例子有某种对应于相继性的共同的、抽象的东西。因此对一个复合物的亲知并不必然包含对这个复合物中的关系的亲知。他认为对一个复合物的亲知是比对关系的亲知更低的精神发展阶段，这再次证明了他在《亲知的知识和描述的知识》中的观点：对一个复合物的亲知并不必然包含对其成分的亲知。

其次，他反驳了这样一个看似合理的立场：对关系的理解只需要我们亲知含有同一个关系的诸复合物之间的相似性即可，并不需要亲知赤裸的关系本身，他认为这种观点会导致恶性循环。再次以"先于"为例，假定

---

① 正如在《亲知的知识和描述的知识》中一样，罗素在《知识论》中也承认可以亲知相应于某个事实的复合物，他在《我们关于外间世界的知识》之前并未严格区分事实和相应的复合物。

含有这种关系的复合物的例子有 "A—先于—B" "C—先于—D"（A、B、C、D 是不同的），我们称前者为 α，后者为 γ。根据上述观点，这个人能理解含有 ".先于" 关系的句子，是因为他除亲知了 α 和 γ 外，还亲知了它们之间的某种相似性（resemblance），也即是说，他经验到了 "α—相似—γ"（α-resembling-γ）这个复合物。使 α 和 γ 这两个二元复合物彼此相似却并不包含同一个 "先于" 关系的方式有三种：它们的第一个项相同，第二个项相同，或者它们的关系相同，由于前两者已经被排除在假设之外，那么它们的相似就在于具有一个相同的关系，这就从相似性推断出了同一个关系（identity of relation）。这时我们可以将出现在所有这些复合物中的同一个关系定义为这些复杂物的类。那么，复合物 "C—先于—D" 可被定义成 "C 和 D 是其项，并且与 A—先于—B 有相似性关系（relation-simi-larity）的复杂物"。这个定义是有问题的，首先，它不能区分出 C—先于—D 和 D—先于—C。其次，上述定义中包含的 "相似性关系" 本身也是一个关系，对它的理解需要与 "先于" 关系进行同样的处理，这就又回到了原点。因此用这种方式来定义一般的关系（relations in general）是一种恶性循环。传统哲学中常用来消除关系的论证与这个方法类似，只是用共同的谓词（common predicate）代替了这里的复合物之间的相似性，这个共同的谓词能被感知到属于这些复合物，这种方法也会导致同样的恶性循环，因此想要仅仅只从关于复杂物的知识推演出我们关于关系的知识的这种尝试失败了（TK 82 - 84）。

在确定了对一个共相关系或者某个相应的同等抽象的存在物的亲知后，他还解决了如下两个问题：（1）对相反的一对关系的亲知是相同的吗？（2）对关系的这种抽象的亲知是否与关系关联着关系项这个观点相矛盾？

（1）以 "先于" 和 "后于" 为例，罗素认为它们之间的差异是纯语言学上的，即，对世界中的事实的描述并不必须同时使用这两个词语，如果只存在其中一个语词，如 "先于"，能完全描述所有的有关时间顺序的事实。因此，对于 "先于" 和 "后于"，只存在一个亲知，从这一个亲知中推导出了这两个语词。它们的不同之处在于，当我们用语词来表达处于一个时间顺序中的两个事物时，可以使用两种方式，通过连续地提及它们两个的名字，表明是否名字的顺序与事物的顺序相同或者相反。当两者的顺序相同时，我们会用到 "先于"，当不同的时候，我们会使用 "后于"。

（2）这个问题联系着我们该如何区分诸如"A 先于 B"和"B 先于A"的命题。由于我们可以很直接地区分出两者，因此，有人认为在对抽象的"先于"关系的亲知中，一定存在某种对诸关系项的提及（reference to terms），罗素称之为"意义"（sense）或者"方向"（direction），罗素本人是反对这个观点的，他认为关系是中立的，是独立于关系项的。

依据上述观点，上述两个命题之有区别表明，一个关系，即使在它最抽象的形式中，其本质上具有某种"来—去"（from-and-to）特征，正如一辆货车前面有一个钩子（hook），后面有一个孔眼（eye）。钩子和孔眼这两个形象的比喻表明，关系的本性包含着某种总是在留意被抓取的事物的抓取机制，即关系迫切需要诸关系项（TK 86）。这种观点被罗素认为是属于内在关系的立场的，终其一生，他都在反对这种立场，而始终坚持着某种外在关系的立场。尽管他也承认关系和关系项紧密相连，关系像钩子一样勾连着关系项，但不能因此就将他划入内在关系说，他反对的应该是古典唯心论那种依据关系的这个特性将关系还原成关系项的观点。因此，我们不要混淆他的外在关系立场（关系不能还原成关系项）和他对关系和关系项的关系的看法（两者紧密相连）。

既然罗素坚持外在关系立场，那么他是如何解释上述两个命题的不同的呢？在《知识论》中，他首先认为，如果硬要使用比喻来描述关系的本性的话，关系的前后应该都是钩子，因为它的两端是对称的，这样才能使它可以在两个方向上同等行进。

其次，他认为虽然有些关系的本质似乎包含着从一个项到另一个项的方向性（时间关系和主被动关系即是这类例子），但是还有很多关系并没有这个特性，比如，左右、上下、大小就没有什么特别的"自然"方向（"natural" direction）。即使在含有方向性的关系命题中，这种方向顺序也只是通过表达关系命题的语词或符号引入的，是语言表达式上的不同，这种顺序并不在关系和关系项身上。

他反复申明关系是独立于关系的方向的，其本质并不是从一个项到另一个项（这也是他早在《数学原则》中就已经持有的观点）。以"先于"和"后于"这对时间顺序为例，"x 先于 y"和"y 后于 x"是同一个事实的两个不同的符号，并没有表达两个不同的事实；先于和后于也并不是两个不同的、相互涵的关系，因为当我们考虑实际情况而不考虑关系的语言表达式时，x 之先于 y 和 y 之后于 x 之间并没有什么差异，它们只是对应于同一个时间顺序的两个不同的名字而已。那么关系的方向性与关系之间的关系是什么呢？他在《知识论》中认为前者是后者的函项。

> 如果我们被给予了任何关系 R，存在两个关系，两者都是 R 的函项，以至于，如果 x 和 y 是一个其产生关系的关系是 R 的二元复杂物中的项的话，并且 x 与这个复杂物有其中之一个关系，那么 y 有另一个关系……因此，一个关系的一个意义来源于一个二元复杂物的诸项与这个复杂物具有的两个不同的关系。意义不只是在关系身上，也不只是在复杂物身上，而是在构成成分与复杂物的诸关系身上，这些关系构成了复杂物中的"位置"。但是这些关系本质上并没有将一个项放在另一个项的前面，好像关系是从一个项走到了另一个项；这仅仅似乎是实际情况是因为在说话或书写中语词顺序的那些误导人的暗示。（TK 88）

据此，罗素认为先于和后于、大于和小于，等等，都不是关系的名字，因为它们总是包含对关系的"方向"的指示。对于任何成对的相关的关系，只存在一种关于意义的中立关系，他认为"顺序"（sequence）这个词即是"先于"和"后于"这对关系的中立抽象关系，后两个是"顺序"这种关系的两个意义。依据他对关系和关系的意义间的这种关联的解释，他认为，"没有诸项而潜存着的关系表面上的这种不可能性部分是由于这个事实：我们关于关系的语词几乎全部都包含一个确定的意义，并且这个意义只能通过诸项得到解释"（TK 88）。也就是说，他通过区分赤裸的抽象关系本身和关系的意义①，摆脱了传统哲学的内在关系立场——关系可以还原为关系项，即使他承认关系似乎必须关联着关系项，上述引号中用关系的意义来解释独立于关系项而存在的关系的不可能性的观点是值得怀疑的（TK 88），但他仍然承认存在着赤裸的抽象共相关系，在意义上是中立的，关系本身并不包含一个适当的意义，对这种纯粹（pure）关系的理解并不需要关系项。也就是说，对赤裸抽象的关系本身的亲知是理解

---

① 是否可以将这里的意义看作是关系的例子还有待商榷，因为除在《亲知的知识和描述的知识》中他认为关系存在例子外，他否认共相关系有例子，具体讨论可参见本章第一节第二点亲知的对象第二小点——共相。

关系命题的前提。当我们亲知了"x 先于 y"和"x 后于 y",并认为它们含有同一个关系的时候,我们一定正在亲知或者已经亲知了"顺序"关系本身,这后一种亲知是在一种抽象的意义上进行的——并没有区分出一个关系的两个意义。

第三节 逻辑原子与事实的关系

受前期维特根斯坦影响,罗素认为,我们不能像传统哲学和他早期的哲学立场那样,认为世界是事物的类聚或简单的罗列,对世界的完全描述还必须提及这些事物具有什么样的性质、处于什么样的关系中,这即是说,世界中还存在着事实,世界是由逻辑原子和事实构成的。

那么,逻辑原子是如何结合成事实的呢?即殊体与性质、关系是如何结合起来的呢?依据罗素的外在关系立场,关系是独立于关系项而存在的,那么关系与关系项的结合理应是某种外在的黏合剂,是不同于它们两者的某种成分,但这种观点很容易导致无穷后退,并没有成功地解释两者是如何结合起来以形成一个统一的整体的。

罗素关于关系的所指从《数学原则》到《逻辑原子主义哲学》的变化可以看作是对这一问题的一个不同的回答。在《数学原则》中,他认为关系的所指是相应的抽象单称项所指示的抽象共相,它们是与关系项不同类型的一类对象,因而它们的结合只能依靠上面所说的第三者黏合剂,这显然是不成功的。在《逻辑原子主义哲学》中,他认为对关系的理解必须涉及对其逻辑形式的理解。例如,对"先于"关系的理解必定包含对"x 先于 y"这样一个形式的理解,关系的本质就在于这种关联对象的形式,无论这些对象是真实的还是假定的。这就是说,关系的本质就包含着关联关系项的形式,正因为这些形式才将关系项结合起来形成了一个命题。

我认为这种做法类似于弗雷格对对象和概念所作的区分。弗雷格认为对象是饱和的,不需要填充的,而概念是不饱和的,含有空位的,需要填充的,正因为概念本质上就含有空位,因而对象可以填充进去形成一个整体,但这个理论的缺点在于无法解释具体的填充是如何实现的,为何是这个对象而不是其他对象能填充在一个概念的空位中并没有得到说明。罗素并没有采取空位这种说法，而是说关系的本质在于其关联对象的形式，事实上，形式也是空位的，需要对象来填充的。他也采用了一个形象的比喻，说关系自身似乎前后都有一个钩子（TK 86），他用"勾联"这个词来表示关系与关系项的不可分割，"任何真正是关系的东西都是关系与项的一种勾联"（LK 335），即，关系和关系项是相对的一对概念，关系项之所以成其为关系的项，便是具有了其所处的关系，如果不具有该关系它就不是关系项，而是其他的东西。由于关系具有钩子似的勾联力才使得关系和项形成一个完整的统一体（即命题），但这种方式也面临上述弗雷格面临的问题，无法解释具体的关系命题和假的关系命题的统一性。

　　如果说弗雷格和罗素是从关系身上来寻找命题的统一性来源的话，那么维特根斯坦则是从对象身上来寻找的。当然，维特根斯坦的对象是不同于传统的作为关系项的个体的（即物），它们是独立于传统的个体和属性的区分之外的，我们不能用通常所说的个体、性质、关系的区分来归类他的对象，因为对于维特根斯坦给出的完全分析了的世界而言，只存在一种绝对简单的对象和一种复合的东西即事态。尽管对象是事实的构成成分，但它们并不能脱离事实单独存在，对象只能存在于事实的结构之中，它们内在地包含着与其他对象结合的可能性，在基本事态中出现的可能性构成了对象的本质。维特根斯坦也使用了一个比喻的方式来说明对象的这种本质连接。

　　　　在基本事态［基本事实］中诸对象有如一条链子的诸环节一样彼此套在一起。（TLP 2.03）

　　根据他这里说的链子的诸环节是"彼此套在一起的"，表明他所谓的链子应该是一种圈链，它们是由一串椭圆形的环节通过穿过彼此的方式锁在一起的。维特根斯坦用"链子"的这种独特的结合方式巧妙地表明，诸对象能彼此环环相扣地结合在一起而形成基本事态或基本事实，完全是借助于它们自身所具有的独特性质，而非任何外在的中介物。而罗素使用的类似于货车的钩子表明，即使钩子与关系是一体的，也不是内在于关系自身的，始终是外在于关系的某个东西。这两个不同的比喻很形象地表明了两者关于世界的终极成分的观点的不同所在。

　　从罗素对关系具有勾联关系项的本质来看，似乎关系不能独立于关系项而存在，而且从他对事实这种对象的存在的描述来看，殊体并不能独自存在，它们始终只能处于某种性质和关系中，处于事实所具有的各种不同的结构和形式中（事实的逻辑形式参见第二章第四节）。这似乎表明关系项与关系具有内在关系说的那种紧密联系，这与他的外在关系立场矛盾。但我认为这并不冲突，他强调关系与关系项的依赖关系是为了解释命题的统一性问题，他的外在关系说则是为了强调关系是不同于关系项的，是两种完全不同的类型，不能将关系还原成关系项。两种观点是为了解决不同的问题而产生的，侧重点不同，关系与关系项密切关联与承认它们是两个不同的东西而不是同一个东西并不矛盾，同理，殊体必然处于性质、关系中但并不表明两者就是同一个东西。我认为罗素关于关系的立场的不一致表现在，一方面他承认作为抽象的共相的关系的存在，一方面又认为关系不能脱离关系项而独立存在，这即表明他在实在论和特普论间摇摆，不过总的说来，他还是一个实在论者。

综上所述，罗素作为世纪之交的哲学家，对世界的看法既有传统哲学的立场，即世界是由单一的个体、性质、关系组成的，也受到维特根斯坦的世界观的影响，世界是一个复杂的结构，其中包含着个体，这些个体必然处于事实结构中。这种结合两者而产生的逻辑原子主义，对世界结构的看法必定在细节上存在很多不一致的地方，并不如各自那么完善和漂亮。例如，从这里我们看到，殊体似乎不能独立存在，必须处于一种事实结构中，但他在对物理对象的逻辑构造中则认为殊体可以处于类的序列结构中，类似于数学结构的一种关联，这似乎表明殊体可以独立于事实而存在，处于另一种结构中。接下来我们就讨论一下这种结构。

第四章　物理世界的序列结构

罗素本人并没有明确提出物理世界的序列结构之说，他只是认为物理世界中的物理对象是感觉材料的类的序列，构成物理世界的基本要素——感觉材料——处于类的序列之中，这种类的序列肯定不是物理化学结构，也不同于第二章中的事实那种逻辑结构，而是类似于数学结构的一种逻辑结构，因此，我这里将这种类的序列简称为序列结构，以与事实结构区别开来。理解罗素的这种序列结构的关键在于理解他的逻辑构造学说，下面就详细介绍一下他的逻辑构造学说，以期对其序列结构学说有一个完整的理解。

第一节　逻辑构造的基本界定

自休谟对因果规律和外在世界的客观性问题提出怀疑后，在随后的哲学发展中大致形成了三种应对怀疑论的知觉理论：直接实在论（direct realism）①、表象主义实在论②（representative realism）和现象主义。现象主义是构造主义（constructionism）的一种表现形式。纵观罗素的整个哲学，他完全反对直接实在论，大致在表象主义与现象主义之间摇摆不定③，本

---

① 承认物理对象，否认幻觉、错觉，认为这些都是不正常的知觉，我们能直接理解一个物理对象，我们看见的就是真正的、独立存在的红色对象。
② 承认感觉材料与外在物理对象的区分，引入感觉材料作为中介，承认知觉的可错性，我们直接感知的是观念、印象、感觉材料，是外在对象因果作用的结果，根据感觉材料推出对象的本性，假定外在对象的存在是感觉的原因，这个学说也常被称为知觉的因果理论。
③ 在1912—1927年间他是一个现象主义者，此前和此后则是一个表象主义者。

文研究的逻辑原子主义时期则是他现象主义的鼎盛时期，当然，最好用构造主义而不用现象主义来描述罗素，这一点在本章的最后将得到澄清。罗素构造学说的主要目的是为了解释感觉材料和物理对象之间的关系，下面我们就先对罗素的逻辑构造进行一般的界定，然后再探讨他是如何对物理对象进行具体构造的。

一 逻辑构造的提出

（一）罗素对素朴实在论（naïve realism）的批评①

素朴实在论是直接实在论最简单的形式，其观点是：物理对象可以在感觉知觉中直接呈现给我们，它们即是其显现给我们的样子，可感性质（sensible qualities）是物理对象的内在性质。事实上，对这种哲学立场的拒斥早在古希腊就开始了。柏拉图在《泰阿泰德篇》中就认为任何真实的知觉原则上都能被一个精确相似的假的知觉复制，因此，感觉材料并不能直接揭示物理对象的真正本性，感觉材料不是物理对象的表面部分。近代的贝克莱、休谟也区分了感觉材料和物理对象，认为我们直接知觉的是感觉材料而不是物理对象本身。

罗素在《哲学问题》中用两个论证挑战了素朴实在论对物理对象的直接信念。

1. 来自错觉的论证（the argument from illusion）

这个论证又叫来自常识的论证（the argument from common sense），知觉的相对性论证（argument from the relatively of perception）和此论证很相似：在一些条件下，事物被我们感知的方式并不是它们实际所是的方式，被感知的样子与其实际的样子是不同的，最常见的例子是，一端放在水中的直的棍子看起来却是弯的。这个论证还不足以表明物理对象不能直接被感知，因为存在两者符合的情况，物理对象可能对感知者显示出其实际情况。来自错觉的论证表明的是尽管同一个物理对象从不同的视角看是不同的，但常识却认为有且仅有一个相同的桌子，它对于所有看见这个桌子的感知者是相同的。

---

① 尽管罗素在《哲学问题》中并没有直接使用"素朴实在论"这个词项，但他的论证主要针对的就是这种学说。

素朴实在论的缺陷在于忽视了一个物理对象显示的方式与常识构想它们所是的方式之间的不一致，无法解释对同一个对象为何有不同的知觉。"感觉材料对每个独立的个人而言是私人的……因此，如果要存在在某种意义上能被很多不同的人认识的公共的中立对象，那么一定存在某个超出私人的特殊的感觉材料的东西以显现给不同的人。"（PP 20－21）

　　罗素认为如果素朴实在论是正确的话，那么如下三个陈述必须全部为真。

　　（1）有且仅有一个桌子对于看着它的任何个体是相同的。

　　（2）这个桌子就是其显示出来的样子。

　　（3）从不同的视角看，对于同一个个体而言桌子不可能显示出完全相似的样子。

　　但正如我们看见的，上述三个陈述只能有两个可以同时为真，这是一个矛盾的组合体，因此，如果这三个陈述都为真，那么素朴实在论就为假，这就推翻了素朴实在论的观点——我们直接感知到了物理对象。

　　2. 来自科学的论证（the argument from science）

　　素朴实在论的第二个缺陷在于忽视了科学真理和我们的常识信念之间的不一致，对知觉的科学解释不同于素朴实在论。当今科学尤其是物理学表明，真实的世界是不同于我们对其的常识看法的。物理学家、生理学家、神经科学家认为那种稳定的、持存的对象（包括我们自己的身体）实际上是微量元素的巨大系统（vast systems of tiny clusters of energy），不具有常识所认为的那些性质。当我们看着一个物理对象的时候（例如桌子），我们实际上看见的是发生在我们大脑中的一个事件，这个事件与物理对象之间具有因果关联。以视觉为例，我们看见的是如下一个链条：

　　物理对象→光线→视网膜→视神经→中央神经系统→显象（PP 35）

　　这种对视觉的物理学因果解释被罗素所认可，不仅在《哲学问题》中如此，在 1927 年放弃了构造学说之后也是回到了这种知觉的因果立场，可见他对科学的偏好，采取了一种科学实在论。知觉的这种科学的解释认为知觉的这种因果过程是任何知觉发生的必然条件。素朴实在论与科学的知觉观相违背。

　　（二）罗素对《哲学问题》中的立场的拒斥

　　虽然罗素在《哲学问题》中否定了素朴实在论关于物理对象的观点（我们直接感知的是物理对象自身，否认在感觉材料和物理对象之间存在任何鸿沟），做出了感觉材料和物理对象的区分，并赞同休谟的观点——我们直接知觉的是感觉材料，任何关于物理对象的断定都超出了我们私人的感觉材料，但他并没有像怀疑论者那样完全否认从私人的感觉材料到公众的物理对象的任何推断的合法性，而是避开了怀疑论，试图在感觉材料和物理对象之间①架起沟通的桥梁。他认为，虽然我们能完全确定的是感觉材料，每当我们想感知物理对象的时候都以获得对它们的感觉材料结束，永远也抓不住对象，我们的知觉在逻辑上就不能触及物理对象，但他认为承认物理对象的存在是有根据的，尽管这种根据不可被证明，也不具有逻辑上的必然关联。

首先，存在一般的理由来假定物理对象的存在。

（1）正因为物理对象的存在，不同的观察者才能看见相同的事物。感觉材料是私人的，没有两个感觉材料是相同的，也没有人能看见同一个感觉材料，但人们可以很好地识别出这是同一个桌子，不同的人对同一个东西的感觉材料是相似的，能达成一致意见，因而对不同的人而言就需要相同的对象，被识别出的对象的同一性和感觉材料的相似性只能由物理对象承担（PP 20）。

（2）感觉中的稳定性和规律性来自物理对象。

（3）物理对象的存在很容易解释人类知觉交流是如何可能的。不同的人有相似的感觉材料就表明存在永恒的公共的对象（PP 21）。

（4）可以很好地解释我们日常语言中对物理对象的言论。例如，我们常说"我们看见了一张桌子，或摸到了一张桌子"诸如此类的话。

其次，除了上述一般的理由之外，罗素在《哲学问题》中还提出了比较正式的理由，尽管不是逻辑上的证明。

（1）假定物理对象的独立存在可以使我们的经验得到最简单、最系统化的解释，可以填充我们感官经验中的断裂。他给出的例子是，如果猫只是感觉材料的序列，那么在我们没有看见它们的时候它就不存在了，这显然是荒谬的（PP 23）。为了避免荒谬性，对物理对象的存在的假定是用来解释日常经验事实所需要的最简单的假设——简单性原则。而且感觉材料是断断续续的分离的片段，假定物理对象的存在可以给予它们以连续性和统一性，连接它们彼此之间断裂的鸿沟。假定物理对象的存在还可以解释

---

① 这里的归纳推理指的是非演绎推理，不是简单枚举（simple enumeration）意义上的归纳。

因果关系，最著名的例子是疼、饿等私人感受的类推，通过假定物理对象的存在，我们才可以知道他人的私人感受。

（2）对物理对象的假定是我们的本能信念（PP 24）。他认为我们没有什么更好的理由来反对本能信念，相反，承认这个本能信念却是有好处的：使我们对很多现象的解释更加简化、更加系统化，可以系统组织我们的知识，批评考察知识各部分间的相互关系。罗素认为，我们对物理对象的本能信念实际上是对归纳原则承诺的结果——预设了自然的齐一性，将来同于过去（PP 68）。尽管归纳原则逻辑上不能被演绎地证明，也不能被经验地证明，但我们本能地接受这个原则，正如我们本能地接受从感觉材料推出物理对象一样，这些本能信念可以让我们更好地生活，尽管没有逻辑上的严格性。只要本能信念没有与其他信念矛盾，我们就没有什么理由反对它们（PP 25）。

（3）对物理对象的承诺可以避免唯我论和怀疑主义。从感觉材料推断出一个独立的外在世界是一个本能的趋势，这个推断没有任何困难，而且简化了我们的生活观。这种本能信念因其简单性、可理解性而得到了辩护，假定一个连续的前后一致的没有断裂的外在世界比由感觉材料组成的断断续续的世界更容易让人接受，理解起来也更容易。

综上所述，罗素试图用归纳原则架起知觉和物理对象之间的鸿沟。通过假定存在着物理对象，物理科学可以形成一个简单的系统，否则，这个系统中的很多事实将保持孤立和无秩序。通过假定感觉材料是由物理对象引起的，所有孤立的短暂的感觉材料能被纳入一般的简单规律中。虽然他也赞同休谟的观点，认为归纳原则不能被逻辑地证明为真，然而在《哲学问题》中，他还没有成为一个怀疑论者，反而是根据归纳原则固有的可能性而利用了简单性论证（PP 68）。

但就在《哲学问题》出版的三个月后，在《论物质》中他却给出了完全不同的理解。他认为，用归纳原则来支持物理对象是感觉材料的原因是无效的；简单性论证（连续性状态论证是其变种）也没有任何分量，一个简单的规律并不必然比一个复杂的规律更可能为真（AM 132）；对本能信念也采取了完全怀疑的态度，它并不能使我们从感知为真的任何事实中得出演绎推理所具有的那种有效性。

我们不仅没有什么好的辩护理由来支持物理对象的存在，对物理对象的本性也没有任何满意的解释。在《哲学问题》中，物理对象被定义成处于常识空间中的东西。这个定义的困难在于解释何为空间。常识空间是一个公共空间，是通过不同感觉空间（视觉、触觉、感觉等空间）的粗糙关联而获得的，它是一个推断，没有包含感官的直接数据，只包含常识从感觉材料推断出的事物。因此，将物质定义成空间中的东西并不能表明其存在。即使在《哲学问题》中，他也认为纵使假定我们的感觉材料对应着独立于知觉的物理对象的性质，对其内在本性我们也是一无所知的。到《论物质》中时罗素则更进一步，认为我们甚至不能知道物理对象的结构性质。因此，对于感觉材料是否在结构上与实在一一对应也是值得怀疑的。物理对象是我们感觉材料的原因这个假说肯定不是物理对象存在的证明，对其存在的信念只是为了简单性和经济的原因所做的一个推测，但这决没有给我们以确定的对象的知识。

在《哲学问题》发表后不久，维特根斯坦的怀疑精神就使罗素意识到他在这本书中的立场面临着上述问题，但他并没因此就加入怀疑论阵营，而是找到了一个新的方向来辩护物理对象免受怀疑主义的威胁，这就是他在《论物质》中首次提出的逻辑构造学说。

（三）《论物质》一文中首次提出物理对象的逻辑构造

虽然"逻辑构造"（logical construction）这个词第一次正式出现是在1912年的《论物质》中（OM 84），但构造主义作为一种方法在此之前就已经存在，在数学哲学中他就已经开始用构造理论对数学概念进行分析了，当然，罗素对外在世界和物理对象的构造理论却是从《论物质》才开始的。在《论物质》中他还没有完全发展这个理论，但他已经意识到了逻辑构造的可能使用，"对于那些反对怀疑论结论的人而言，这个假说——物理对象是从实际的和可能的感觉材料构造出来的——并没有明显的不对，比起事实允许的任何其他假说，这个假说与我们的本能信念更一致。"（OM 95）正是在《论物质》中关于物质（matter）的理解问题导致了构造理论的出现，直到在《亲知的知识和描述的知识》《感觉材料与物理的关系》《物质的终极成分》《逻辑原子主义哲学》及其他相关著作中构造理论才得到了完全的发展。

至于为何罗素会仅仅在《哲学问题》出版后的三个月就在《论物质》中完全放弃了《哲学问题》中对物理对象和物理世界的看法，而采取一种相对怀疑的立场，有人认为他受到了怀特海和维特根斯坦的影响。怀特海曾经看过《哲学问题》的手稿，并在与罗素的通信中表达了自己对其中观点的批评（Lowe 1974：8）。但根据他与罗素的通信来看，他虽然反对《哲学问题》中对物理对象和感觉材料的因果解释，但他持有的是罗素在其中所反对的素朴实在论立场，罗素后来在《我们关于外间世界的知识》前言中归功于怀特海的构造理论此时还没有出现。因此，罗素在《论物质》中的观点没有受到怀特海对《哲学问题》的评论的直接影响。

至于维特根斯坦，Miah 认为他在罗素从《哲学问题》向《论物质》的转变中起了很大的作用，但这种说法是不可信的，因为维特根斯坦在1911 年末至 1912 年初才刚到剑桥跟随罗素学习数学和哲学。也许只能说在与这个来自德国的、具有怀疑精神的年轻人的激烈争论中，罗素认为物理对象存在的《哲学问题》中的论证受到了很大的挑战，促使他开始思考其他应对策略，这加快了他从《哲学问题》中的实在论立场向《论物质》中构造立场的转向。并且，这种转变恰好也是罗素进一步贯彻奥康剃刀原则的结果——在砍掉了物理对象之后，他承诺得实在更少了。

二 什么是逻辑构造？

在《论物质》中罗素对从感觉材料推出物理对象的归纳原则产生了怀疑，首次提出了对物理对象的构造。事实上，对物理对象的构造是罗素贯彻奥康剃刀原则的结果，他自己对这个原则进行了改造，提出了科学的、哲学的至上准则："只要有可能，逻辑构造将被用来替代被推断出的存在物"（RSDP 150；OKEW 106，112；TK 21），"只要有可能，用从已知的存在物的构造替代推断出的不可知的存在物"（LA 326）。罗素在 1912—1927 年间一直在实践这个原则，甚至更早些时候就已经开始了构造主义方法，只是在不同时期他需要构造的东西不一样：数、类、空间、时间、无限性、连续性、原因、自由意志、物理对象、心灵、物质，等等。但罗素从来没有对逻辑构造给出任何明确的界定或系统的解释，并且认为对其本性理解的最好方式是在具体的构造例子中使用这个方法，而不是用格言式的词汇给出一个公式化的定义。正如他说的："正是在使用中一个方法的意义或重要性才能被理解。"（SMP 109）但我们从他对数学概念和对物理对象的构造诸例子中大致可以得出他关于逻辑构造的基本界定。

罗素第一次使用逻辑构造的方法是在对基数、序数和实数的定义中。在数学中，逻辑构造是为了清除掉"过去常遍布的大量形而上学怪物中那些无用的动物"（RSDP 150）。在1912—1927年构造主义时期，他常提及他的数学著作，认为逻辑构造这个方法在数学哲学中如此富有成效，同样可以适用于物理哲学和常识（RSDP 151）。从他在数学哲学著作中对逻辑构造的例子来看，他是交替地使用逻辑构造和定义的，逻辑构造具有语言学的意义。

在《感觉材料与物理的关系》一文中罗素对逻辑构造的一般特征的概括是：

> 假定一类命题名义上处理的是那些假定的被推断出来的存在物，为了使这些命题为真，我们发现这些假定的存在物需要具有很多性质。通过逻辑独创，我们能构造出具有更少假定的存在物的逻辑函项（logical function），使之具有那些被需要的性质。我们用这个被构造出的函项来替代那些假定的被推断出的存在物，因此我们对那些命题获得了一种新的更少可怀疑的解释。（RSDP 151）

上述概括似乎表明构造仅仅就是定义，只是对语言的一种解释。这即是说，如果 x 是 p/q/r 的逻辑构造就等于说关于 x 的所有陈述能被翻译成关于 p/q/r 的陈述，这是语言学意义上的逻辑构造的涵义（Miah 2006：113 – 114）。语言学版本的逻辑构造的主要目的是为了减少不完全符号，用一类指称非被推断出的存在物的符号替代一类指称被推断出的存在物的符号。例如，Nagel、Fritz、Wisdom[①] 等这些在某种程度上接受了逻辑构造理论的哲学家，都是用不完全符号来定义逻辑构造的[②]。

罗素有时也用不完全符号来定义逻辑构造。在《逻辑原子主义哲学》中他认为类就像摹状词，是逻辑虚构或不完全符号，"逻辑构造""不完全符号""摹状词""逻辑虚构""符号虚构""逻辑函项"等在他那里似乎是同义的。

---

① 参见 Wisdom（1931）、Ayer（1952）、Fritz（1952）、Stebbing（1961）、Nagel（1971）、Weitz（1971）等。

② 摩尔对不完全符号的定义是"S……是一个不完全符号" = "S……确实出现在表达命题的表达式中，并且，在每个那样的表达式情形中，S 从不代表这个被表达的命题中的任何构成成分"。

除了摹状词之外，还存在很多其他种类的不完全符号。它们是类……外延中的关系，等等。这些符号的聚合（aggregations）实际上与我称为"逻辑虚构"的东西是相同的，它们几乎包含了日常生活中所有熟悉的对象：桌子、椅子、皮卡迪利大街，苏格拉底，等等。它们大多数要么是类，要么是序列，或者类的序列。无论如何，它们都是不完全符号，即，他们是只有在使用中才有一个意义而没有任何自身的意义的聚合物。（PLA 253）

类是不完全符号，正如摹状词一样……（PLA 262）

事实上，逻辑构造并不能等同于不完全符号，他在这里混淆了符号和符号所指代的东西。他应该说诸如"桌子""椅子""皮卡迪利大街""苏格拉底"以及类的符号等才是不完全符号，而不是这些符号所指称的事物。事实上，他在同一页就说过"一个类的符号是一个不完全符号"（PLA 262）。罗素所说的逻辑构造是指从已知的更少假定的存在物构造出任何种类的事物，桌子、椅子、皮卡迪利大街、苏格拉底等都是感觉材料的逻辑构造或逻辑虚构。

Miah 认为上述逻辑构造的语言学内涵并不是构造的全部含义，它不仅仅是一种用来消除我们语言中的一些种类的符号的逻辑练习，在构造物理对象的情形中，逻辑构造特指从感觉材料构造出物理和常识的对象，他认为，物理对象是感觉材料的逻辑构造并不等于说物理对象可用感觉材料来定义，并将物理对象的逻辑构造看作是构造的认识论含义（Miah 2006：115 - 118）。也就是说，在提到罗素的逻辑构造的时候，他不仅指一种定义方法，还具有一种认识论含义，这与逻辑构造要解决的问题直接相关。

从上面的至上准则可以看出，罗素提出逻辑构造是为了取代被推断出来的存在物（inferred entities）。被推断出的存在物不是指逻辑上演绎地被推理出或根据公认的科学方法的准则[①]被推理出的存在物，这两种推理都具有可辩护性，它指的是那些不能通过亲知而被认识，只能从能亲知的对象推断出的对象，Miah 将这种推断称为纵向推理（vertical inferences）（Miah 2006：116），从罗素给出的被推断的存在物的例子来看，如，桌

---

① 艾耶尔将这种根据公认的科学方法的准则而进行的推理称为水平推理（horizontal inference），例如，推出和预测未知的物质微粒的本性和行为（参见 Ayer 1972：34，77）。

子、椅子、他人等，它们是具有形而上学地位的存在物，逻辑构造的目的就是要消除这些不能被亲知的形而上学存在物。

从罗素逻辑构造的上述两个含义来看，我们不能笼统地说逻辑构造都是用感觉材料来进行的，因为他对数学中基本概念的构造就不是用感觉材料作为构造元素的，无论是对物理对象的构造还是对数学概念的构造都体现了上述那个至上原则，这是一种本体论上的经济原则。

哲学家们将罗素的逻辑构造仅仅等同于定义是不全面的，认为构造不仅提供了一个语言上的真实定义，而且这个定义还揭示了事物的本质。但在罗素对物理对象的逻辑构造中，感觉材料和物理对象之间的关系就不是一种定义关系，前者也不是后者的本质，这种构造明显具有认识论的意义。罗素本人并没有做出逻辑构造的语言学意义和认识论意义的区分，而是将两者糅合在了一起。在语言学意义上，逻辑构造可以用不完全符号来界定，这里，语言涉及的实在或非实在的问题并没有产生。在认识论意义上，当罗素说一个事物是一个逻辑构造时，他是在用事物的显象来分析这个事物的。

Miah 认为罗素逻辑构造的语言学意义与认识论意义是有关联的，两者通过罗素的亲知原则连接起来。在罗素哲学中，亲知原则起到了两个作用，一个是认识论的，一个是语义学的，认识论的功能是说所有的经验知识最终以亲知为基础，语义学的功能是说只有那些指称能亲知的对象的语词才对我们有意义，在分析的最后剩余物中，我们直接亲知了它们的所指。罗素相信亲知原则的这两个功能并行不悖，因而他的逻辑构造的这两个方面的含义也是一致的，他的逻辑构造在语言学和认识论两个层面上的目的都是要取代被推断的存在物（Miah 2006：117）。

另外，罗素的构造理论被称为逻辑构造，是因为他在构造过程中使用了新的逻辑技术。在《我们关于外间世界的知识》的前言中他说道："以作为材料的可感对象为基础，通过数学构造来积极地、详细地解决问题只有随着数理逻辑的发展才能成为可能。"（OKEW 8）

值得注意的是，罗素有时将逻辑构造等同于逻辑虚构（logical fiction）（PLA 253；IMP 45；AM 306）或者符号虚构（symbolic fictions）（UCM 123），这个词是与形而上学的存在物联系着使用的，他并没有称数学概念是逻辑虚构，常被他称为逻辑虚构的是桌子、椅子、皮卡迪利大街或苏格拉底等日常对象，以及核心物理学中的粒子等假设，在称呼这些熟悉的个体为逻辑虚构的时候他并没有带有贬义，可能只是在称呼"金山"这类非存在的虚构对象时含有贬义，通常情况下逻辑虚构是与逻辑构造同义的，并没有什么特殊的含义。无论罗素是称之为逻辑构造还是逻辑虚构的，它都是显象的类，这些显象被人为地集合在一起成为一个物理对象的诸显象。

综上所述，首先，逻辑构造的一般目标是试图取代被推断的、形而上学的或不可被认知的存在物。其次，逻辑构造包含两种形式：在语言学形式中，逻辑构造是一个定义，在这种意义上，x 是一个逻辑构造 = x 出现于其中的每个陈述能被翻译成既不包含 x 也不包含 x 的任何同义词的陈述；在认识论形式中，逻辑构造是从一些能亲知的元素而来的构造。在物理对象 x 这种特殊情形中，说 x 是 p/q/r 的一个逻辑构造即是说，x 至少具有我们期望它所具有的 p/q/r 性质。这两种形式是通过亲知原则联系起来的。再次，逻辑构造既可指一种方法也可指一种构造的结果：作为一种方法，物理对象的构造指的是对一些"sensibilia"的聚集（grouping）（RSDP 163）；作为一种结果，构造指的是显象的某些序列，这些显象人为地被聚集在一起以形成同一个事物的显象，因此我们常称那些物理对象为逻辑构造物，一个事物是一个逻辑构造物的标志是：它是一个具有整洁的逻辑性质（neat logical properties）的复杂事物（LA 326），是从基本要素构造起来的。值得我们注意的是，物理对象的逻辑构造并没有给出逻辑构造的完全一般性，它只是构造的一种例子，罗素不应被指责说他给出的构造的例子之间是不一致的，每种构造情形都贯彻了奥康剃刀原则（包括消除抽象原则）——这才是构造的基本信条。

三 为何对物理对象持逻辑构造？

自《哲学问题》之后，罗素主要关心的是认识论问题，即物理学和常识的对象与感觉材料之间的关系问题。这个问题的产生是由于，一方面，我们认为关于日常对象和物理学中的对象的知识都是经验上可被证实的（verifiable）；另一方面，我们又发现，"感官的直接材料：颜色、声音、味道、气味等的一些片段，以及一些空时关系（spatio-temporal relations）"是不同于日常对象和物理学中的对象的，"分子没有颜色，原子没有声音，电子没有味道，粒子没有气味"。（RSDP 140）物理对象与感官的直接材料之间存在很大的鸿沟，他既不像传统哲学家那样拒斥感觉材料为虚幻，也不像怀疑论者那样继续保持这种鸿沟，对物理对象持怀疑态度；他既承认感官世界的真实性，也承认物理科学和常识的正确指导性（这可能就是他所谓的健全的实在感吧），因而在《哲学问题》的表象主义中和在1912—1927 年间的构造主义中他都在试图消除两者之间的这种鸿沟，虽然他认为前者一度是失败的，但在 1927 年之后他又回到了这个立场。我们这里只考察他从《哲学问题》转向《论物质》的动机。

罗素在《哲学问题》中已经对物理对象的存在表示出了怀疑，"我们从不能证明除我们自己和我们的经验之外的事物的存在"（PP 12），但他并没有陷入怀疑论，而是认为它们是引起我们感觉材料的存在物，是感觉材料的原因，虽然我们从来不能直接亲知物理对象，但能通过描述的方式来认知物理对象。罗素在《哲学问题》中对物理对象的承诺最大的问题在于它包含着一种不可被证明的推断，从我们的私人感觉材料推出了一个不可认知的物理支撑物（physical substratum），这在认识论上是不可接受的，物理对象包含着支撑物理论。我们假定感觉材料是由物理对象所固有的某些本质性质引起的，这些性质是由物理对象或物理支撑物支撑着的。这个推断不能经受住怀疑论的攻击，我们从来没有感知到作为我们感觉材料的原因的性质，更不用说感知到支撑这些性质的物理支撑物。罗素的构造理论弥补了这个缺陷但同时又避免了怀疑论的攻击，既不怀疑我们关于物理对象的经验知识，又不需要承诺具有神秘色彩的支撑物学说。

从上面我们已经看到，逻辑构造的一般目标是去取代被推断的或被假定的存在物。他所谓的被推断的存在物不是指逻辑上的演绎推理，也不是科学方法准则上的水平推理，而是指根据垂直推理推出的具有形而上学地位的不可被逻辑和经验证明的存在物。据此，他在《哲学问题》中认为，作为感觉材料原因的物理对象就是他所谓的被推断的存在物——既不是我们在直接知觉中亲知的存在物，也不是我们能演绎地从我们亲知的感觉材料推断出的存在物，我们并不能根据什么科学方法准则可以从感觉材料推出物理对象的存在。

要避免对物理对象的怀疑只能有两条途径：构造主义和因果理论。

　　　如果我们要有任何理由相信物质，那么关于物质（matter）只存在两种选择：（1）一片物质是从某些感觉材料的一个纯粹逻辑构造的，例如通过一些被经验到的关系被联系在一起的视觉、触觉和其他感觉材料的一个联合。（2）我们知道某个先天原则，据此，我们能从感觉材料推出某种我们没有亲知的存在物的存在，它们具有物理学赋予物质的那些种类的性质。（OM 84－85）

罗素反对第二种途径，认为它使得"物理学不再是经验的或只以实验和观察为基础"，并且假定了不可知的实体。他的构造主义即是要将关于物理对象所说的每件事都换成关于感觉材料的适当的类的每件事。构造的过程是物理学的过程的对立面，不是用物理对象解释感觉材料，而是用感觉材料解释物理对象（RSDP 141；OKEW 84－85）。感觉材料在认识论上是在先的，但在逻辑上却被物理学当作是在后的，而且也被认为是不重要的，罗素的目标是使感觉材料在逻辑上也是在先的（OM 85），他认为通过用感觉材料来构建物理对象，可使物理学在很严格的意义上都是可以被证实的。

逻辑构造的另一个目的是调和物理世界和感官世界之间的鸿沟。在数学中，罗素坚持逻辑主义纲领，用逻辑概念来定义数学概念，在哲学中他坚持构造主义纲领，用感觉材料（的概念）来构造物理对象（的概念），前者的成功为后者提供了逻辑工具。罗素认为逻辑构造有两个好处：

（1）它避免了一个不可认知的本体（noumenon），因此物质将完全由我们亲知的那类事物组成。（2）它避免我们对具有性质的独立实在的本能信念的拒斥，没有这些独立的实在很难找到任何决定性的理由来保存我们对物质或外在世界的信念。（OM 94）

在罗素的各种构造例子中他始终坚持着奥康剃刀原则，这个原则也是本体论承诺和认识论约束上的一个还原原则，是一个理论节俭的原则，在理论解释中应承诺最少的存在物数量，这就使得我们所有的知识都能建立在经验的基础上，都是可以辩护的知识，是在经验知识中追求确定性的必然结果，罗素希望构造能实现被推断的存在物的所有功能，同时又避免被推断的存在物所暗含着的那些不确定性，减少错误风险。物理对象的构造是罗素使用奥康剃刀来达到我们谈论世界的本体论节俭的一个例子，接下来我们就来探讨一下对物理对象的构造需要哪些要素。

第二节 物理对象逻辑构造的元素

罗素对物理对象持逻辑构造的立场主要是为了使我们关于日常对象和物理学中的对象的知识具有可辩护性和可证实性，是追求知识确定性的必然结果。要使物理对象的存在及对其的知识变得确实可靠，那么用来对其进行构造的要素一定是确定的。罗素在对这种确定的要素的寻找中使用了笛卡儿的怀疑论方法："在任何种类的分析工作中，我们必须当作前提的事物是那些对我们来说不可否定的事物——对于此时此地的我们——大体上，我认为被笛卡儿使用过的这种方法是对的：你应该开始怀疑事物，只保留那些因为其清楚和明白而不能被怀疑的东西。"（PLA 181）最终，他站在英国古典经验论传统一边，认为只有直接能亲知的对象，即感觉材料才是完全确定的东西，他认为感觉材料是经验中最坚硬的硬材料（hardest of hard data, OKEW 78），它们是我们直接和最初认识外在世界的全部东西（RSDP 143），他将感觉材料看作是确定无疑的，终极存在的，不依赖于任何其他东西，所有其他知识都以之为基础，对物理学唯一的可能辩护就是将物质展示成感觉材料的逻辑构造（OKEW 106）。

构造的要素除感觉材料（自己的和他人的）之外，他还提出了 sensibilia 这个概念，它指的是那些与感觉材料有着相同形而上学和物理学地位的对象，它们并不必然是任何心灵的材料。虽然罗素常说物理对象是感觉材料的类的序列，但严格说来，应该是 sensibilia 的类的序列（当然他也常说是显象的序列）。在《物质的终极成分》中，罗素说物理世界的终极构成成分是"殊体"，当他将殊体看作是一个主体当下意识到的东西的时候，殊体肯定也是感觉材料的一种，是一种简单的感觉材料，至于它是否还包含着相应于这些简单的感觉材料的 sensibilia，在这篇文章中还并不清楚。根据他在《物质的终极成分》开始将自己的立场看作是一种实在论来看（UCM 120），殊体应该包含着相应于感觉材料的 sensibilia，以此避免唯我论。既然殊体也是感觉材料的一种①，那么物理世界的逻辑构造的元素还是感觉材料和 sensibilia。下面我们就来分别考察罗素对感觉材料和 sensibilia 各自本性的具体界定。

一　感觉材料

（一）感觉材料的引入及其基本定义

"感觉材料"（sense-data）这个术语在哲学中的正式出现是 19 世纪晚期的事②，但从整个哲学史上看，尤其 17 世纪以来，与感觉材料意思相近的名字却很多：古希腊和经院学者的"可感的类"（sensible species）、洛克的"感觉的观念"（ideas of sensation）、贝克莱的"可感性质"（sensible qualities）、休谟的"印象"（impressions）、康德的"表象"（Vorstellungen）、艾耶尔的"感觉内容"（sense-contents）。19 世纪的哲学家也有称其为感觉（sensations），或跟随 Broad 称呼它们为"sensa"（sensum 的复数）③。

尽管不同的哲学家用不同的名字称呼感觉材料，对其本性和地位的界定也有很大的差异，但大多都是用一个人对它们的意识方式来定义感觉材料的。这个词一般被认为指的是直接给予或呈现给某个人的感官知觉的东西，感觉材料与"直接给予"（immediately/directly given）密切相关④。

艾耶尔认为罗素是从摩尔的《感觉材料》（1910）一文中借鉴这个词汇的（Ayer 1972：69），但 Miah 认为罗素本人早在 1897 年的一篇论文《论数与量的关系》中就已经使用了这个词汇。也许罗素确实很早就使用

---

① 殊体、逻辑原子与感觉材料常被罗素不加区分地使用，对他来说，三者是同一个东西的不同方面，他试图将殊体与感觉材料等同，对它们之间关系的探讨可参见本书第五章第一节。

② 这个词最早是 Royce 在《哲学的宗教样相》一书中首次引入的（有学者认为其出版于 1887 年）（Royce 1885：321），关于这个词的哲学史起源可参见 Hall 的文章《"感觉材料"词项》（1964）。

③ 除罗素之外，持有感觉材料理论的哲学家还有 Broad（1923）、Price（1932）、Ayer（1940）等。

④ 洛克将观念看成"知觉的直接对象"；贝克莱将可感事物（sensible things）定义成"那些仅仅被感官直接感知到（perceived）的东西"；摩尔将感觉材料定义成那些"被感官给予或呈现（given or presented）的事物""直接被理解"（directly apprehended）的东西；Broad 将"sensa"定义成我们在知觉的情形下"直接意识到"（directly aware）的对象；Price 将感觉材料定义成"直接呈现"（directly present）给意识的东西。

了这个词汇，但他的感觉材料理论却是在《哲学问题》及之后的相关著作中才形成的（OKEW/RSDP/UCM 等）。

罗素在《哲学问题》中将感觉材料定义成"直接在感觉中被认知的事物：诸如颜色、声音、气味、硬度、粗糙度，等等的事物"（PP 12）；在《感觉材料与物理的关系》中他认为感觉材料是直接呈现给我们感官的东西，是一些颜色、声音、气味等的片段（RSDP 140）；在《我们关于外间世界的知识》中它们也被称为感官的特殊事实（particular facts of sense）、感官的对象、可感对象（sensible object）。为了界定"感觉材料"和"直接被看见"（directly seen），他还用到了诸如"看起来"（looks）、"显现"（appears）、"显象"（appearances）一类的词。在罗素看来，"显象"与"感觉材料"基本上是同义词，常互换着使用，当他将显象与感觉材料等同时，他是在严格的意义上使用这个词的，只包括与真实的知觉联系着的那些感觉材料，因而在对物理对象的具体构造的过程中，他常不加区别地用到显象、感觉材料、sensibilia、可感对象等。

感觉材料论者常用"来自错觉的论证"及其各种变种来证明感觉材料的存在，这个论证实际上是对这样一个知觉问题的回答——我们在任何知觉情形下直接感知到的东西是什么？由于大量幻觉和错觉的认知形式的存在，他们认为在任何知觉的情形中我们直接意识到的是感觉材料而非物理对象自身。当然，感觉材料理论受到了很多哲学家的批评，其中最为著名的是英国哲学家奥斯丁对"所与"（given）神话的批评，他对艾耶尔的"来自错觉的论证"也进行了反驳，认为他将知觉的两种具体情形——错觉（illusion）和幻觉（delusion）——合二为一了，认为它们都是对某个感觉材料的感知。奥斯丁的批评正好是罗素等感觉材料者们坚持强调的——真实的知觉和其他的幻觉或错觉知觉之间没有本质的差别，所有的直接材料都有相同的地位，区别只在于后两者与其他事物没有通常的关联。因此，罗素用"直接意识"这个共同的特征来描述所有种类的知觉意识——真实的知觉、错觉、幻觉、梦境等。直接意识（immediate or direct awareness）也即是罗素的"感觉材料"的一个定义性特征，他并没对感觉材料这个词的范围做出任何限定，而是包括所有的知觉情形。

（二）感觉材料的本性

除上述"直接意识"（直接给予）这个基本的定义特征外，罗素的感觉材料还具有如下几个特征①：

1. 感觉材料是非推断的（non-inferential）、确定无疑的（indubitability）、不可错的。

既然感觉材料是感官中直接给予的，因而也就是非推断地得出的，是知识的原始材料（primitive data）。罗素认为感觉材料不仅在逻辑上是初始的，在心理学上也是初始的，将这种初始材料称作最硬的硬材料（OKEW 78），并认为在追求知识的确定性中心理学（包括认识论）的初始性更为重要，因为"当我们思考那些逻辑上原始而非心理学上原始的信念时，我们发现，除非这些信念经过思考能借助一个逻辑过程从那些心理学上也是原始的信念被推演出来，否则，我们对这些信念思考越多，对它们的真理的信心就越趋向于减少"。（OKEW 77）

感觉材料是我们在任何知觉情形中直接意识到的东西，其非推断性和直接性就保证了其是确定无疑的、不可错的。感觉的对象总是真实的（real），说某个人会怀疑、误解、不知道他感知的东西是一个感觉材料这在逻辑上是不可能的。"即使在梦境和幻觉中，只要我们并没有超出直接的对象就不存在错误"（PP 110），错误的产生是由于我们将对直接的对象的感知（即感觉材料）当作了某个物理对象出现的标志。相比于物理对象，罗素认为感觉材料具有原初的确定性（PP 19），"那些没有超出我们自己的个人感觉亲知的东西对我们而言一定是最确定的"（OKEW 74）。

在罗素看来，"直接感知"与"不可纠正性"（incorrigibility）联系在一起，在直接经验中谈论错误是没有意义的，对于感觉材料也不能区分什么是似乎显现的东西与什么是实际的情况，只能谈论是否看见了某个感觉材料。感觉材料是我们经验知识中最确定的要素，是一切经验知识的基础，是没有被推断出的、直接被认知的。关于感觉材料的知识（信念）的全部证据就在于直接认知它们，"当我看见一个颜色的时候我全面地、完全地（perfectly and completely）认知了颜色，关于颜色自身的进一步知识在理论上都不可能"。（PP 47）

2. 感觉材料是物理的（physical）、非心理的（non-mental），是独立于感知行为而存在的。

罗素的感觉材料理论最大的特色就在于他认为感觉材料是物理的存在

---

① 感觉材料的性质可以结合本书第三章第一节第二点——亲知的性质来理解。

物，它们既不是心灵的部分也不位于心灵内。罗素认为传统的知觉理论者（如贝克莱）之所以认为感觉材料是心理的，是因为他们混淆了被感知的东西和对对象的感知行为，他和摩尔对感觉进行了行为—对象（act-object）分析：一个感觉包含感觉材料（对象）和感觉的行为（sensing），是一个主体与一个真正存在的对象之间的一种真正的二元亲知关系，感觉材料是不同于"看见"这种行为的存在物，对象独立于行为而存在①。这种行为—对象之分是其亲知理论的前提，也是其感觉材料是物理的存在物的主要根据。

感觉材料的物理性质在《哲学问题》中还没有出现，在对道斯·希克斯的一篇回应性的文章中，他第一次提到感觉材料至少是非主体的：

> 道斯·希克斯博士提了这样一个问题：感觉材料是否无论如何都是"心理的"……现在，就我所知，"心理的"这个词是一个没有明确涵义的一个词。但是我认为感觉材料肯定是某个非主体的东西，是某个主体与之有"外在"（external）关系的东西，正如主体与物理对象的关系也是外在的一样。我与彻底的实在论的唯一分歧在于，我认为，出于各种详细的经验理由，当一个感觉材料不是一个感觉材料的时候感觉材料的性质是否仍旧存在是不确定的。（NS 78）

在《知识论》中，罗素首次称感觉材料是"物理世界的构成成分"（constituents of the physical world）（TK 22，31），在理论上能够被不同的心灵经验到。"感觉中的实际材料，视觉、触觉、听觉的直接对象是外在于心理的，纯粹物理的，是物质的终极构成成分。"（UCM 123；RSDP 145–147；OKEW 71）也就是说，感觉材料是公共的或者中立的（public or neutral），处于观察者之间，独立于我们对它们的感知，在我们对它们感知之前和之后都存在，我们对它们的感知并没有改变它们。②

---

① 在副词分析（adverbial analysis）的影响下，罗素后来抛弃了这种行为—对象分析。

② 罗素在构造主义时期对感觉材料的界定与 1919 年之后的中立一元论时期对感觉的界定十分接近，难怪有学者认为他从 1914 年起就已经是中立一元论了。事实上，罗素的逻辑原子主义时期（1912—1919）只是构造主义的一个时期（1912—1927），此后的中立一元论也是一种构造主义，只是 1919 年之后他放弃了亲知原则、行为—对象区分、感觉材料/感觉区分，否定了这种二元关系的认识模式。至于逻辑原子主义时期的构造主义与中立一元论时期的构造主义的区别和联系是很复杂的，对罗素本人的中立一元论立场的界定在学界还有争论，也不是本文要处理的问题，这里略去不表。

感觉材料是"物理的"是什么意思呢？罗素是在两个意义上使用这个词的：第一，他将"物理的"定义成"物理学处理的东西"（RSDP 145）；第二，说一个东西是"物理的"是指这个东西的存在在逻辑上并不依赖一个感知者的存在，它们具有一个逻辑独立的地位，与感知者没有任何关系。罗素主要是在第二种意义上认为感觉材料是物理的。一旦感觉材料不同于感觉的心理事件，它们身上所具有的那种明显的主观性（subjectivity）就消失了，感觉材料本身在逻辑上独立于感知到它们的主体，因而它们是物理的。

感觉材料不是心理的该如何理解呢？当我们说 x 是心理的时候，当且仅当 x

（1）是感觉的一个行为（act of sensation）；

（2）位于一个人的心灵内（mind）；

（3）是一个心灵的一部分或者就属于心灵；

（4）只在被感知到的时候才存在。（Miah 2006：60）

当罗素说感觉材料不是心理的时候，他是在前三种意义上说的，如果第 4 种也算是心理的界定的话，那罗素的感觉材料也是心理的，因为感觉材料在没有被感知到时它们就会不存在，但他本人似乎并不想称呼这种依赖性为精神（PP 38，41），他排除了最后一种对心理的界定，因而他可以笼统地说，感觉材料不是心理的。

说感觉材料不是心理的最主要的根据，是他对感觉坚持一种行为—对象分析，坚持感觉与感觉材料的区分。感觉是一个复合物，包含感知主体和感知对象。主体是心理的，主体对感知对象的感觉行为/经验（二元亲知关系）也是心理的，因而感觉也是心理的；感觉材料是感觉中直接被意识到的对象，是亲知的对象，并不是心理的。例如，当我看见一道闪电的时候，我之看见它（my seeing it）是精神的，闪电本身却不是精神的。"尽管我的心灵已经停止存在，如果我的身体能保持相同的状态，那么当我看见闪电时我当下看见的东西就会存在，尽管我不会看见它，因为我的看见是精神的。"（UCM 125）根据罗素在《感觉材料与物理的关系》中的观点，这种情形下的这个对象不是一个感觉材料，而是一个 sensibilia（此概念将在下一节讨论）。当然，罗素肯定会承认知觉的对象的存在因果地依赖感知者的身体，而不依赖其心灵（UCM 128；OKEW 71），这也进一步表明了他反对主观主义的立场（subjectivism）。

既然感觉材料是物理的、外在于心理的（extra-mental），那么很明显，"感觉材料的存在并不依赖我们的感知"（OM 95），但罗素在《哲学问题》中却也表达了与此相反的一些看法。他明确说："我们的感觉材料不能被假定具有独立于我的存在……如果不存在看见（seeing）、听见（hearing）、触摸（touching）、嗅觉（smelling）、品尝（tasting），它们的存在就不会继续。"（PP 38）这里，感觉材料不仅被描述成私人的，而且依赖于一个主体（subject）（不是心灵），依赖于感觉器官，当没有感觉器官使我们意识到它们时它们并不存在，也就是说，只有当感觉材料被感知到时它们才是存在的。这个观点与他自己认为它们是物理的、外在于心理的是矛盾的吗？由于感觉材料因果地依赖于感觉器官、神经和大脑（RSDP 144；OKEW 73），在这种意义上，我们当然可以称呼它们是主观的（subjective），但感觉材料只有在成为某个人的材料的意义上时才是主观的，它们因果地依赖于某个感知者是一个经验的事情，而不是一个逻辑的事情。"我们知道当主体没有感知特殊的性质（感觉材料）的时候，主体能存在，那么我们很自然地假定当主体没有感知到性质的时候性质也能存在"（OM 94），"因此不存在先天的理由为何有时是感觉材料的对象，例如颜色，当它们不是任何心灵的材料的时候就不会继续存在"（OM 85）①。正因为感觉材料本身之在某个地方显现与我无关，因此我可以在睁眼闭眼之间感受到感觉材料的连续，故可以说感觉材料逻辑上独立于知觉，在成为某个人的材料前和停止成为材料后继续存在，与说它们之成为材料而依赖主体（主观的）是不矛盾的。这是从两个方面来述说感觉材料的：一个是其内在本质，一个是其外在认识条件。

3. 感觉材料是私人的（private）、瞬间的（momentary/fleeting）。

尽管感觉材料是外在于心理的、纯粹物理的，但两个人能经验到同一个感觉材料却只是一个"理论上的可能性"（TK 34）。不同的人在同一个时间或同一个人在不同的时间对同一个对象的感觉经验都是不同的，它们即使在性质上极为相似以至可以用同一个名字来描述之，但在数量上却是不相同的。我们要亲知另一个人的感觉材料在实践上是不可能的，根

---

① 虽然直到《感觉材料与物理的关系》中罗素才正式提出他的 sensibilia 理论，但从这里可以看出，在《论物质》中就已经有此思想的雏形了。

本就不能具有一个与其他人的感觉材料在数量上相同的感觉材料，因而感觉材料是私人的。"其他人的感觉材料不能没有一些推理的要素而被认知……对他人的感觉材料的支持在于存在着见证的证据（evidence of testimony），最终依赖于相似性论证（analogical argument）来支持非我自己之外的心灵。"（RSDP 151 – 152）

　　感觉材料因果依赖于观察者的身体条件和位置，这不仅使得感觉材料对于观察者而言是私人的而且也是瞬间的、短暂的，处于不断的变化状态中（UCM 123；PLA 274）。罗素与传统形而上学关于实在的观点是很不同的——物理的东西（感觉材料）是实在的，但不是必然持久的①。在《物质的终极成分》中，罗素用交响乐来类比感觉材料的瞬间特征。正如"一个交响乐的终极构成成分……是音符，每个音符仅仅持续非常短的时间"（UCM 124）。物质的终极构成成分是感觉材料，每个感觉材料持续一瞬间。

　　在罗素看来，感觉材料是物理的、外在于心理的与它们是私人的并不矛盾，因为它们的私人性、变化性在于感知者而不在于对象自身（OM 85）。感觉材料是物理的与感觉材料是瞬间的、短暂的也不矛盾，传统的哲学家认为感觉材料不能是物理的，因为物理的东西是持存的，但罗素却持有相反的观点：瞬间的才是实在的，持久的都是构造的；而且，说感觉材料是瞬间的是相对于它们作为某个感知者的可感对象而言的；说它们是物理的是相对于它们作为物质的终极构成成分而言的，两者是在不同层面上的对感觉材料的描述，前者是认识论，后者是本体论，对其的认识不影响它们的实际本质。

　　4. 感觉材料可以是复合的（complex）。

　　罗素在《亲知的知识和描述的知识》中，将殊相区分为存在物（existents）和复合物（KAKD 112）。两者是不同的殊相，前者指的是简单的感觉材料，如单一的这个颜色块、这个声音，等等（PLA 195）；后者指的是包含着部分的一个空间关系的整体（spatial whole），诸如"这个—之于那个—前面"（this-before-that）、"这个—之于那个—上面"（this-above-that）、"这个—之—黄色"（the-yellowness-of-this）、"与—b—处于—关系—R—中的 a"（a-in-the-relation-R-to-b）的复合的单一的感觉材料，其中一个或多个成分是单一的感觉材料。但两者都是单一的感觉材料，例如"这个"指

---

①　罗素与传统形而上学关于实在的不同可参见本论文第三章第二节第一点对殊体的性质的讨论。

的是当下的一个颜色块,"这个—之于—那个—左边"(this-is-to-the-left-of-that)也指的是一个感觉材料,一个复合的感觉材料。Miah 将这种复杂的感觉材料称为事实(Miah 2006:67 – 68),这肯定是不对的,前者是一个复杂对象,是一个可以被感知到具有某个复杂结构的对象,但后者是一个抽象的、复杂的逻辑结构,严格说来是看不见的,至少不能通过直接感觉而知道。这即是说,在《数学原理》《亲知的知识和描述的知识》中,罗素虽然已经持有真理符合论,但此时他将命题与复杂的感觉对象符合,因为有一个复杂的感觉材料一个命题才为真,这个时候罗素所承诺的实在要素仍然只有对象,而没有他后来在《我们关于外间世界的知识》中承诺的事实,1912 年前的罗素还没受到维特根斯坦的影响,他自己也承认,他关于事实的世界本体论观点是受维特根斯坦影响的。

罗素认为这两种殊相之间并不存在必然联系。"是否可能意识到一个复合体而未意识到它的成分不是一个容易的问题,但总体说来似乎是没有理由认为为什么这不应该是可能的。"(KAKD 109)也就是说,我们可能意识到一个复杂的感觉材料的构成成分和存在于不同成分之间的空间关系,而没有将它们看作是成分;我们也能意识到一个复杂物而没有意识到这个复杂物的构成成分的诸部分。例如,我们能意识到我们自己的自我意识,如"我之看见太阳",但我们并不能意识到纯粹的自我。

在后来的著作中,罗素不再称呼复杂的殊相为感觉材料了,而将它们分配给判断,通过知觉被认知的材料才可以被看作是事实。"当我谈到一个'感觉材料'的时候,我并不是指的是一度在感官中被给予的全部。我指的是通过注意被挑出来的这个整体的一个部分:特殊的颜色块,特殊的声音,等等";知觉材料的例子是"一个被观察到的复杂事实,例如这片红色位于那片蓝色的左边"。这时感觉和知觉虽然逻辑构造不同,但也许"将知觉的材料看作包含在感觉材料中会很方便"(RSDP 142)。

二 Sensibilia

(一)"sensibilia"的引入及其在物理对象的逻辑构造中的作用

"sensibilia"这个词是罗素在 1914 年《感觉材料与物理的关系》中第一次引入的,这个词与感觉材料密切相关,是罗素在《哲学问题》中的感觉材料理论的一个后期发展。虽然直到 1914 年他才正式提出这个概念,但关于 sensibilia 的思想早在 1912 年就已经出现在他的一些著作中。例如，在《论物质》中，罗素说"物质将完全由感觉材料的本性的性质组成，但是不仅仅是那些一个观察者感知到的感觉材料：物质是由所有可能的观察者在感知同一个事物时会感知到的所有感觉材料组成的"。（OM 94）在《我们关于外间世界的知识》中，与 sensibilia 这个概念类似的是理想的（ideal）性质或显象，它们指的是"在一个碰巧没有任何观察者的地方事物会如何显现给一个观察者"或者"在一个它们没有显现给任何人的时间里如何显现给一个观察者"（OKEW 116）。

从前面我们已经看到，罗素的构造理论即是将物质看成是感觉材料甚至是一个单一的个人的感觉材料的类的序列（RSDP 151），这种观点极易导致唯我论，操作起来也不太现实[1]。比起一个单一的、私人的、瞬间的、短暂的感觉材料而言，物理学和常识需要更多的连续性和稳定性，物理对象在没有被观察的很长时间里总是被相信是存在着的。如果将物理对象仅仅解释成是由一个单一的、个人的感觉材料组成的，那么当一个物理对象在没有被观察的时候就会停止存在，而且很多东西就会因我们时而看见或没有看见而时而存在时而不存在，这显然是很荒谬的。因而，他放弃了只从被经验的材料来构造物质，为了确保物理对象的持续存在，除承诺感觉材料这种构造要素之外，他还承认了他人的感觉材料和未被感觉到的 sensibilia。如果罗素要逃离唯我论的指责的话，这两个假定是必须的，它们能在没有观察者的情况下填补知觉世界和物理世界的鸿沟。

罗素根据笛卡儿的怀疑论方法得出了感觉材料的确定性，它们是完全通过直接经验获得的存在物，在承认了他人的感觉材料和未被感觉到的 sensibilia 也是有效的构造要素后，他引入了一些不完全是经验的存在物。这些要素被引入依赖两个原则——相似性原则（the principle of analogy）（他人的感觉材料）和连续性原则（the principle of continuity）（未被感觉到的 sensibilia）[2]，依据这两个带有假定性质的原则而引入的上述两个要素明显没有感觉材料那么确定可靠，因为它们并不完全是经验的，与我自己

---

[1] 他后来在《我的哲学的发展》中认为这是一个不可能的纲领，否定了这种构造的可能性（MPD 105）。

[2] 通过连续性原则我们可以推测出事物在没有观察者的地方或者当没有人观察它们的时候是如何显现的。

的感觉材料相比其认识论上的确定性就降低了，对它们的承诺也即是一种形而上学的假设，这就削弱了逻辑构造的确定性。但罗素仍然承认了它们的要素地位，因为它们对于物理对象的构造来说是必需的，可能他认为这种对确定性的削弱程度还是可以接受的，毕竟，未被感觉到的 sensibilia 至少比被推断出的物理对象具有更大程度的确定性。

（二）基本界定及与感觉材料的关系

"sensibilia" 指的是：

> 与感觉材料有着相同的形而上学地位和物理地位，并不必然是任何心灵的材料的那些对象。因此一个 sensibile（sensibilia 的单数）与一个感觉材料的关系就像一个男人和一个丈夫的关系：一个男人通过进入婚姻关系而成为一个丈夫，相似地，一个 sensibile 通过进入亲知关系而成为一个感觉材料。（RSDP 143）

这个定义表明：所有的感觉材料都是 sensibilia 的一种，但反过来说就不成立。sensibilia 可以分为两类：感知到的和未被感知到的，前者即是感觉材料，后者是潜在的感觉材料。两者之间的唯一差别是前者是与一个主体有着亲知关系的一个项，它们因果地依赖于感知者的感觉器官和大脑过程，因而是私人的、瞬间的，后者则不是。这也可以用来解释为何罗素的感觉材料既是私人的、瞬间的，又是物理的、非心理的，独立于知觉而存在的，这两个特征之间不存在矛盾就在于感觉材料是一种sensibilia，其存在是公共的、持存的（persistent），逻辑上是可能的，如果不是形成感觉材料的那些性质的先在存在，这个性质又如何能成为一个感觉材料呢？正如一个男人在成为一个丈夫之前就已经存在了一样。

> 如果有两个人正坐在一个房间里，那么两个稍微相似的世界就被他们感知到了；假如有第三个人进来并坐在他们中间，就有处于前面两个世界之间的第三个世界开始被感知到。诚然，我们不能合理地假设这个世界在之前就已经存在着，因为这个世界以新来的这个人的感觉器官、神经、大脑为条件；但是我们能合理地假定，从那个观点来看，这个世界的某个样相已经存在，尽管还没有人感知到

它。(OKEW 95)

这表明 sensibilia 的集合构成了世界的某个样相,它们并不是瞬间的、私人的,因为在第三个人进入这个房间之前它们就以某种方式存在着。当 sensibilia 一旦成为某个人的感觉材料后就变得私人了、短暂了。它们在与观察者的关系中才成为私人的、短暂的,它们自身作为对象是不具有这个特征的,这就是罗素所说的 sensibilia 与感觉材料具有相同的形而上学地位和物理地位的意思,尽管他并没有说明这种地位是什么。当一个感觉材料对一个主体停止是一个材料的时候,它只是改变了它的认识论地位而没有改变其本体论地位,这说明未被感知到的 sensibilia 不仅是构造中的可能要素,也是实际和真实的要素。它们不同于密尔的感觉的永久可能性(permanent possibilities of sensation),它们有着真实的存在而不仅仅是可能的存在。

(三) 对罗素 sensibilia 理论的批评和辩护

罗素以后的很多知觉理论者认为他的 sensibilia 是不可接受的,引入了神秘主义的要素,是与他本人的一贯主张相违背的。Fritz 就认为,如果未被感知到的 sensibilia 与感觉材料相似,且感觉材料依赖于观察者的身体的话,那么感觉材料的存在就应该依赖观察者对它们的感知,因此,"一个未被感知到的感觉材料这个概念是一个自相矛盾的说法"(Fritz 1952:166)。一方面,Fritz 说 sensibilia 与 sense-data 是相似的这个论点需要我们澄清一下,罗素从来没有说过感觉材料与未被感知到的可感物在认识论上是相似的,它们只是具有相同的本体论地位,认识论上讲,感觉材料是直接被认知的,未被感知的 sensibilia 是假定的或被推断出的。另一方面,他提到的"未被感知到的感觉材料"这个短语并不是罗素的,罗素只会在 sensibilia 前面加上"未被感知的"这个短语,他并不认为未被感知到的 sensibilia 是自相矛盾的。因此,Fritz 在此的批评并不成立。

艾耶尔也对罗素的 sensibilia 理论提出了批评。他认为感觉材料之所以是私人的、瞬间的是因为它们不仅在认识论上而且在本体论上也依赖感知者的身体,否则为何罗素只是认为它们在被感知前存在,而不认为它们在感知后也能存在呢?从上面的叙述我们可以看到,艾耶尔对感觉材料的界定与罗素的界定是不同的,一个是精神的,一个是物理的,这种批评当然是不到位的。sensibile 的存在在逻辑上并不依赖主体,"假如——根本是不可能的——存在一个完整的人类的身体，没有心灵在里面，所有那些与那个身体有关的 sensibilia 都会存在，如果在那个身体中存在一个心灵的话，这些 sensibilia 就是感觉材料了。心灵对 sensibilia 添加的东西事实上是纯粹的意识，其他东西都是物理的或生理的。"虽然"我们没有办法确定事物在没有大脑、神经和感觉器官包围的地方会如何显现，因为我们不能离开身体；但是连续性使得假定它们在那些地方呈现出一些显象是合理的。任何那些显象都被包括在 sensibilia 中"（RSDP 144 – 145）。也就是说，虽然罗素可以很确定感觉材料的存在，但他并没有承诺我们一定能确定未被感知到的 sensibilia，他将这些东西的存在作为一个形而上学的假设，这个假设被连续性原则所辩护。

Fritz 和艾耶尔对罗素的批评是不到位的，这主要是因为罗素对感觉材料的界定是不同于他们的。他们认为感觉材料在逻辑上依赖于观察者，是心理的，内在于一个主体的意识之中的；但罗素则认为一个感觉材料是一个主体意识到的一个对象，是外在于意识的，是物理的，感觉材料与感觉器官的关系并不是逻辑依赖关系，后者只是一个接收器，感官只是决定感觉材料何时成为材料，而不决定其是否存在，感觉材料本质上是客观的，它们与主体的关系纯粹是偶然的，在它们成为主体的材料之前和当它们停止是材料之后，都可作为未被感知的 sensibilia 而继续存在。

如果 sensibilia 相比于感觉材料而言是具有推断性的存在物的话，这是否与奥康剃刀原则——用已知的存在物代替被推断的存在物——相矛盾？Miah 认为这在表面上就不矛盾，因为他并没有妄图消除所有的被推断的存在物，只是消除了那些不必要的被推断的存在物，这就是为何在他的哲学准则中总是包含着"如有可能"这个前置短语，他只是将被推断的存在物减少到最少的程度而已（RC 708）。

那么，什么样的被推断的存在物才是可以被承诺的呢？被推断的未被感知到的 sensibilia 对于物理对象的构造是否必要？罗素给出的必须承认被推断的存在物的原则是：它们应该与被给予的存在物相似，而不是像康德的自在之物（Ding an sich）那样离被给予的感觉材料非常遥远（RSDP 152），从而避免对那些不可被认识的存在物的承诺。

很多哲学家[1]认为罗素对 sensibilia 的承诺还不如直接承认物理对象的

---

[1]　参见 Broad（1914—1915）、Fritz（1952）、Nagel（1971）、Stace（1971）。

存在来得更为自然，相比承认物理对象和感觉材料，对 sensibilia 的承诺似乎增加了更多的假定的存在物，他们认为这个概念本身就非常接近物理对象。但罗素对 sensibilia 的界定与物理对象是完全不同的，前者与感觉材料具有相同的形而上学地位和物理地位，只在认识论地位上有所不同，sensibilia 只是碰巧没有被观察到，如果存在一个观察者去做这个工作的话它们就能够被观察到；后者本质上是不可被观察的，是完全不同于感觉材料的东西。从感觉材料推断出物理对象是一个纵向推理，但从感觉材料推出 sensibilia 是一个横向推理。横向推理比纵向推理更安全，因为它们是同一种类的东西，在经验上是可以被证实的。而纵向推理的结论在经验上永远都不可知，因为它们推断出了一个完全不同于我们以之开始的感觉材料的一种存在物（Miah 2006：128）。

被推断的、未被感知到的 sensibilia 对于物理对象的构造是十分必要的，为从感觉材料构造出物理对象提供了连续性和延续性（continuity and constancy），它们不能被消除，是构造的一个本质的部分。对 sensibilia 的承诺使得罗素避免了被指责成唯我论[1]，但也正因如此，他可以被指责成并没有彻底贯彻其"逻辑构造"的方法，损害了构造的确定性。事实上，他本人就已经意识到，在对物理对象的感觉材料构造中引入他人的感觉材料和未被感知的 sensibilia 是有问题的。他从来没有严格给出过对他人的感觉材料的任何推理论证，认为对其的承诺主要是出于实用主义的理由——"那些人的情感（human affections）比逻辑节俭（logical economy）的欲望更强烈的人——这些人一般是大多数——他们肯定不会像我一样想使唯我论变得在科学上令人满意。"（RSDP 152）但他对未被感知的 sensibilia 的态度就显得很轻松，它们只是当作一种假设的支柱而被使用，当物理学的大厦要被建立起来时才使用到它们，很可能一旦大厦完成它们就能被移走。但罗素只在《感觉材料与物理的关系》的结尾处暗示了似乎有这种可能——通过用一个事物的历史（the history of a"thing"）来弥补从感觉材料推出物理对象，但他只是稍微提及了一下，并没有在任何其他著作中来处理这种构造。

---

[1] 如果将物理对象看作是一个人实际的感觉材料的逻辑构造，这就具有了唯我论的倾向。

第三节　物理对象的具体构造——
感觉材料的类的序列

　　在考察了物理对象构造的要素①之后，我们就来具体看看他是如何构造物理对象的。罗素所说的物理对象指的是诸如桌子、椅子、房子、树、苏格拉底等的物理对象和日常的人，他在不同的著作中用很多不同的词项来指称它们，如："常识的对象"（common sense object）、"物理对象"（physical object）、"物质对象"（material object）、"物理学的对象"（object of physics），等等，由于物理对象这个词使用得最多，因而我们这里也用这个词来指代他要构造的、被推断出的对象。

　　他对物理对象的构造包括两个步骤：对瞬间的物理对象的构造和对持久的物理对象的构造［借用了 Miah（2006）的区分］。首先，我们需要简单考察一下对罗素的构造来说很重要的一个概念——视角（perspective）。视角指的是一个人感知物理对象的各种角度（points of view），一个人能从无穷多的视角来看待世界。由于罗素区分了感觉材料（被感知到的 sensibilia）和未被感知到的 sensibilia，因而他的视角也可区分为被感知到的视角（也称为私人世界）和未被感知到的视角（OKEW 95；RSDP 154 - 155），视角并不完全依赖被感知者，一个视角是指在一个感官形式中一个感知者能同时意识到的所有的 sensibilia 的总和。在承认了他人的感觉材料的同时，罗素也就承认了他人的视角的存在，当我们说两个人感知到同一个桌子的时候，我们并不是说他们对桌子的感觉材料是相同的，而是说他们具有相似的感觉材料。

一　对瞬间的物理对象的构造

　　一个瞬间的物理对象指的是具体的物理对象，如这一个桌子、这一把

---

①　值得注意的是，在这一节中当我说到感觉材料的时候应该包含未被感知到的 sensibilia，由于感觉材料更为大家熟悉，就用感觉材料代替了 sensibilia。

椅子等。罗素认为一个桌子并不是一个单一的存在着的对象，而是关于这个桌子的不同类的瞬间的 sensibilia 或显象的整个类（RSDP 148）。在这样的构造过程中，我们还需要考察聚集这类显象的原则是什么，哪些显象可以作为一个桌子的构造哪些又不可以，依据什么样的原则我们才能将这些显象当作同一个事物的所有显象（OKEW 113）。

对上述问题的回答是，他在处于不同视角中的 sensibilia 之间使用了相似性和连续性原则（the principles of similarity and continuity）。两个相近（near）视角指的是两个视角中的相应材料有着相似性和连续性关系。罗素这里说的相似性并不是精确（exact）相似，而是部分（partial）相似，因而它们之间并不是一个等于关系。

首先，应该承认个人的连续性和相似性视角。一个人通过改变他的身体状态和位置就能具有不同但相似的视角。例如，围着一个桌子转动，一个人就会得到关于这个桌子的相似的且连续的显象的一系列的视角。这时他能将这些变化着的显象关联成由相似显象组成的一个持续序列。其次，应该承认他人的连续性和相似性视角。当其他人也围着这个桌子走来走去的时候，他们应该也有相似的显象的排列，有着对这个桌子的相似的、连续的显象的一系列视角。不同的观察者对同一个桌子的知觉是不同的，但它们也足够相似以至于我们能用同样的方式去描述它，正是不同视角展示出的这种相似性为这个桌子的定义提供了线索。

当我们看见一个桌子的时候，我们看见的是桌子的显象，由于不同视角的近似而或多或少地相似，这些相似的显象组成的类构成了瞬间的对象。

> 我们现在能将常识的、瞬间的事物与该事物瞬间的显象对应起来加以定义了。通过邻近的视角的相似性，一个视角中的很多对象能与另一个视角中的很多对象，即很多相似的对象关联起来。给定一个视角中的一个对象，将所有视角中与这一对象相互关联的所有对象系统组织起来，这个系统可以等同于常识的、瞬间的"事物"。因此一个事物的一个样相（aspect）是这个样相系统（这个样相系统就是那个时刻的那个事物）中的一个成员……一个事物的所有样相是真实的（real），然而这个事物仅仅是一个逻辑构造。（OKEW 96）

这段文字明确表明感觉材料（显象和样相都是感觉材料的一种）是真实的，至于物理对象及其构成的物理世界是否真实，他持不可知论立场：从严格的证实性来看，它们是可疑的，但从常识的观点来看，至少没有什么好的理由不去认为构造的对象是真实的。因而，在对物理对象进行构造以后再问它们是否是真实的这个问题罗素是存疑的，大体上他认为应该是实际的。

> 我们略费气力就可以用已经构造的这个世界来解释粗糙的感官事实、物理学事实和生理学事实。因此这个世界可能是实际的。它与事实相符，没有经验的证据反对它；它也没有逻辑上的不可能性。（OKEW 101）

依据相似性和连续性原则，在不同的视角中的相似的、连续的 sensibilia 之间建立起关联后，对瞬间的物理对象的构造就完成了。

> 常识的"事物"事实上可能就等同于它的显象的全部类——然而，在这里，我们必须包含很多显象，不仅包括那些实际的感觉材料的显象，而且还包括那些"sensibilia"（如果存在的话），根据连续性和相似性，这些显象被认作属于同一个显象的系统，尽管可能碰巧没有观察者使它们成为这些观察者的材料。（RSDP 148 – 149）

二　对持久的物理对象的构造

持久的（permanent）物理对象①指的是在时间中持存的具有形而上学地位的同一个（same）物理对象②，罗素对它们的构造是为了解决物体的同一性问题，即"说我此刻正在看着的这个桌子与一周前我曾看见的那个

---

① 对持久的物理对象的构造依赖罗素对时间、空间及因果的构造，由于篇幅的限制，且与本文的主题并不直接相关，这里就假定对它们的构造已经完成，不再单独分章节叙述。罗素对时间的构造可以参见他的论文《论时间中的顺序》（*On the Order in Time*）（1938）及《我们关于外间世界的知识》第四、第五章。

② 这里的"同一个"（same）指的是质上的"相似"（similarity）而不是量上的"等同"（equivalence），后者的意思应是等同（identical）。

桌子是同一个桌子是什么意思呢"？（PLA 272）传统哲学对此的回答是：我一周前曾看见的东西和我此刻正在看见的东西有一个实体的形而上学同一（metaphysical identity of substance）（同上）。他们假定的这种同一在罗素看来是没有任何经验证据支持的，他对物体的同一性问题的回答是：我此刻正在看的和我一周前看到的是属于"连接在一起的显象的序列"中的显象，一个桌子的含义就是这些显象的序列（PLA 273）。

传统哲学认为是处于变化着的诸显象的序列之下不变的支撑物才使物理对象持存的，罗素则认为对物理对象持存的假定是一个不必要的形而上学偏见，是缺乏经验证据的。

> 研究物理学的哲学家有时认为似乎某个东西守恒（conservation）是科学之所以可能的本质，但我相信这是一个完全错误的观点。如果对永恒性的先天信念已经不存在，那么通过这个信念而形成的这同一个规律也可以在没有这个信念的情形下被提出。当冰融化的时候，我们为什么会假定取代冰的水是处于一种新的形式下的同一个东西呢？……我们实际上知道的是，在一定的温度条件下，我们称为冰的显象被我们称为水的显象取代了，我们能给出规律，据此一个显象将被另一个显象所继承，但是除了偏见，并不存在理由来认为两者是同一个实体的显象。（OKEW 110）

罗素将持久的物理对象等同于它的显象的某个序列，正如他对瞬间的物理对象的构造一样，这里也存在一个循环定义，如果能在不提及物理对象的情况下说明显象的类，我们就可以避免这里的循环。这就是说，对罗素而言，传统的同一性问题转换成了"使你称一些显象为同一个桌子的显象的经验理由是什么？"（PLA 273）。这就要我们给出一个准则使得显象被聚合以形成一个序列。

正如对瞬间的物理对象的构造一样，他最初也使用了相似性和连续性原则（RSDP 163 - 167；OKEW 113 - 116），但很快他就发现这并没有解决问题。首先，在这两个原则的使用中还是必须提及物理对象；其次，显象（也即 sensibilia）间的相似性还不足以属于同一个物理对象，因为两个不同的事物可能会具有一定程度的相似性甚至精确的相似，例如，孪生双胞胎，而两个很不相同的显象却可能属于同一个事物，如蜡烛和融化的蜂蜡；最后，连续性也不是识别一个永恒的物理对象的充分必要条件。一个显象可以是连续的，然而却属于两个不同的事物，例如，毛虫和茧；两个显象可能并不连续却仍旧属于同一个东西，例如，火山岛出现消失又出现。甚至还有连续性改变的例子，一个事物变成了另一个事物。

> 在很多情形下，例如岩石、山脉、桌子、椅子等，其显象改变缓慢，连续性很充分，但是在很多其他情形下，例如，那些近乎同质的液体的诸部分就完全不是这样的。我们能通过合理的连续的渐进从任何时候的一滴海水推移到任何其他时候的另一滴海水。（RSDP 165）

尽管相似性和连续性对于构造一个永恒的物理对象是有帮助的，但却还不是一个充分必要条件。"我们至多能说，在连续观察过程中的不连续性是事物间差异的一个标志，尽管在突然爆炸的情形中甚至连这都不能说。"（OKEW 114）因此，罗素增加了一个进一步的条件——遵守动力学规律（the law of dynamics）（也即物理学规律），"物理事物是那些显象的序列，这些显象的物质遵守物理学规律"（RSDP 167）。也即是说，要从sensibilia构造出一个永恒的物理对象，sensibilia必须满足如下条件：彼此充分相似、彼此前后连续、遵守物理学规律。下面我们以一个桌子为例来说明如何通过这三个原则来从sensibilia构造出一个桌子。

假定一个桌子位于某地P，有三个人A、B、C从不同远近的地方来观察这个桌子。如果我们知道这个桌子如何显示给这三个实际的观察者，那么我们就能通过物理学规律推测出它在没有任何观察者的地方将会如何显示，从而得出关于这个桌子的未被感知到的sensibilia，这时我们可以用它们来填补三个实际观察者之间的鸿沟。当我们用这种方式将计算出的任何数量的sensibilia排列成一个序列的时候，我们就说这个序列属于一个单一的事物——桌子。罗素似乎认为，既然这些序列形成了正确的预言，那么这些原则就已经被经验事实证实了。

那么，罗素所说的物理学规律是什么呢？它们实际上就是因果律，在"这种很一般的意义上，动力学规律就是因果律（causal laws），也即是那种将一个'事物'同时呈现的显象与不同的感官连接起来的规律。"（OKEW 115）当然，罗素这里使用的"因果律"并不是传统的因果关系概念——通过观察或通过科学原则推出一些没有根据的形而上学假定。他认为因果关系不是感觉材料与不可被认知的物理存在物之间的一种推断关系［他在《哲学问题》中的立场］，不是去寻找因果存在物。"物理学为什么不再寻找原因了呢，因为根本就不存在那样的东西，传统被构想的因果律正如哲学家构想的很多其他事情一样，是过去年代的遗物，就像君主制一样，它存活下来仅仅因为人们错误地假定它们是没有危害的。"罗素利用当时先进的科学理论来构造因果律（量子论和相对论）。罗素的因果律指的是"在不同的时间或者甚至在同一个时间（一种极端的情形）连接事件的任何规律，只要这种连接不是逻辑上可论证的"（OKEW 115）。罗素这里的连接既包括推理的连接，也包括聚集一些事件或 sensibilia 的连接，"属于一个物理对象的不同的殊体将通过连续性和关联的内在规律被连接在一起，不是通过它们所假定的因果连接与一个不可被认知、被假定的存在物关联在一起，这个存在物被称为一个物质"。（AM 101）当代科学的内在规律相比传统的因果连接更接近确定性，已经为物理学的各种正确预测经验地证实了。

综上所述，罗素最后对物理对象（或者说事物）的定义是"事物是服从物理学规律的那些样相的序列"（OKEW 115 - 116），是感觉材料的类的序列，也就是说感觉材料，更准确地说，应该是 sensibilia 处于类的序列结构中构成了我们用一个日常名字来称呼它们的物理对象。

为何罗素宁愿承认物理学规律并用之来构造物理对象也不愿直接假定物理对象的存在呢？毕竟，直接承认其存在更加直观简单。科学实在论者将物理对象当作一个科学的假说，认为它们比其他任何假设能更好地解释我们拥有的经验，尤其比那些只承诺经验为唯一确定的实在这种最小假设要更好，现象主义就是其中一个代表，他们认为这种学说不能对物理对象给出一个一致的、无鸿沟（gap - free）的解释。至于究竟是科学实在论还是现象主义能更好地解释我们关于外间世界的知识目前在学界仍然是有争论的，罗素本人也是在两者之间摇摆不定。但对 1912—1927 年的罗素而言，他应该有很多理由来支持其构造主义的立场。首先，知觉的因果理论容易受到怀疑主义的攻击，且提出了备受质疑的支撑物理论，这是不能满足严格的认识论要求的；其次，罗素不喜欢将物理对象的存在称为科学假说，因为一个科学假说通过定义是可以在逻辑上被证实的，但是物理对象的存在严格说来是永远都不可被证实的，因为我们只能感知到感觉材料，而永远也不能感知到物理对象；最后，构造主义并没有断定只存在经验而不存在其他任何东西，因而这个理论并不必然导致现象主义，这一点我们即将在下一节详细叙述。当然，构造主义也确实如批评者所说的那样存在很多问题，最主要的是它并不能只从我们亲知的感觉材料加上一些相似性、连续性原则以及物理学规律构造出日常世界和物理学世界中的所有概念，只保证原初知识的确定性并不能保证整个知识大厦的确定性，这些构造过程十分的复杂琐屑，比起直接承诺物理对象而带来的便捷性而言更容易出错，等等。

第四节　物理对象的逻辑构造是一种现象主义吗？

从上一节我们已经看到，罗素将物理对象（桌子、椅子、房子等）看作是 sensibilia 的逻辑构造，它们可以被定义成 sensibilia 的函项而不用对物理对象作出任何推断的承诺。罗素的构造主义很容易被贴上现象主义的标签，很多评论者①认为他在 1912—1927 年间抛弃了知觉的实在论立场而转向了现象主义，但在他为了回应 Strong 的《罗素先生的外间世界理论》一文（1922）而写的《物理学与知觉》（1922）以及 1944 年的《回应批评》中，罗素明确否认自己是一个现象主义者，尽管表面上看来他的观点与现象主义十分接近。

现象主义是一种关于知觉的哲学理论，它认为我们对物理对象的所有知识、信念和推测开始于并也结束于心理的感觉材料，物理对象和感觉材料是两个完全不同的概念，在知觉中我们直接意识到的东西不是物质对象（material object）本身而是感觉材料，作为知觉的原因的物质对象的本性和地位是有问题的，通过将物质对象还原为感觉材料而试图消除物质对象的本性。现象主义起源于贝克莱的非物质主义（immaterialism），他认为只有感觉印象能被认识，在显象后面不存在潜在的支撑物（underlying substratum），实在是所有实际的或可能的意识经验的总和，不能独立于这些

---

① 参见 Broad（1914 - 1915：191）、Ayer（1972：ch. Ⅲ）、Sainsbury（1979：241）、Nusenoff（1978：29 - 32）。

经验而存在。19 世纪的英国经验主义哲学家密尔可被看作是实际的（factual）现象主义者——物质对象是持久的感觉的可能性，后来罗素的 sensibilia 就是对这一概念的改进①。罗素和普赖斯的 sensibilism 也被看作是现象主义的代表——物质事物是 sensibilia 的类的序列。现象主义最主要的版本是由 20 世纪中期的逻辑实证主义者和操作主义者（operationalists）提出的语言学现象主义（linguistic）或分析的现象主义（analytical），这种理论试图将所有的关于物质对象的陈述还原或翻译为关于知觉经验或感觉材料的陈述来解释物质对象这一概念。

现象主义常被理解成是一种反实在论（anti-realism）的形式，也暗含了一种形而上学的唯心主义（metaphysical idealism），他们否认在经验世界的背后还存在一个物理的世界，除了感觉材料之外没有任何其他实在，从心理的感觉材料不能推断出任何东西，物理对象只能还原成感觉材料。根据 Miah 的分析，他将现象主义大致分为如下几个版本（Miah 2006：141 – 142）：

第一，认为物理对象是实际的和可能的感觉材料的集合。这种观点可以追溯到 Mill、Armstrong 认为物理世界就是实际的和可能的感官印象（Armstrong 1961：48）。

第二，认为物理对象可被定义成"感觉材料的逻辑构造"（Ayer 1969：118）。他们认为除实际的、心理的感觉材料之外没有任何东西存在，试图将物理对象还原成实际的感觉材料。

第三，对物理对象的谈论仅仅能用实际的和可能的感觉材料来表述——语言学现象主义。他们认为既然物理对象是实际的和可能的感觉材料的类，那么关于前者的陈述能被翻译成关于感觉材料的陈述，在这种过程中没有损失任何意义。

从罗素的文本来看，他似乎确实持有前两种意义上的现象主义立场。

> 物理学家的"物质"和常识的"事物"……是具有感觉材料本性的构成成分的集合，一些实际上被感知到一些却没有。（OM 95）

① 两者的区别在于，罗素的 sensibilia 是一种未被感知到的感觉材料，是感觉的对象，而 Mill 的感觉相比于感觉材料而言是笼统的，还没有区分开感觉对象（objects）和感觉行为（acts）；sensibilia 是物理的，而感觉可能是心理的；sensibilia 是物理对象实际的、真实的构成成分，而持久的感觉的可能性仅仅只有一种可能性，并不具有外在于心理的特征。

  ······正如被很多人同时看见的那个事物是一个构造一样，在不同时间被同一个人或不同的人看见的那个事物一定也是一个构造，事实上就是某些"sensibilia"的一个类。（RSDP 163）

  ······在物理学和常识是可以被证实的范围内，它一定能够只利用实际的感觉材料来解释。（OKEW 88 - 89）

  上述文字具有很明显的现象主义味道，但根据罗素的一贯立场，即使在这些文本中他也不应该被归入现象主义，因为接受现象主义即在某种程度上接受了唯心主义——他们认为感觉材料是心理的，这会导致极端唯我论。

  罗素自己就明确拒绝其他学者将他归入现象主义的主张。1915 年 4 月 12 日，在亚里士多德协会的会议上，布劳德提交了一篇名为《现象主义》的文章，他认为现象主义就是试图用特殊的、个别的感觉材料的类来消除（或替代）物理对象的一种哲学理论，他将罗素的构造主义看作是一种现象主义并对其进行了批评。罗素则在他论文的最后讨论中说到他自己的构造主义理论（theory of constructionism）并没有承诺现象主义。这表明，即使在他刚开始提出构造主义的时候他就已经明确其立场是不同于现象主义的了。

  在 1922 年的《物理学与知觉》一文中他又重申了他的否定：

  我从来没有称呼我自己为一个现象主义者，但是我有时候毫不怀疑地将我自己表达成似乎这就是我的观点。事实上，我不是一个现象主义者。出于实践的目的，我接受了物理学的真理，要接受物理学的真理必须离开现象主义。当然，我并不认为物理学是绝对正确的，只是认为它比哲学有更好的机会为真。已经接受了物理学的真，我就试图发现其为真所必须的最小假设，试图尽可能地接近现象主义。但是我丝毫没有将现象主义哲学当作必然正确，我认为现象主义的支持者并没有意识到它包含着对日常信念的一个彻底的破坏。（PP 480）

  罗素常说自己具有健全的实在感，因而在科学和哲学发生冲突的时候他总是倾向于科学，科学比哲学具有更多成真的可能性。他拒斥现象主义的一个理由即是他要对物理学做出一个实在论的解释，在他看来，物理学本身就是一种实在论的立场。

也许罗素确实曾希望仅仅只用观察到的感觉材料来构造物理对象，但他后来意识到这只是一个无法实现的智力游戏，既然"对物理学的一个诚实的接受需要承认未被观察到的事件"（RC 701），相应地，在对物理学中的对象进行解释的哲学工作中也应该承诺未被观察到的 sensibilia 以及一些未被感知到的原则。未被感知的 sensibilia 的引入不仅使他可以用这些来辩护未被感知到的对象（物理对象和科学对象）和事件的实在性，还可以使他免于唯我论和现象主义的指责——一个前后一致的（consistent）现象主义者是不可能承诺它们的。正是罗素的 sensibilia 理论以及感觉材料的物理性质才使他与现象主义（他们认为感觉材料是实际的、心理的）明确区分了开来。

罗素对被构造的物理对象的不可知论立场也表明他并不是一个纯粹的现象主义者。他反复强调自己并没有否定存在某个东西对应着那个被构造的物理对象。"我想弄清楚的是，我并没有否定任何东西的存在；我只是拒绝去肯定它。我拒绝肯定没有证据证明的任何东西的存在，但是我同样拒绝否定那些没有证据反对之的任何东西的存在。"（PLA 273–274）罗素并没有否定物理对象的存在这个事实足以证明他不是一个现象主义者，而是一个实在论者。

罗素的构造主义是否是语言学意义上的现象主义呢？Sainsbury 就认为"在罗素的现象主义阶段，从 1914 年到 20 世纪 20 年代中期，他能很容易地被理解成是在断定物理对象是感觉材料的纯粹翻译构造"（Sainsbury 1979：241）。罗素有时确实是在语言学的层面上来理解构造的（参见本章第一节第二点）。即使我们承认这种观点，他与一个严格的现象主义者（例如贝克莱）还是有区别的：他们认为感觉材料是心理的，但罗素说它们是物理的。

综上所述，罗素在其构造主义中对 sensibilia 的承诺及对感觉材料的物理性质的界定使其免于现象主义和唯心主义的指责，其实在论立场得到了辩护，可以这样说，即使在构造主义时期（1912—1927）罗素也并没有完全放弃其《哲学问题》中的实在论立场，无论是《哲学问题》中的物理对象还是构造主义时期中的 sensibilia 都是独立于我们对它们的感知而存在的，这就是为何罗素在《物质的终极成分》中明确将自己的立场称为实在论的原因（UCM 120）。

从罗素对物理对象的不可知论立场来看，他并没有完全否定我们的感觉材料是有外在原因的，也就是说，他并没有完全否定知觉的因果科学解释。对物理对象持逻辑构造立场与实在论或知觉的因果理论立场不是不相容的——物理对象的构造要素是实在的，物理对象的构造过程需要利用到物理学中的科学因果解释，甚至有人认为构造主义是不同于他在《哲学问题》中的另一种形式的因果理论。正如 Eames 所说，"这就解释了为何尽管看起来是一个现象主义的方法——从被感知的殊体来构造科学和常识的对象，但是为何知觉的因果作为一个必需的假定而被引入了。"（Eames 1969：192）当然，在构造主义时期，因果律也是被构造的，至于罗素对因果律的构造不是本文讨论的主题，这里就略去不表。从构造主义与因果理论间的联系来看，罗素的逻辑构造也不是现象主义的。

有人可能要问，既然罗素并没有否定物理对象的存在，为何不干脆承认它们存在呢？我们只能说他正在玩一个认识论上的智力游戏，他试图寻找知识确定性的根据，通过构造主义他既能承认关于物理对象的知识的可靠性，又不用因断定其存在而受到怀疑论的攻击。整个构造主义纲领的目的不是去否定被推断出的存在物，而是避免在我们对经验知识的追求中犯任何错误的风险："无论如何你有连续的显象，如果你能在没有假定形而上学的和恒常的桌子的情况下能继续的话，那么你就比你之前所拥有的有一个更小的错误风险。"（PLA 280）

事实上，构造主义并没有给知识以绝对的确定性，因为在构造的过程中，除了直接经验到的、真实的感觉材料之外，还依赖未被感知到的 sensibilia、相似性、连续性、因果性等原则，这些东西的确定性程度是值得怀疑的。罗素虽然承认经验主义的局限性，但他也承认："一个完全怀疑主义的立场实际上是站不住脚的，我们不能抛弃休谟所说的自然信念；但是我们能重述（reformulate）这些信念以至于增加这些信念的可靠性而不用过于严重地丧失这些信念的内容。"（Ayer 1972：33）

最后，我们用 Stace 的话来总结一下罗素对现象主义的态度：

> 罗素的哲学总是不幸地在现象主义与科学实在论之间摇摆。最后科学实在论总是能获胜……从科学实在论的立场罗素时不时对现象主义伸出摇摆的、无益的手。但是他从来没有拥抱过现象主义。他与现象主义的交道不过就是一种轻微的、无诚意的挑逗。（Stace 1971：

371）

除开上述将构造主义常等同于现象主义这个误解之外，学界还常将
PLA 时期的构造主义看作他中立一元论的开始，我认为这也是一个误解。
1912—1927 年为罗素的逻辑构造时期，在这段时间里，以 1918 年为界，
他经历了从逻辑原子主义向中立一元论的转变。有学者认为罗素自 1914
年《我们关于外间世界的知识》和《感觉材料和物理的关系》开始就已经
是中立一元论了，因为他用感觉材料来构造物理对象和自我。但我认为这
种观点是不正确的，因为处于逻辑原子主义中的逻辑构造与中立一元论立
场中的逻辑构造还是有区别的。首先，构造的元素发生了变化。前者是感
觉材料，后者是感觉、性质、事件，它们之间有微妙的联系，但总体来说
是不同的。其次，前者是二元论；后者是一元论。因为前者坚持行为—对
象区分和亲知原则；后者则否认了对象—行为的区分，放弃了亲知原则。
事实上，亲知原则的坚持与否是区分 1912—1927 年间逻辑原子主义时期
的逻辑构造和中立一元论时期的逻辑构造的标志。因此，我们不能简单地
依据他的逻辑构造理论，就说 1912—1918 时期的罗素也是中立一元论，
他的构造理论跨越了逻辑原子主义和中立一元论两个时期。尽管逻辑原子
主义时期的构造理论与中立一元论时期的构造理论有很多相似之处，如，
感觉材料似乎也是中立的（实际上是物理的，偏向物理的实在论），物理
对象和精神对象都是由之构造的，但我们还是将 1919 年看作他中立一元
论的开始。因此，他在《我们关于外间世界的知识》甚至早至《论物质》
中对物理对象的构造并不能被当作他中立一元论的开始。

第五节　物理对象的序列结构中的
感觉材料之间的关系

从本章第三节对物理对象的具体构造我们已经看出，物理对象并不是
实在的存在物，而是感觉材料依据相似性和连续性形成的类的序列。罗素
对物理对象持有的这种构造主义立场类似于他后来在《意义与真理的探
究》中对个体持有的束理论：所有的个体实际上是其所具有的各种各样的

"性质集"或"性质束",一束性质依据共现关系结合在一起而形成了个体。两者的不同之处表现在,首先,罗素在 PLA 时期并没有否认个体的存在,殊体就是最简单的实在个体,尽管他否认了物理个体的实在性;其次,物理对象是感觉材料的类的序列,感觉材料并不是性质,而是支撑性质的个体,也就是说,物理对象是个体的集合,不是性质的集合。但两者之间有个相似之处,用来构造物理对象的感觉材料之间的关系可能有些类似于共现关系,因为在某个给定的时刻,一个物理对象正在呈现的所有感觉材料就是共同出现的,但他在《逻辑原子主义哲学》中还没有使用这个词,这个词的首次出现应该是在《逻辑原子主义》中对事件之间的共现关系的谈论中(LA 341),下面我们就来看看他是如何论述感觉材料之间的这种共现关系的。

罗素认为桌子、椅子等我们平常称为真实的东西是殊体的系统(systems),是殊体的类的序列,这表明类的序列是一个系统。由于当殊体碰巧给予给你的时候就成为了感觉材料,也即是说,日常物理对象是感觉材料的系统。那么感觉材料是依据什么而形成这个系统的呢?

以一把椅子为例。一把椅子在每个时刻呈现了一些不同的显象(显象、感觉材料、殊体在罗素那里是同义的),将它在这个时刻呈现给我的显象当作我的殊体,那么在这一时刻这把椅子正在呈现的所有显象是如何构成一个类的系统的呢?存在两种确定的方式使我当下的这个殊体与属于这个椅子的其他殊体关联起来:首先,这个殊体与这同一个椅子同时呈现给其他任何人的显象关联着;其次,与接下来将呈现给我的显象关联着。这两种方式即是我们在本章第三节中提及的相似性和连续性原则。

罗素将错觉、幻觉放在与真实的感觉材料同等实在的层级上,它们都是世界的终极构成成分,不同之处在于,构成错觉和幻觉的诸殊体之间的关联,并不像构成真实的感觉中的诸殊体那样,是以某种众所周知的、符合人们的期待的、熟悉的、约定的方式与其他殊体联系着的,这些殊体间的相互关联是多种多样的、不同种类的,它们形成了一整个集合,真实的感觉即是这一整个相互关联的系统中的一个,而幻觉则不是。但两者都是实在的,因为构成它们的殊体都是真实的,只是殊体间的关联不同(PLA 275)。

罗素进一步认为关联诸感觉材料以形成一个对象的关系是在经验中被给予的,是可以亲知的。使得我们把一些显象收集在一起的不是一个持存的形而上学的存在物，因为即使假定它们存在，它们也不是一个可被亲知的经验材料，因此，使得我们将诸多显象归为一个对象的肯定是一个经验中被亲知的材料。同一个对象呈现给我们的不同显象彼此之间存在着某种关联，这种关联是经验中被给予的一种经验关系，正是由于这种关系使得我们将这些显象归属给同一个对象。至于这种关系是什么罗素说他并不关心，而且认为无论是什么都无所谓，因为无论显象之间的这个经验关系是什么，用来构造一个对象的逻辑公式是相同的，我们只须注意显象之间的关联也是可以亲知的就足够了。

虽然罗素说构造对象的逻辑公式是相同的，但他并没有具体去展开他的构造理论，在《我们关于外间世界的知识》一书中也只是粗糙地构造了点、瞬间、因果性等概念。虽然他对桌子、椅子、苏格拉底进行了简单的构造，但包含这些专名的命题也没有完全被还原成关于感觉材料的命题，并没有进行彻底的还原。比如，在对"苏格拉底是有死的"这个命题进行分析的时候，苏格拉底只是被还原成了"柏拉图的老师""饮毒酒而死的希腊哲学家"等等，并没有还原成关于我们直接亲知的感觉材料的类的序列的复杂命题系统。逻辑构造只是一个理论假设，在实践层面上根本无法操作；而且，就构造理论本身而言，它极易导致唯我论。罗素后来在《我的哲学的发展》中就承认，这是一个不可能的纲领，物理对象不能解释成由一个人实际经验到的要素组成的结构。他后来提出了这样一幅世界图景：将物理学和知觉和谐地融合成一个单一的世界，而不是割裂成需要调和的两个世界（MPD 10），这是他后期的观点，这里就不再细述。

第五章 世界的事实结构与物理世界的序列结构之间的关系

第一节 两种世界结构的连接点——逻辑原子与感觉材料的等同论证

依据对日常语言的逻辑分析得出的理想语言结构即是世界的本质结构，这就是关于世界的事实结构学说，要理解世界的事实结构关键在于理解逻辑原子和事实这两个核心概念，逻辑原子处于事实的结构中；在对日常的和科学的物理对象进行分析后认为它们并不是实际的存在物，而是感觉材料的类的序列结构，这即是罗素对物理世界的序列结构的看法，理解这个结构的核心在于理解感觉材料和逻辑构造这两个核心概念，感觉材料处于类的序列结构中。这两个结构都是关于世界的结构，前者是逻辑结构，后者类似于数学结构，都是抽象的结构。这两个结构的连接点在于罗素将逻辑原子与感觉材料不加区分地等同了，两者在他那里似乎是同一个东西。他本人并没有给出明确的论证，更多地是将两者直接等同。William Lycan 在他 1981 年的一篇文章《逻辑原子主义和本体论原子》（收录在 Irvine 编的罗素论文集第三卷中（1999））论述了三种原子的等同：逻辑原子、本体论原子、认识论原子，他认为除认识论原子可以根据亲知原则等同于逻辑原子之外，认识论原子并不能等同于本体论原子，因此，逻辑原子也不能等同于本体论原子。尽管他的目的是为了证明逻辑原子与本体论原子并不能等同，但在他的文章中我们看到了认识论原子也不等同于本体论原子，这即是这一节我们的目的：指出罗素给出的认识论论证是不成功的，逻辑原子并不能直接等同于感觉材料。下面我们就以他的这篇文章为依据来论证我们的结论。

Lycan 将罗素的逻辑原子主义中的原子区分为三种：本体论原子、认识论原子和逻辑原子，相应地，它们的对应物是本体论虚构、认识论虚构和逻辑虚构[①]。他认为，虽然罗素明确说如果将逻辑的顺序与认识论的顺序等同的话会产生错误（LA 326），但他却在逻辑原子主义学说中将三种原子等同了，这是否自相矛盾呢？罗素的逻辑原子主义的核心论题是认为：所有的和唯一的逻辑原子是本体论原子，相应地，逻辑虚构也即是某种本体论的复杂物。这种哲学立场与科学实在论的最大区别在于，后者虽也探讨物理宇宙的基本成分，认为其是诸如夸克和胶子这类的科学假定，但他们并不认为，在语义学上，日常语言的真句子经过逻辑分析后，其真的指称项命名这些科学假定；而且也绝对反对每个本体论原子或终极简单物是我们唯一的亲知对象。这即是说，科学实在论肯定是反对本体论原子等同于逻辑原子和认识论原子的。

　　但是，罗素的逻辑原子主义学说并不是一个科学实在论立场（尽管在物理对象的逻辑构造上显示出了这一立场，本论文第四章第三节和第四节中有所论及）。他的本体论以感觉材料为特色，正是感觉材料的认识论性质架起了逻辑虚构和本体论虚构的桥梁，这即是他论证逻辑原子等同于本体论原子的认识论论证，是一个相当隐蔽的间接论证；在《逻辑原子主义哲学》中的大多数地方，罗素几乎将逻辑原子与本体论原子当作同义词，认为根本不需要理由论证它们的一致，这可以看作是一个直接论证。Lycan 的这篇文章分别探讨了这两种论证，并认为这两个论证都不成功。在他对罗素的间接论证的梳理中，我们看到这个论证之所以不成功，关键在于他并不能成功地将认识论原子等同于本体论原子，这即是说，他关于世界的这两种结构间的连接点并不成功。下面我们就来详细梳理这两种论证，在此之前，我们先给出罗素的三种原子和三种虚构的界定。

_____

① 原子/虚构两分似乎不能用于认识论领域。因为，一方面，原子和虚构本质上并不是对立的，前者属于本体论，后者属于逻辑分析的实践。另一方面，罗素本人在使用"虚构"这个词的时候时不时带着不同程度的贬义。当被用于那些在分析假的存在命题的时候就消失掉的事物的时候，如金山，这个词带着极端的偏见；对于核物理中的神秘的假定持有稍微轻微的怀疑论立场（PLA 271 – 272）；当用于皮卡迪利大街和苏格拉底（PLA 191）的时候完全没有贬义，他并没有怀疑这些熟悉的个体的存在。因此这里用"构造"比"虚构"更合适。但作者仍然使用了后者，他用这个词指出这三种虚构在关键要素上是有共同点的：依赖性或派生性（dependency or derivativeness），从而忽略了它们在术语上的不适性（Lycan 1981：253 – 254）。

一 三种虚构及三种原子的界定

Lycan 从罗素的逻辑原子主义学说中梳理出三种原子，认为其学说的核心在于论证逻辑原子与本体论原子的等同。在他对罗素的间接论证和直接论证的梳理中，Lycan 都是从虚构的角度进行论证的，虚构和原子在他看来是对立的命题，要论证逻辑原子等同本体论原子，也即论证逻辑虚构等同于本体论虚构，他是从三种虚构的等同来论证三种原子的等同的。在 Lycan 看来，他对罗素的三种原子和三种虚构的定义如下。

Lycan 总结出的罗素对逻辑虚构的界定是：

> 诸 F 是逻辑虚构＝对诸 F 的表面的提及"经分析后消失了"，即，在语法上似乎提及诸 F 的诸句子（在逻辑形式的水平上）被正确地分析成提及一些不同种类的存在物（如果存在的话）的句子。（Lycan 1981：236）

从上述定义可以看出，逻辑虚构和逻辑原子是关于语词表达式的指称的，逻辑原子不是这种意义上的虚构的事物：它们既是表面的也是真正的指称项的语言表达式的指示物，是罗素分析的极限——逻辑专名——的指示物。

接下来，本体论虚构的定义是：

> 诸 F 是本体论虚构＝每个 F 完全由（适当的）构成成分诸 C 组成，诸 C 不是诸 F 而是：如果不存在诸 C 则不会存在诸 F，但是即使不存在诸 F 也会存在诸 C。（Lycan 1981：237）

本体论虚构和本体论原子是关于宇宙的基本构成成分的，本体论原子不是这种意义上虚构的事物，它们具有一种不属于任何其他东西的实在性，是宇宙的终极简单物或基本构成成分，而复合物（complexes）、集合，或者从我们的本体论原子而来的构造则是派生的。

在认识论领域，罗素是一个强烈的基础主义者。他的感觉材料理论表明，任何可以被认知的东西，要么是我们自己当下的感觉材料，要么是从我们自己当下的感觉材料正确地推论出来的东西，在此基础上，他引入了认识论虚构：

　　　　诸 F 是认识论虚构＝我们关于特殊的诸 F 的信念仅仅通过从我们关于一些其他种类的存在物的信念的推理而得到辩护；但反过来并不成立。（Lycan 1981：239）

　　认识论虚构和认识论原子与信念的辩护有关。认识论原子是那些被直接认识的事物，不是通过从关于任何其他种类的存在物的先天知识的推理而被认知的东西。罗素自明地将感觉材料当作认识论原子，将日常的物理对象当作认识论虚构。

　　Lycan 认为罗素在论证逻辑原子等同于本体论原子中采取了两种论证方式。一种是间接论证，也可叫作认识论论证，即将认识论原子作为中介，将逻辑原子与本体论原子分别与之等同即可。Lycan 认为罗素的逻辑原子与认识论原子等同论证没有什么问题，但是认识论原子与本体论原子的等同论证却并不成功，因而这个间接论证并不成功。一种是直接论证，罗素本人几乎将逻辑原子与本体论原子当作同义词，根本不需要理由来论证它们的一致，他的这种信念似乎可以借助前期维特根斯坦的先天论证得以说明，但这只是一种推测，不能简单地将罗素与前期维特根斯坦等同，而且这个论证也不是完美无缺的，因而，对此的间接论证也是有问题的。下面我们就来仔细看看这两个论证，并说明本论文的目的：为何认识论原子不能等同于本体论原子。

二　逻辑原子等同本体论原子的间接论证和直接论证

　　Lycan 认为罗素在对逻辑原子与本体论原子的等同论证中采取了间接和直接的方式①，他是从三种虚构来论证三种原子的等同的，并且将每对双条件（biconditional）的虚构的等同都改换成两个半边的对质命题（contrapositives），例如，在论证认识论虚构＝逻辑虚构时，他要从两个方面对

---

① 也即是 Pears 所说的先天论证和经验论证（Pears 1985：4 - 7），参见本文第三章第一节中对逻辑原子的简单性质的论证。

这个命题进行论证：所有的认识论虚构是逻辑虚构和所有的逻辑虚构是认识论虚构。下面我们就按照他的思路来分述这两种论证方式。

（一）间接论证

1. 认识论虚构 = 逻辑虚构（EL/LE）①

Lycan 认为罗素是从如下两个对质命题来论证这两种虚构的等同的，进而得出相应的两种原子的等同。

（1）所有的认识论虚构是逻辑虚构（EL）

罗素在《逻辑原子主义哲学》第八讲以及其他一些相关的著作中明确表明，可以从某个东西是一个认识论虚构论证出这个事物也是一个逻辑虚构。Lycan 认为罗素对这个论题的论证至少包含三个不同的推理线索。

第一个论证类似于证实主义（verificationism）。相关的文本有：

> 什么东西使得你在接下来的情形下，说我正看见一个相同的桌子？……存在某个在经验中被给予的东西使得你称它为同一个桌子，一旦把握住了这个事实，你就能继续下去并且说到，正是这个东西（无论它是什么）使得你称呼那个应该被定义成构成了这同一个桌子的东西为同一个桌子，不应该存在对一个自始至终同一的形而上学实体（metaphysical substance）的假定。（PLA 273）

这段文字中的"正是这个东西（无论它是什么）使得你称呼那个应该被定义成构成了这同一个桌子的东西为同一个桌子"这句话，具有证实主义的痕迹。事实上，证实主义的论证在《我们关于外间世界的知识》中更为明显。

> 在物理学和常识是可证实的范围内，它一定能只根据实际的感觉材料就能得到解释。对此的原因是很简单的。证实（verification）总是在于一个被预期的感觉材料的出现……现在，如果一个被预期的感觉材料构成了一个证实的话，那么被断言的东西一定是关于感觉材料的；否则，无论如何，如果被断定的一部分不是关于感觉材料的，那

---

① EL/LE、EO/OE、OL/LO 这些字母是上述等同的英文大写字母缩写，为方便论述，我也采用 Lycan 在文中的简写。

么只是另一部分被证实了。(OKEW 88 – 89)

从上述文本中我们可以得出一个强证实原则（strong verifiability principle）：如果理解关于诸 F 的某个命题的真是我们说一个论断 C 是真的唯一方式，那么 C 实际上就是关于诸 F 的一个论断（Lycan 1981：240）。根据这个原则，我们能很容易地得出 EL：

> （EL-1）假定 X 是一个认识论虚构。那么我们关于 X 的知识以关于一些认识论上更基本的存在物诸 E 的某个先天证据（priori evidence）为基础；观察关于诸 E 的事物是我们讲述关于 X 的事物的方法。那么（根据强证实原则），关于 X 的论断实际上是关于诸 E 的；这就得出 X 是一个逻辑虚构。（Lycan 1981：241）

但是 Lycan 认为也许罗素并没有持有这样一个强证实原则，在《我们关于外间世界的知识》中他的证实原则加上了一个限制条件：在物理学和常识可以被感觉材料证实的范围内，这是一个循环论证。因此，尽管在诸 E 是感觉材料的时候罗素肯定会接受（EL-1）中的前提和结论，但是连接前提和结论的不是一个赤裸的、未经证实的强证实原则，事实上，只是一个更为灵巧的方法论策略（subtler methodological strategy）——罗素妥协说我们也许不应该否定可能存在一个形而上学的自我（ego），只是它们不是我们关心的问题，是我们不知道也不能知道的东西，不是科学能处理的事物（PLA 277）。因此，这个论证实际上是很弱的。

Lycan 给出罗素的第二个论证是：

> （EL-2）假定 X 是一个认识论虚构。那么我们关于 X 的信念通过从关于一些认识论上更为基本的存在物诸 E 的先天证据的推理而得到辩护。如果我们关于 X 的信念要当作关于 X 的知识，那么确实辩护了这些信念的那些推理一定是从关于诸 E 的知识而来的有效演绎推理；因此要么我们关于 X 一无所知，要么关于 X 的命题是关于诸 E 的命题的逻辑后陈。但是，让我们假定，我们确实有关于 X 的

知识。那么关于 X 的命题是关于诸 E 的命题的逻辑后陈，
这说明关于 X 的命题在逻辑形式的水平上就是关于诸 E
的命题；对 X 的谈论经过分析后消失了，变成了对诸 E
的谈论。因此，X 是一个逻辑虚构。（Lycan 1981：241）

　　这个论证依赖这样一个形式：如果关于 X 的命题是关于诸 E 的命题的
逻辑后陈，那么它们就是或者等于关于诸 E 的命题。这个形式在 Lycan 看
来是无效的。事实上，罗素一方面承认关于物理对象的命题可以分析成关
于感觉材料的命题，即我们可以用感觉材料给出物理对象的约定定义
（stipulative definition）来重新引入对它们的谈论，物理对象诸命题是演绎
地从感觉材料命题推理出来的，前者被后者蕴含；另一方面，他又接受科
学的解释，认为物理对象命题既然能被感觉材料所证实，那么前者就蕴含
后者（OKEW 89），物理对象诸命题是通过对感觉材料的观察假说演绎地
被证实的。也就是说，物理对象命题既被感觉材料命题蕴含又蕴含感觉材
料命题，物理对象呈现给我们的显象既是那些其摹状词约定地被用来定义
物理项的感觉材料，又是在对物理对象命题的证实中我们观察到的感觉材
料。这里我们看到，罗素一边用逻辑分析的方法来分析物理对象命题，另
一边又没有放弃常识和科学的观点：物理对象命题既可以被感觉材料命题
演绎地推理所辩护，又可以通过经验材料假设演绎地被证实而得到辩护。
从这里就可以看出，罗素在对世界的结构分析中和对物理对象命题的分析
中用到了逻辑分析和科学这两种方法，因而产生了世界的逻辑结构和序列
结构这两种结构理论，物理对象命题既被感觉材料命题蕴含又蕴含感觉材
料命题这样两种解释系统。他在数学领域已经将数学还原成逻辑，但在一
般的哲学领域，他还没有完全做到只用一个系统，而是既利用新逻辑这个
工具又看重科学的方法和成果，这是他身上的两种倾向。这里，Lycan 认
为（EL-2）的论证至多是暗示性的，只有彻底的现象主义者才会坚持纯
粹用感觉材料来证明物理对象命题。对 EL 的真正成功的论证在于第三
种——亲知原则。

　　第三个论证依赖罗素关于意义和亲知的学说，这个学说包含一个论
题，即"亲知原则"。这个原则的大致意思是：一个人只能给予他直接亲
知的一个对象以一个真正的专名或逻辑专名（PLA 201），一个语言表达式
是有意义的仅仅因为它包含着我们直接亲知的事物的名字，任何句子要么

直接通过亲知这个句子所包含的每个项的指称而被理解，要么间接通过某种定义改写（definitional paraphrase）或分析而被理解，经过分析后我们得到这个句子所表达的逻辑上十分清楚明白的命题，这个命题的每个构成成分都是亲知的一个对象。例如，如果我没有亲知 X 但却能理解关于 X 的句子，那么那些句子一定能分析成其他一些正好提及了我亲知了的事物的句子或命题，对 X 的那种所谓的表面提及经过分析后消失了，转换成一种只提及亲知的事物的构造，因此，X 不是真正的名字，而是相应的摹状词的缩写。

罗素的亲知原则受到了很多批评，这里我们不探讨这个原则本身，而是在假定这个原则为真的前提下，看看罗素如何依赖这个原则来论证 EL：

> （EL－3）假设 X 是一个认识论虚构。那么 X 和它的性质仅仅通过推理而被我们认知。如果我们没有关于 X 的非推理的知识，那么 X 不是我们亲知的一个对象。但是这时（通过亲知原则）我们没有对 X 的真正的名字；对 X 的表面提及经过分析后消失了。因此，X 是一个逻辑虚构。（Lycan 1981：244）

（2）所有的逻辑虚构是认识论虚构（LE）

既然罗素根据亲知原则给出了 EL 比较令人信服的辩护，对 LE 的辩护就相应容易多了。

> （LE）假定 X 是一个逻辑虚构。那么表面上关于 X 的诸句子将用一些关于其他对象诸 G 的命题来被分析。但是为了认知关于 X 的一个命题，一个人必须"首先"认知关于诸 G 的一个命题，然后进行一个定义替代（definitional substitution）或其他的句法运算（syntactical operation）；这样的一个运算很接近于一个推理。因此，似乎我们关于 X 的知识是从我们关于诸 G 的知识推论出来的，或者至少以它为中介，这就是说，X 是一个认识论虚构。（Lycan 1981：245）

Lycan 认为在这个论证中包含一种心理学虚构："诸 F 是心理学虚构 = 关于诸 F 的句子仅仅通过我们对关于其他一些种类的存在物的命题的理解而被理解；反过来并不成立。"（Lycan 1981：254）。从这个定义可以看出，心理学虚构与对命题的理解有关。这个论证的模式可以简化成：所有的逻辑虚构是心理虚构，所有的心理虚构是认识论虚构，因此所有的逻辑虚构都是认识论虚构。

依据亲知原则，EL 和 LE 得到了合理的辩护，这两者合起来可得出这个论题：所有的和唯一的认识论原子是逻辑原子①。

为了达到罗素逻辑原子主义学说的目的——所有的逻辑原子是本体论原子，在已经完成了逻辑原子与认识论原子的等同后，接下来应该是论证认识论原子等同于本体论原子。

2. 认识论虚构 = 本体论虚构（EO/OE）

（1）所有的认识论虚构是本体论虚构（EO）

对 EO 的辩护类似于（EL-1）中的证实论证（verificationistic argument）和方法论策略。这个论证以一个本体论可证实原则（ontological verifiability principle）为基础，这个原则的大致意思是：如果观察关于诸 F 的一个命题的真是我们说 X 存在（X is present）或 X 是 G 的方式，那么使得关于诸 F 的那个命题为真的原因即是使 X 存在或 X 是 G 的原因。根据这个原则我们对 EO 的辩护是：

> （EO）假定 X 是一个认识论虚构。那么我们关于 X 的知识以关于一个认识上更基本的存在物诸 E 的证据为基础。关于诸 E 的诸论断是我们说 X 是怎么样的方式。因此（根据本体论证实原则和方法论策略），要使 X 存在或者使 X 是 G 只需要存在某个诸 E 适当地行动（behaving）。因此，X 是一个本体论虚构。（Lycan 1981：246）

正如在（EL-1）中对本体论证实原则的拒斥那样，这里并不能当作

---

① 认识论原子是我们对之有非推理的知识的对象，逻辑原子是我们对之有真正的名字的对象，或者我们能迅速地给予真正的名字的对象。如果我们承认罗素对名字的实指引入（ostensive introduction）这种简单的模型的话，那么认识论原子直接就等同于逻辑原子了：亲知了一个对象，即可以给予其一个真正的名字，有一个真正的名字，即是一个逻辑原子。

论证的依据。当然，这个原则很符合罗素的奥康剃刀原则，从而达到本体论节俭，避免不必要的形而上学实体。由于证实主义这个形而上学原则有待进一步确证，因而，支持这个论证的应该是一种方法论上的小心（methodological caution）："最好"将 X 等同于对 X 的观察现象的类，而不是采取传统形而上学家的观点，简单地假定 X 是某个永远不可知的、隐藏在诸现象之后的实体。

这个论证除了作为一种方法论策略在论证上太弱这个缺点之外，Lycan 认为它还包含一个内在的困难和一个外在的反驳。内在的困难是罗素混同了逻辑还原（logical reduction）和科学还原（scientific reduction），前者是通过释义的方式减少对其表面指称物的提及；后者是数值上的等同。对认识论虚构的还原是前者，而对本体论虚构的还原是后者，两者是不同的，有时甚至是冲突的。尽管对日常的和科学的物理对象的表面提及经过分析后可以消失，但这并不能说我们可以以一种科学的形式将物理对象等同于认识上更易处理的感觉材料的类，因为可能根本就不存在相应的感觉材料。例如，在"平均每个丈夫有 2.4 个孩子"这个命题中，尽管我们可以将"平均每个丈夫"这个摹状词分析掉，但我们并没有将它等同于任何更熟悉的或更易处理的存在物。因此，这个论证从内在来说是不成功的。

即使上述两种还原能够等同，对还原论的哲学立场也存在外在的反驳。即使我们对物理对象的存在给不出演绎的证明，且我们自己的感觉材料是我们知识不可争议的基础，可我们毕竟还是相信外在对象的存在。只用观察现象来解释世界并不令人满意，这种方式仅仅只是重复了材料自身，如果每个人都只是用现象语言描述世界的话则难以便利地交流，在各自用自己熟悉便利的术语来描述世界的时候容易产生误解。大多数时候，我们的物理对象语言，即使似乎更有风险，科学的假说—演绎方法给我们展示了更多的逻辑可能，而不是就事论事，无法增进对世界的了解。这也是为何当今的科学哲学家不再坚持逻辑实证主义立场的原因。事实上，罗素在逻辑构造中也不是如现象主义者那样只承诺了感觉材料，他也承诺了对不可观察的他人的感觉材料和感觉要素，在 1927 年后甚至也抛弃了构造主义，转向《哲学问题》中的科学实在论立场，承诺了物理对象的存在（可参见 HK、RC（701－702）、MPD（207）），纵观他对物理对象的观点总是在表象主义和构造主义间徘徊，这即表明要对物理对象给出合理的哲学解释是很困难的。

从上述分析我们看到，（EO）作为一个形而上学论题，只存在一种方法论策略上的支持，并没有一个完全确信的辩护。（EO）的对质命题是：每个本体论原子或终极简单物是一个亲知的对象。只有狂热的现象主义者才会持有这种哲学立场，但罗素并不是这样一个哲学家，因而他对此的论证并不成功。

（2）所有的本体论虚构是认识论虚构（OE）

上面我们已经看到罗素对（EO）的论证并不成功，那么 EO 相应的反命题 OE 也存在问题。

> （OE）假定 X 是一个本体论虚构。也即是说，X 是一个复合物。那么一个人对 X 的认识以对 X 的适当部分和对结合这些适当部分为一个复合物的合成关系（compositional relation）的亲知为中介。这时，在那种必不可少的强烈的意义上，一个人不是简单地直接地亲知了 X 自身。我们对 X 的认识的中介近似于推理。因此，为了满足所有的意图和目的，X 是一个认识论虚构。（Lycan 1981：248）

在罗素持有上述这个论证的同时，他似乎也表达出了对只能亲知简单物的怀疑，因为任何亲知的东西都占据着一定的时空，因而不可能是本体论意义上的那种绝对简单。在《亲知的知识和描述的知识》中谈到自我意识的时候，他说我们可能亲知了一个复合物而没有亲知构成这个复合物的部分，当然反过来也是成立的，即使我们亲知了那个复合物的适当部分也并不表明我们就意识到了这个复合物。

> 我亲知的感觉材料……通常是复杂的，如果不是总是的话。这在视觉的情形中尤其明显……是否可能意识到一个复合物而未意识到它的成分不是一个容易的问题，但总体说来似乎是没有理由认为为什么这不应该是可能的。（KAKD 109）①

---

① 后来罗素借用了前期维特根斯坦的观点，我们能用一个命题的真来命名一个复合物，这个命题是关于这个复合物的构成成分的（TLP 5.5423）。

综上所述，罗素的本体论虚构并不能如他所说直接等同于认识论虚构，这种试图通过认识论来连接逻辑和本体论的尝试并不成功。下面我们就来看看罗素和前期维特根斯坦的先天论证是如何做到将逻辑和本体论直接连接起来的。

（二）直接论证：本体论虚构 = 逻辑虚构（OL/LO）

1. 所有的本体论虚构是逻辑虚构（OL）

罗素在逻辑原子主义学说中几乎将逻辑虚构与本体论虚构当作同义词，认为根本就不需要什么理由来论证它们的一致，事实上，这个论题是这一学说的理论预设的直接产物。逻辑原子主义学说的理论前提是如下映现原则：逻辑的复杂性会反映出本体论的复杂性，世界与语言具有相同的本质结构。这个原则涉及罗素对理想语言的界定（即表面语法准确地反映了其逻辑形式的语言）：

> 在一个逻辑完善的语言中，一个命题中的语词会一一对应于那个相应事实的成分，除那些诸如"或者""非""如果""那么"的词之外，这些词有不同的功能。在一个逻辑完善的语言中，将只存在一个语词对应于每个简单的对象，不是简单的每件事将被诸语词的组合所表达，这个组合来源于代表那些作为其一部分的简单事物的语词，一个语词对应于每个简单的成分。这种语言将完全是分析的，将在只看一眼就表明被断定或被否定的事实的逻辑结构。（PLA 197 - 198）

根据这个映现原则，我们可以很容易得出 OL：

> （OL - 1）映现原则蕴含着，如果一个单称项（singular term）是一个逻辑专名，那么它命名的东西是一个终极简单物。因此，每个逻辑原子是一个本体论原则，通过对照可得出（OL）：所有的本体论虚构是逻辑虚构。（Lycan 1981：249）

（OL - 1）根本就不能当作一种论证，只能说是罗素的一种信念。那么，对罗素而言，他为何坚持在一个语言表达式的语义简单性或初始性

(semantical simplicity or primitiveness) 与一个个体的本体论终极性 (onto-logical ultimacy) 之间存在着某种连接呢？

这主要在于罗素坚持名字的实指机制 (the mechanics of ostension)。如果要反对这种连接和映现原则，即是要求我们能给一个本体论上的复合事物以一个真正的名字或逻辑专名。根据罗素的实指机制，我们只能给亲知的对象以一个名字，而感觉材料是最基本最核心的亲知对象，因此，要能给复杂物以名字，即是要证明我们可以亲知一个现象的复合物 (phenome-nal complex)，个别的感觉材料是"诸如小的颜色块的事物"，那么对罗素而言，一个现象的复合物是一个颜色的马赛克 (mosaic) 或一整个视野 (a whole visual field)。为何罗素会认为我们不能亲知它们，从而通过亲知得来的实指来命名它们呢？

首先，他似乎认为我们只能亲知简单的感觉材料。"当我提及一个'感觉材料'的时候，我并不是说在感官中同时被给予的全部东西。我指的是那些被注意挑选出来的整体的一个部分。"（RSDP 142）这似乎在暗示我们不能同时真正地注意超出整个感官领域的一个单一的 (single)、同质 (homogeneous) 的部分，因此也就不能亲知并命名超出一个单一的感觉材料的复杂感觉材料了。但是，他在《亲知的知识和描述的知识》中却同时也表示了怀疑：我们可能亲知了一个复杂物而没有意识到这个复杂物的成分（KAKD 109），这表明他似乎又承认可以亲知复杂物，而且，任何感觉材料即使再小、再单一也是复杂的，因而这条理由并不充分。

其次，即使承认能亲知复杂物，那么对复杂物的这种亲知是不同于对简单物的亲知的，对一个复杂物的"亲知"仅仅在于认知了一个复杂的事实。

> ……感官给出了对殊相的亲知，对殊相的亲知是一个二项关系，其中对象能被命名而不能被断定……尽管对一个复杂事实的观察，这能恰当地被称为知觉，不是一个二项关系，而是在对象一边包含一个命题形式，给出了一个真理的知识，不是仅仅亲知了一个殊相。（RS-DP 142）

如果实指定义具有消除歧义 (disambiguation) 的特征的话，那么当我们指向一个物理的复合物并且说道"这一个"的时候，需要根据背景要素或者其他进一步的解释才能确定我指的是这个复杂物的一个适当的部分、几个适当的部分，还是整个事物。因此，尽管"这一个"可以用来指称一个现象复杂物，但还需要一个进一步消除歧义的认识活动，这就使得这个名字不是一个真正的名字，即使这个名字似乎是通过实指引入的。事实上，这个名字是具有这种形式的一个摹状词的缩写："这个复杂物包含由关系 R 关联着的简单物 S_1，…S_n"。

至于罗素是否就明确持有实指的这种去歧义性（ostensive disambiguation）特征是不明确的，事实上，罗素对本体论原子与逻辑原子等同的先天论证并不明显，只能算是他受前期维特根斯坦影响而采取的一种信念。维特根斯坦认为只有简单的永恒的存在物，即对象，才能有与之相应的真正的名字，对象是我们的语言能描述世界的一个前提①。但是罗素自己的简单物——感觉材料——肯定不是必然存在的，一个感觉材料之被感知完全是偶然的，对罗素而言似乎具有必然存在性质的应该是他的感觉要素这个概念。但是即使感觉要素无论是否被感知到都是存在的，它与维特根斯坦的对象仍然是不同的，因此对它们的命名也不是维特根斯坦意义上的名字。

Lycan 认为罗素对 OL 的这种信念并不令人信服。因为一个物理的复合物和一个本体的简单物（假定是罗素的感觉材料）能出现在同一个单称命题②（singular proposition）中，例如在"这个桌子是红色的"与"这个是红色的"这两个命题中，尽管前一个命题的存在可以被理解成依赖诸如后面这些相关的不同的命题的偶然的真（后者这些命题描述了这个桌子自身构成成分间的相互关系），但这并不等于说前者就不能作为自身命题的一个意义或内涵。

2. 所有的逻辑虚构是本体论虚构（LO）

上面我们已经看到罗素对（OL）的辩护是不成功的，同样地，他对（LO）的辩护也不成功。

（LO）的意思是说，如果 X 是一个逻辑虚构，即对 X 的表面提及经过分析后会消失，那么 X 就是一个本体论上的复合物，包含适当的成分。这

---

① 维特根斯坦的对象存在的理由可参见第三章第一节逻辑原子的简单性质中的论述。

② 这个命题的一个成分是承担着真正的名字的实际对象，这样的命题能被描述成一个有序对，它的成员是那个实际对象和相应的性质。

个论断是很奇怪的。因为如果经过分析对 X 的提及消失了，那么我们口头上称呼为"X"的东西根本就不是形而上学意义上的一个存在物或个体，即使这些事物被认为是感觉材料的逻辑构造，但却不是感觉材料的具体的集合，因此也就不是日常意义上的合成物或复杂物。Lycan 这里区分了感觉材料的逻辑构造和感觉材料的具体的集合，认为两者是对立的，且后者才是本体论上的虚构，而逻辑虚构只是前者而不是后者，因而这个论证不成立。

三　小结

从 Lycan 的这篇文章我们可以看出，罗素认为逻辑原子可以根据亲知的原则等同于认识论原子，但是认识论原子不能等同于本体论原子，因而逻辑原子也不能等同于本体论原子。显然，罗素试图将逻辑的初始性、认识论的初始性和本体论上的简单性等同起来，我不认同 Lycan 的地方在于，也许依据前期维特根斯坦的先天论证，逻辑的初始性和本体论的简单性可以等同起来，但是逻辑上的初始并不等同于认识论上的初始，认识论上的初始也不等于本体论上的简单。当然，无论是从逻辑的结构推测出世界的结构，还是从认识论的顺序推出世界的结构都是有问题的，只能说，本体论问题与逻辑问题和认识论问题有关，但并不必然等同。正如他自己说的："错误易于从把逻辑的顺序等同于认识论的顺序而产生，并且反过来，也容易从把认识论的顺序等同于逻辑的顺序而产生。"（LA 326）

尽管后来他意识到这种等同会带来错误，但在他最开始着手处理传统形而上学的世界结构这个问题的时候，他夸大了逻辑的作用，认为逻辑是哲学的本质，传统哲学持有亚里士多德逻辑而形成了一元论哲学，他持有新逻辑因而得出了逻辑原子主义哲学。当然，根据他对新逻辑的界定，逻辑应该是给出世界的多种可能性解释，而不是给出其是什么的立法规定（OKEW 18 – 19），因而，只能说逻辑原子主义也只是一种对世界结构的尝试学说，持有新逻辑并不必然就对世界持有逻辑原子主义的立场，即使同样是逻辑原子主义，也得出了罗素和前期维特根斯坦的不同版本。可见，逻辑与哲学并不像罗素所说的那样紧密，逻辑应该是中立的，独立于对世界的解释的（他在《逻辑原子主义》一文中表达了这种观点）。也许正因如此，后来的逻辑实证主义抛弃了逻辑原子主义中的形而上学成分，只立足于对语言结构进行分析，探讨语言的语义学和句法结构，也探讨对世界的认识结构，但却不研究世界的本体论结构了。后期维特根斯坦和牛津日常语言学派则反对从理想语言推出世界的结构，而是从对日常语言的哲学逻辑来研究哲学问题，开辟了不同于早期分析哲学视野下的哲学路径。

这就是说，罗素的逻辑原子主义学说是分析哲学产生初期利用分析的方法来处理传统哲学问题的一个尝试，尽管内在困难重重（比如，逻辑原子、本体论原子、认识论原子的等同论证就不成功），但却是用来理解用分析的方法来从事哲学研究的一个很好的案例，从中我们可以看出 19 世纪末 20 世纪初分析哲学流派的走向和特征。并且，逻辑原子主义学说尽管是一个失败的世界结构学说，但它用分析的方法来处理日常语言中的命题结构、认识论上的各种问题，为后来的分析哲学家们开辟了问题域和方法论的启示，这就是我们研究这个学说的意义所在。

第二节　两种世界结构的地位

一　两种世界结构的过渡

罗素的逻辑原子主义学说集中体现在《我们关于外间世界的知识》和《逻辑原子主义哲学》这两本著作中，前者主要处理的是世界的构造学说，后者是关于世界的事实结构学说。为何存在两种结构呢？这主要是由于世界中存在着两种复杂的对象：命题和集合①。他认为世界的结构是用分析的方法得来的，而分析的合法性在于我们能找到可被分析的复杂的存在物。

在提到作为具有统一性的复杂物的时候，我们首先想到的是生活中的

---

① 实际上，罗素在《数学原则》中就已经假定了这两类混合的存在物：统一体和集合。统一体是这样一种复杂的存在物：其中的构成部分以一种确定的结构被排列，命题即是这种意义上的一个统一体。集合指的是这样一个存在物：其同一性条件完全由这个类或集合所拥有的成员或部分支配，而不是被部分之间的任何关系所支配，这两类即是这种意义上的一个集合。

日常对象，如，桌子、椅子、面包、鱼、人、领地、权力等，它们是表面上看起来的复杂存在物；那些我们习惯给予其专名的所有事物也是这种表面的复杂存在物，如，苏格拉底、皮卡迪利大街、罗马尼亚等（PLA 190）①。它们都是表面的复杂体系（complex systems），似乎是由诸部分紧密联系在一起而形成的某种统一体，正是这种统一体使得我们习惯给予它们一个名字。

但是罗素并不相信这种复杂物，他认为正是这种表面的统一性导致了传统哲学的一元论立场：作为整体的宇宙是一个单一的复杂存在物。事实上，这些存在物并不是真的复杂物，它们可以被分解掉。例如，在对"皮卡迪利是一条舒适的街道"这样一个命题的正确分析中，使得这个命题为真的事实并不包含任何对应于"皮卡迪利"这个词的单一的构成成分，"皮卡迪利"这个词可以出现在很多有意义的命题中，是其命题的一部分，但不是相应的事实的成分，这个命题并不是关于皮卡迪利的。"皮卡迪利"这个词单独并不具有意义，不是真正的名字，而是缩写的摹状词。表面上，这个词是地球表面一个特定部分的名字，但事实上，我们可以将它定义成物质的存在物的类的序列（a series of classes of material entities），这些物质的存在物指的是那些在不同的时间占据着地球那个部分的东西，是瞬间变化的。根据这样的定义和逻辑构造，类和序列的逻辑地位和形而上学地位决定了皮卡迪利具有相应的地位，而罗素认为前者是一种逻辑虚构（logical fiction），因此，皮卡迪利也是一种虚构，并不是真正的名字，也不具有名字所单独具有的意义，并没有一个单一的指称对象对应这些日常专名。诸如"罗马尼亚""苏格拉底"②这样的名字也是缩略的摹状词，其表面的统一性可以被分解掉，是相应的一类摹状词的析取，出于语言的便利我们用一个单一的语词代表这些摹状词的析取，因而这些日常专名所意指的并不是真正地具有统一性的复杂物，尽管它们也是复杂的，但却是可以被分析掉的。

传统哲学以语言的语法形式为分析命题的向导，受语言表面语法形式的误导而将日常专名也当作单一的成分加以分析，认为其对应着相应的实

---

① 罗素的摹状词也是这类表面的复杂物（包含着部分），如，当今的法国国王、《威弗利》的作者等，由于它们与这两种复杂物不同，它们不能被称为专名，这里就不和它们放一起考察，以上两种都是能有一个名字的复杂物。
② "苏格拉底"可以分析成人们对他的经验的类的序列。

际存在物，这显然是不正确的，因为很多日常专名并不存在对象与之对
应。在 1903—1905 年的《论指称》之前的这段时间里，他也持有如梅农
一样的意义观，即任何项都是有实际指称的，都是具有某种存在的存在
物；但是当他在解释否定存在句（如"金山不存在""圆的方不存在"）、
非同语反复的同一句（诸如"a＝b"的句子）、命题态度语境下的替代失
败等问题时，这种意义观使得包含表面上的单称项的句子包含着逻辑悖
论，罗素的解决方案是对语法上似乎是一个指称表达式（referring expres-
sion）的东西进行分析，通过逻辑释义（logical paraphrase）的方式使之从
含有它们的句子中消除掉，从而得出理想语言（人工语言）与日常语言
（自然语言）的区分：一个句子的真正结构（即逻辑形式）并不总是被这
个句子的表面语法形式所刻画。

　　这样分析的结果导致日常专名并不是一个严格意义的指称表达式，也
不具有其表面所具有的统一性，不是真正的复杂物。罗素用来进行分析的
复杂对象是事实，他认为事实才是真正具有统一性的东西，它们不能被分
析掉。事实是我们在对客观世界的描述中所必须提到的东西，相比苏格拉
底和罗马尼亚这些事物，它们具有更显然的复杂性，更不可能被解释消除
掉。在"苏格拉底是有死的"这个命题中，我们可以通过逻辑释义消除掉
"苏格拉底"，但是不论我们用什么来替代这个词，这个句子始终表述了一
个事实；即使我们并不知道苏格拉底的含义，却很清楚这个句子表达了
一个事实。说事实是复杂的意思是指世界中的诸事物都具有各种各样的
性质，彼此处于各种关系中。"事物有性质或关系"是事实，而事物、
性质或关系是事实的组成部分。因此，要获得关于世界的逻辑结构必须
从对事实这种复杂物的分析开始，而不是从对日常对象这些表面的复杂
物开始。

　　除在复杂性这个特征上，日常对象和物理对象因不同于事实而需要单
独考虑外，与简单的逻辑原子相比，它们也必须加以单独考察。日常物理
对象相比较于逻辑原子而言肯定是复杂的（尽管这种复杂性不同于事实，
是可以解释掉的），但它们却不具有逻辑原子所具有的那种实在性。在
《逻辑原子主义哲学》第八讲中，他首先否定了物理学中从对物质（mat-
ter）的物理分析得出的基本元素——原子、离子、粒子——的实在性，认
为它们只是物质的很小的片段，本质上与物理学中的物质具有相同的形而
上学地位和所有的日常性质：在时间中持存、在空间中运行。从任何形而

上学的意义上说，这类事物都不是物质的终极构成成分，它们是一种逻辑虚构，是殊体的类的序列，而《我们关于外间世界的知识》第三、第四章即是对物理学中的诸多基本概念的逻辑构造的具体展开，这就从事实结构过渡到了逻辑构造得出的序列结构。接下来他又以桌子为例，否认了桌子的同一性在于有一个历时的同一性的形而上学实体，它实际上是我们依据经验中被给予的东西而构造出的一个相关联的殊体系统，这些殊体依据相似性、连续性等关系关联在一起形成了一个统一体，为了方便我们给这个统一体以一个日常专名。实际上，这种统一体是我们构造出来的，实际存在着的是联系在一起的显象的序列，这些显象的序列构成了一个桌子，因此，桌子是一个逻辑虚构。以这种方式，日常生活中的所有日常对象都从存在的世界中被驱逐出去了，取而代之的是一些我们在感官中直接意识到的短暂的殊体。同理，他还对形而上学的自我进行了怀疑，认为一个人是经验的某个序列，并且认为对自我的同一性比对他人的同一性更容易被确定，因为对自己的经验是直接的，对他人的经验是间接的。

综上所述，日常对象（桌子、椅子、苏格拉底、皮卡迪利等）、物理学中的对象（原子、离子、粒子等）以及形而上学的存在物（自我）① 既不同于事实（缺乏那种复杂性），也不同于逻辑原子（不具有实在性和简单性），但在我们的日常语言中又确实存在表面上指称它们的词汇，因此，除了解释事实和逻辑原子之外，他还必须解释物理对象及其语言，对它们的解释罗素借用了现代科学的观点，这就使得他从对世界的逻辑结构的探讨过渡到了对物理对象的序列结构的探讨，这即是他对世界持有两种解释结构的原因，因为世界中本来就存在着两类复杂对象——命题和集合——需要被解释。

二 两种世界结构间的关系

（一）前期维特根斯坦对复杂性的两种界定

相对于逻辑原子而言，罗素的事实和逻辑构造物都是复杂的，前者是

---

① 形而上学存在物指的是那些被假定是世界的终极构成成分的一部分，但又不是经验中被给予的那些事物。

真正的逻辑复杂存在物，后者是表面的复杂物，是可以分析掉的。世界中的这两种对象的复杂性的英文都是"complex"，这容易使人混淆两者之间的区别。罗素在受到维特根斯坦的影响之前并没有区分这两种复杂性，按照他的理解，所谓复杂物是指包含着部分的东西，是具有构成成分可以加以分析的东西，因此，这种意义上的复杂物既包含我们通常所说的物（物理或化学复合物），也包含事实。尽管他从《数学原理》之后就开始坚持真理符合论，但使一个命题为真为假的还不是事实这种复杂物，而是一个相应的复杂对象，如决定"a 在 b 的左边"这个命题的真假的是这样一个复杂对象："处于 – b – 的 – 左边 – 的 – a"，这个复杂对象是可以命名的。在受到维特根斯坦影响之后，他也区分开了通常所说的复杂物和事实，并且认为事实是我们要解释世界所必需的核心内容。

前期维特根斯坦区分开了"complex"一词的两种不同的意义：

> 一是指作为诸对象的特定方式的结合或配置的基本事态（或基本事实）和作为诸基本事态（或基本事实）的特定方式的排列的事态（或事实）；一是指人们通常所说的由较小的成分依物理或化学的方式构成的较复杂的东西。（韩林合 2007a：71）

由于前者的本质在于逻辑形式，后者的本质在于其物理或化学的结构，因此，维特根斯坦将前者的复杂性称为"逻辑复杂性"，将事实称为复杂物（体），称后者的复杂性为"空间复杂性"或"物理复杂性"，将具有这种复杂性的事物称为复合物。

在他看来，这两种复杂性有着本质的区别。首先，我们可以有意义地说"一个复合物从一个地方运动到另一个地方"，但却不能这样来描述事实。其次，对事实我们只能用命题来描述，但是复杂对象不仅可以被描述，还可以通过用手直接指向的方式给出。

> 尽管人们可以指着一个星座并说：这个星座是完全由我已经知道的构成成分构成的，但是人们不能"指着一个事实"并且说出这点……指向一个事实意味着断言什么，说出什么。"指向一朵花"并非意味着这点。（转引自韩林合 2010：66）

最后，通常意义上的复合物（即物、复杂对象、物理复合物）是由同类的构成成分构成的，至于事实是由什么东西构成的，维特根斯坦在其前期和后期观点有些不同。前期认为事实是由对象构成的，是对象特定方式的排列，后期则认为事实根本不是任何意义上的复合的东西，不是由任何东西复合而成的，我们不能用简单和复杂来描述事实，因此，问事实是由什么东西构成的是没有意义的。

自 1914 年以后，在维特根斯坦的影响下，罗素清楚地区分开了复合物和事实（OKEW 60 - 61），在《逻辑原子主义哲学》中他则认为事实是不可消除的复杂性，而物理对象只是表面的复杂物，是可以解释掉的。

（二）两种结构之间的对应关系及地位

虽然事实和物理复合物有着本质的区别，但维特根斯坦和罗素认为两者是密切关联的，任何一种逻辑复杂物的存在都相应地存在着一种空间复杂物。例如，与"A 和 B 是相似的"这个事实相应的复合物的名字是"A 与 B 具有的相似性"，与"a 与 b 具有关系 R"这个事实相应的复合物的名字是"与 - b - 具有 - R - 关系 - 的 - a"，正因为每个事实似乎都对应一个相应的复合物，罗素在 1914 年之前常假定它们是一样的，甚至认为"与 - b - 具有 - R - 关系 - 的 - a"是"a 与 b 具有关系 R"这个命题的名字，前者的存在与否决定了后者的真假，甚至在 1914 年受维特根斯坦影响之后也没有否定可以亲知"与 - b - 具有 - R - 关系 - 的 - a"这个殊相（参见本书第三章第一节亲知的对象）。前期维特根斯坦有时也将逻辑复杂性与空间复杂性看成是一样的东西，但他与罗素的这种等同是不同的，他的意思是说在承认了两者的本质区别之后，认为逻辑的复杂物比空间的复合物更为根本，因为复杂物的完全分析最终假定了复合物的完全分析，逻辑上讲最简单的东西必然也是空间上最简单的东西，它们都是对象，对象既是逻辑简单的也是空间和物理上简单的，即绝对简单。

由于罗素没有明确说世界具有两种结构：事实结构和序列结构，因而也就不可能处理两者之间的关系，但他在《逻辑原子主义哲学》第二讲中说道："对表面复杂的事物的分析……能通过各种方法还原成对表面上是关于这些事物的事实的分析。"（PLA 192）这表明罗素似乎持有前期维特根斯坦的立场，序列结构的复杂性包含着事实结构的复杂性，后者更为根本。罗素的摹状词理论即是用来分析这些表面复杂的事物的工具，认为日常专名是缩写的摹状词，日常专名没有单独的意义，包含日常专名的句子并不是单一命题，而是含有一个存在命题的复杂命题，这就将这些表面复杂的事物分析成了关于存在事实的命题，因此，日常对象的复杂性还原成了关于事实的复杂性。这些复合物是由处于时间—空间关系中的诸部分组成的，含有这样的复合物的命题可以改写成相应的事实。例如，"这个楼群被拆毁了"即是说"那些以如此这般方式组合在一起的建筑物被拆毁了。"

除上述在《逻辑原子主义哲学》中的文本依据和摹状词理论外，依据罗素的逻辑主义立场也可推测出世界的事实结构更为根本。罗素在数学领域坚持逻辑主义纲领，将数学还原为逻辑；在哲学领域他也坚持逻辑是哲学的本质，所有的哲学问题归根到底都是逻辑问题，而逻辑原子主义是他在哲学中坚持逻辑主义的集大成者，依据此立场，事实结构作为一种逻辑结构应该更为基础，物理对象的序列结构可以还原成事实结构的分析。例如，在对"苏格拉底是有死的"这个命题的分析中，苏格拉底是我们对他的经验的类的序列，是诸多摹状词的析取，这个命题可以分析成包含一个存在命题的复杂命题，这些命题中含有对他的经验进行描述的摹状词。当然，这是一种按照罗素的亲知原则的理想分析，任何命题都可以分析成关于我们直接经验的材料的命题只能是一种理论上的设想。罗素在《我们关于外间世界的知识》中对物理学中的基本概念，如点、瞬间、日常事物、因果概念等进行了单独的构造，至于包含这些概念的命题如何分析成只含有指称感觉材料的逻辑专名的命题他并不关心，似乎也认为这不是哲学家应该做的工作。也就是说，即使对上述"苏格拉底是有死的"这样的命题他也没有给出完全的分析，只是将苏格拉底当作"柏拉图的老师""那个喝毒酒而死的哲学家"，并没有分析到对他的直接经验。事实上，根据卡尔拉普在《世界的逻辑构造》一书中的具体构造，我们也发现罗素所谓的亲知原则也只能是一种无法真正实现的理念。也即是说，理论上，序列结构可以还原为事实结构，但在实践层面上无法操作，并不成功。因此，我这里说，罗素关于物理对象的序列结构从属于事实结构也只是依据他的理论的一致性而给出的一个合理解释，事实上，这种还原并不成功，也不能实现。

维特根斯坦在《逻辑哲学论》中认为在世界的本质结构中没有通常意义上的复合物，只有对象和事实，逻辑上讲最简单的东西必然也是空间上讲最简单的东西，它们都是对象，因此，对事实的完全分析假定了对复合物的完全分析。罗素上述立场可能即是受维特根斯坦的这种观点的影响而产生的。不同之处在于，罗素的逻辑原子即简单的感觉材料似乎可以单独处于序列的结构中，从而形成物理的复合物，也可以处于各种事实的结构中，逻辑原子可以脱离事实而单独存在，尽管他也认为，指称物理复合物的日常专名单独没有意义，必须放在描述事实的命题中才有意义，这似乎与维特根斯坦说对象必然处于基本事态或基本事实中，而不能有片刻独立于其外这个观点类似，但我们认为即使根据这一条理由也只能说罗素有这么一种很弱的倾向，其逻辑原子和事实的两分结构虽然是受维特根斯坦影响而提出的，但其逻辑原子还是具有传统形而上学的个体和性质的区分的影子，是结合传统形而上学的观点和前期维特根斯坦的产物，因而，其逻辑原子主义内部存在很多相互冲突的观点。正因为他想用这样一个形而上学的体系解决本体论、认识论、语言哲学三个层面的问题，因而和前期维特根斯坦的单一目的——探讨世界的本质结构——比较起来，其逻辑原子主义理论内部充满了不一致，这也是其整个哲学的一个特点，其观点总是变来变去，让人无法确切地把握其思想。

罗素的这两种世界结构体现了两种研究世界的视角：传统形而上学视角和前期维特根斯坦的逻辑同构视角。传统形而上学认为世界是由个体、性质组成的，没有事实结构；维特根斯坦认为世界是由对象和事实组成的，最终说来世界是事实的总和，因为尽管事实是由对象构成的，但对象只能存在于事实的结构之中。罗素则认为在谈论由物理对象构成的世界中，世界是殊体（逻辑原子之一）也即简单的感觉材料的类的序列，是一种现象主义的世界结构，感觉材料是构成世界的基础；而当我们要抽象地谈论世界的结构的时候，则常是谈论它的抽象逻辑结构，将它看作是由逻辑原子和事实组成的。普兰廷加将这两种世界结构看作两种世界：时空世界或物质的宇宙和现实世界。前者是由个体组成的，是具体的，后者是相应于前者实现了的或成立的最大的事态，是抽象的；物质的宇宙及其内部的任何物理对象的存在是偶然的，它们可以存在也可以不存在，而现实世界的存在则是必然的，因为它存在于所有可能世界之中（韩林合 2003：382）。从普兰廷加的宇宙和世界的区分，我们可以将罗素的物理世界的序列结构看作是一种宇宙，对宇宙的看法是从个体出发的，将抽象的事实结构看作是世界的结构，是从逻辑可能性来考察世界的，两者之间的桥梁是个体对象，现实世界是逻辑可能性中事实上实现出来的一种，正因如此，宇宙及其内部的所有对象才存在。尽管罗素的逻辑原子与感觉材料等同并不成功，但他的这种学说为我们提供了两种世界图景，是比较全面的一种考察。

结　语

　　逻辑原子主义是 20 世纪初期伴随分析哲学的产生而形成的一种哲学信念，它认为我们可以从对日常语言的逻辑分析发现其本质结构，即找到一种理想语言，并从理想语言的结构得出世界（或实在）的本质结构，语言的本质结构映现了世界的本质结构。罗素的逻辑原子主义的核心观点是：世界最终能分析成不可再分的、独立存在的逻辑原子，它们具有某些性质或处于某些关系中，即处于事实所具有的复杂结构中。罗素自认为正是因为他持有外在关系立场，才使他承认个别事物的存在，对它们的认识不需要以对关于它们的所有命题的认识为前提，因而他又称自己的逻辑原子主义为多元主义，针对的是传统哲学的一元论，也可称为逻辑整体主义（logical holism），即认为世界是以这样一种方式运作的：对部分的认识必须以对关于部分的所有整体的认识为前提。

　　世界与理想语言同构的原则不仅是逻辑原子主义的基本理论预设，也是分析哲学中很重要的一支——理想语言学派——的指导思想。《逻辑哲学论》整本书即是这种原则的具体展现的结果，这即是为何学界常将前期维特根斯坦当作逻辑原子主义的代表人物的原因。但正如我们在本书的第二、第三章中看到的那样，即使罗素和前期维特根斯坦都可以看作这一学说的代表人物，他们却是持有两个完全不同的版本的。

　　在第二章中，我们具体探讨了罗素关于事实的种类和逻辑形式的观点。此时的罗素还没有完全接受前期维特根斯坦的外延原则（直到 1925 年的《数学原理》第二版）：即理想语言中的任何复杂命题都是诸原子命题的真值函项连接，因而他对事实种类的承诺并没有维特根斯坦干脆。除了承认肯定的原子事实之外，他还承认了否定（的原子）事实（尽管有些犹豫）、普遍事实和信念事实。在对这些事实的种类和形式的看法上他与维特根斯坦是有很大不同的，在对否定事实和信念事实的形式问题的处理上尤为突出。

罗素引入事实的一个动力是为了消除他在《数学原则》中对客观的假的承诺，因为他在这本书中持有命题本体论的立场，而命题包含着真假两极性，因而假命题也被他看作是实在的。为了避免这种荒谬的结论，他提出了事实本体论，命题的真假在于与事实的符合，对命题可谈真假，对事实只谈存在不存在。但这并没有从根本上解决假命题的统一性问题，只是将问题从假命题转移到了否定事实身上。真的否定命题的统一性并不能由否定事实来保证，这同样会导致悖论：即，一方面否定命题的统一性在于动词所具有的关联力；另一方面否定命题要成为真命题必须要求动词不具有那种实际的关联力。可以说，事实的引入只是解决了命题的真假问题，并没有解决他在《数学原则》一书中面临的命题统一性问题。否定命题的真假问题和统一性问题是逻辑原子主义的一个内在困难，本书在这个问题的处理上只是粗略地进行了介绍，还有待今后进一步深入研究。此外，罗素对信念事实的逻辑形式的两种模型及维特根斯坦对信念命题的处理也可以作为本人今后研究的一个主题。

在第三章中，罗素对逻辑原子的界定与维特根斯坦的对象是完全不同的。尽管在逻辑原子的简单性上罗素与维特根斯坦表现出了很多相似之处，但由于他更关心认识论的可靠基础，因而赋予了逻辑原子可亲知性这个特征。正是这一特征使得他将逻辑原子与感觉材料等同起来，认为世界的终极成分也是认识的最小最直接的单位。但正如我们在 William Lycan 的文章《逻辑原子主义和本体论原子》中看到的那样，这种等同并不成功，只能说是罗素的一个信念（参见第五章第一节）。

世界中除了事实和逻辑原子之外，还存在一种复合对象，罗素对这种复合对象的看法构成了他对物理世界的序列结构理论，也即逻辑构造理论。对这种理论的一个常见的误解是将它看作一种现象主义，在第四章第四节中我们单独澄清了这个偏见。罗素的逻辑构造还不是后来的现象主义，这主要是在于他对感觉材料和感觉要素的独特界定上（参见第四章第二节）。感觉材料是物理的，不是心理的，而且还承诺了未被感知的感觉材料（感觉要素）的存在，以及他人之心、连续性和相似性原则，这些都超出了现象主义的核心观点：完全只从我们当下主观的感觉材料来构造物理对象。另一个误解是将 PLA 时期的逻辑构造当作罗素中立一元论的开始，这种观点忽视了罗素在 PLA 时期还是坚持亲知原则的，这即表明他此时仍是一个二元论者，还不是一个一元论者。

学界对罗素这一学说的研究通常只涉及其事实结构，而将逻辑构造作为知觉理论单独考察，并没有将两者放在一起研究，只是分别对这两个理论进行了外在的批评——从日常语言学派质疑其事实结构理论；从知觉理论质疑其现象主义的构造理论。但逻辑原子主义这个学说本身就应该包含这两种世界结构，不应该将其割裂开来研究，这种不完整的研究不可能看到两种结构之间可能具有的关系。因此，本书将这两种世界结构理论放在一起，探讨各自所涉及的观点，内在理解上的困难，并在第五章借鉴 Lycan 的文章尝试性地处理了两种世界结构之间可能具有的关系。

罗素逻辑原子主义的这两种结构可以分别结合前期维特根斯坦的《逻辑哲学论》和卡尔拉普的《世界的逻辑构造》来理解，他们分别处理了罗素在《逻辑原子主义哲学》中的事实结构和在《我们关于外间世界的知识》中的序列结构，难怪有人甚至将卡尔拉普也算作逻辑原子主义的代表人物。

综上所述，理解罗素这一学说的关键在于澄清两对概念：逻辑原子和事实、逻辑构造和感觉材料，在理解了这两对概念后就可以理解他关于实在的两种结构体系——事实结构和序列结构，从而得知这种世界结构理论与传统形而上学相比其独特性在哪，其框架内部是否存在不一致的地方，同样运用分析的方法，为何得出了罗素和前期维特根斯坦两种不同的逻辑原子主义版本，在逻辑实证主义拒斥形而上学之后，逻辑原子主义又遗留下了哪些可值得探讨的问题。

本人认为：不仅从外在批评来说这种学说是注定要被抛弃的，而且从其自身理论来看，其学说内在地包含着一些无法解决的困难，因而注定也是失败的——无法解释假命题、否定命题、信念命题的统一性问题，无法完全从感觉材料构造出物理对象，无法自洽地证明逻辑原子等同于感觉材料，没有给出世界的两种结构（事实结构和序列结构）之间的关系界定，等等。这些内在的困难表明，这样一种用来宣称逻辑是哲学的本质的学说并不能自洽地说明逻辑分析必然导致罗素的逻辑原子主义这种世界观，至少还存在着前期维特根斯坦的版本；内在关系说也并不必然导致一元论的世界观，前期维特根斯坦就持有内在关系说。事实上，逻辑是中立于哲学的，有什么样的逻辑并不决定持有什么样的哲学立场。

尽管罗素的逻辑原子主义含有上述那些困难，并且在后期维特根斯坦和日常语言学派的批评下被后来的学者所抛弃（尤其是在维也纳学派拒斥形而上学之后），但它作为分析哲学兴起初期，用新的逻辑工具来解决传统哲学中长期以来争论不休的那些问题的一个尝试是很有价值的，即使失败了，被后来学者抛弃了，但它开辟了很多问题域，如否定命题和信念命题的逻辑形式问题、性质和关系的实在论和特普论之争、感觉材料理论、知觉理论等，这些问题在当今分析哲学界的形而上学、认识论、语言哲学等领域仍有广泛而深入的探讨。

参考文献

中文文献

艾耶尔（1972）：《贝特兰·罗素》，尹大贻译，上海译文出版社 1982 年版。

达米特（1991）：《形而上学的逻辑基础》，任晓明、李国山译，中国人民大学出版社 2004 年版。

达米特（1996）：《分析哲学的起源》，王路译，上海译文出版社 2005 年版。

弗雷格（1848—1925）：《弗雷格哲学论著选辑》，王路译，商务印书馆 2006 年版。

高宣扬（1979）：《罗素传略》，香港南粤出版社 1979 年版。

高宣扬（1991）：《罗素哲学概论》，台北远流出版事业股份有限公司 1991 年版。

韩林合（2003）：《分析的形而上学》，商务印书馆 2003 年版。

韩林合（2007a）：《〈逻辑哲学论〉研究》，商务印书馆 2007 年版。

韩林合（2007b）：《维特根斯坦论现象学语言和现象学》，《哲学门》2007 年第七卷第二册（总第十四辑）。

韩林合（2010）：《维特根斯坦〈哲学研究〉解读》，商务印书馆 2010 年版。

贾可春（2005）：《罗素意义理论研究》，商务印书馆 2005 年版。

江怡（2009）：《分析哲学教程》，北京大学出版社 2009 年版。

罗素（1912）：《哲学问题》，何兆武译，商务印书馆 2007 年版。

罗素（1914）：《我们关于外间世界的知识》，陈启伟译，上海译文出版社 2008 年版。

罗素（1919）：《数理哲学导论》，晏成书译，商务印书馆2005年版。

罗素（1921）：《心的分析》，贾可春译，商务印书馆2009年版。

罗素（1940）：《意义与真理的探究》，贾可春译，商务印书馆2009年版。

罗素（1948）：《人类的知识》，张金言译，商务印书馆2008年版。

罗素（1956）：《逻辑与知识》，苑莉均译，商务印书馆1996年版。

罗素（1959）：《我的哲学的发展》，温锡增译，商务印书馆1982年版。

孙实（1980）：《罗素》，台北名人出版社1980年版。

王路（2008）：《弗雷格思想研究》，商务印书馆2008年版。

王路（2009）：《走进分析哲学》，三联书店2009年版。

徐友渔（1997）：《罗素》，北京开明出版社、香港中华书局1997年版。

外文文献

Armstrong, A. D. (1961) *Perception and the Physical World*, London: Rout-ledge and Kegan Paul.

Ayer, A. J. (1936) *Language, Truth and Logic*, New York: Oxford University Press.

Ayer, A. J. (1940) *The Foundations of Empirical Knowledge*, London: Mac-millan and Co. Ltd.; New York: St Martin's Press, 1961.

Ayer, A. J., et al., (1956) *The Revolution in Philosophy*, London: Macmillan.

Ayer, A. J. (1969) *The Problem of Knowledge*, Middlesex: Penguin Books.

Ayer, A. J. (1971) *Russell and Moore: the Analytical Heritage*, Cambridge, Mass: Harvard University Press.

Ayer, A. J. (1972) *Russell*, London: Fontana-Collins.

Bailie, J. (1997) *Contemporary Analytic Philosophy*, Upper Saddle River, N. J.: Prentice Hall.

Baldwin, T. (ed.) (2003a) *The Cambridge History of Philosophy 1870 – 1945*, Cambridge: Cambridge University Press.

Baldwin, T. (2003b) "Logic and Philosophical Analysis", in Baldwin (2003a), pp. 417 –423.

Beall, J. C. (2000) "On Truthmakers for Negative Truths", *Australasian*

Journal of Philosophy, Vol. 78, pp. 264 – 268.

Beaney, M. (ed.) (1997) *The Frege Reader*, Oxford: Blackwell Publishers.

Beaney, M. (ed.) (2007) *The Analytic Turn: Analysis in Early Analytic Philosophy and Phenomenology*, New York, London: Routledge.

Bell, J. and Demopoulos, W. (1996) "Elementary Propositions and Independence", *Notre Dame Journal of Formal Logic*, Vol. 37, pp. 112 – 124.

Broad, C. D. (1914 – 1915) "Phenomenalism", *Proceedings of the Aristotelian Society*, Vol. 15, pp. 227 – 251.

Broad, C. D. (1923) *Scientific Thought*, London: Kegan Paul, Trench, Trubner and Co. Ltd.; New York: Harcourt, Brace and Co., Inc., 1927.

Bunnin, N. and Yu Jiyuan (2004) *The Blackwell Dictionary of Western Philosophy*, Oxford: Blackwell Publishing.

Cappio, J. (1981) "Russell's Philosophical Development", *Synthese*, Vol. 46, pp. 185 – 205.

Chisholm, R. M. (1999) "On the Nature of Acquaintance: A Discussion of Russell's Theory of Knowledge", in Irvine (1999), pp. 211 – 220.

Dancy, J. (1985) *An Introduction to Contemporary Epistemology*, Oxford, UK: Blackwell.

Demopoulos, W. (2003) "Russell's Structuralism and the Absolute Description of the World", in Griffin (2003a), pp. 392 – 419.

Dummett, M. (1996) *Origins of Analytical Philosophy*, Cambridge, Mass.: Harvard University Press.

Eames, E. R. (1967) "The Consistency of Russell's Realism", *Philosophy and Phenomenological Research*, Vol. 27, pp. 502 – 511.

Eames, E. R. (1969) *Bertrand Russell's Theory of Knowledge*, London: George Allen and Unwin.

Eames, E. R. and Blackwell, K. (1975) "Russell's Unpublished Book on Theory of Knowledge", *Russell*, Vol. 19, pp. 3 – 14, 18.

Eames, E. R. (1989) *Bertrand Russell's Dialogue with His Contemporaries*, Carbondale: Southern Illinois University Press.

Frege, G. (1892) "On Sinn and Bedeutung", in Beaney (1997).

Frege, G. (1892) "On Concept and Object", in Beaney (1997).

Friedman, M. and Demopoulos, W. (1999) "The Concept of Structure in the Analysis of Matter", in Irvine (1999), pp. 277 – 294.

Fritz, C. A. J. (1952) *Bertrand Russell's Construction of the External World*, London: Routledge and Kegan Paul.

Godfrey, V. (ed.) (1986) *Philosophers Ancient and Modern*, Cambridge: Cambridge University Press.

Griffin, J. (1964) *Wittgenstein's Logical Atomism*, Oxford: Clarendon Press.

Griffin, N. (1980) "Russell on the Nature of Logic (1903 – 1913)", *Synthese*, Vol. 45, pp. 117 – 188.

Griffin, N. (1985) "Russell's Multiple Relation Theory of Judgment", *Philosophical Studies*, Vol. 47, pp. 213 – 248.

Griffin, N. (1991) *Russell's Idealist Apprenticeship*, Oxford: Clarendon.

Griffin, N. (ed.) (2003a) *The Cambridge Companion to Bertrand Russell*, Cambridge, U. K.: Cambridge University Press.

Griffin, N. (2003b) "Russell's Philosophical Background", in Griffin (2003a), pp. 84 – 107.

Griffin, N. (2007) "Some Remarks on Russell's Early Decompositional Style of Analysis", in Beaney (2007), pp. 75 – 90.

Hacker, P. M. S. (1996) *Wittgenstein's Place in Twentieth Century Analytic Philosophy*, Oxford: Wiley-Blackwell.

Hager, P. J. (1994) *Continuity and Change in the Development of Russell's Philosophy*, Dordrecht, Boston: Kluwer Academic Publishers.

Hager, P. J. (2003) "Russell's Method of Analysis", in Griffin (2003a), pp. 310 – 331.

Hall, R. (1964) "The Term 'Sense-datum'", *Mind*, Vol. 73, pp. 130 – 131.

Hochberg, H. (1978) *Thought, Fact and Reference: The Origins and Ontology of Logical Atomism*, Minneapolis: University of Minnesota Press.

Hume, D. (1978) *A Treatise of Human Nature*, Oxford: Clarendon Press; New York: Oxford University Press.

Hylton, P. (1980) "Russell's Substitutional Theory", *Synthese*, Vol. 45, pp. 1 – 31.

Hylton, P. (1989) "The Significance of 'On Denoting' ", in Savage and Anderson (1989), pp. 88 – 107.

Hylton, P. (1990) *Russell, Idealism, and the Emergence of Analytic Philosophy*, Oxford: Clarendon Press.

Hylton, P. (2005) *Propositions, Functions, and Analysis: Selected Essays on Russell's Philosophy*, Oxford: Clarendon Press.

Hylton, P. (2007) " 'On Denoting' and the Idea of a Logically Perfect Language", in Beaney (2007), pp. 91 – 106.

Irvine, A. D. (1989) "Epistemic Logicism & Russell's Regressive Method", *Philosophical Studies*, Vol. 55, pp. 303 – 327.

Irvine, A. D. and Wedeking, G. A. (eds.) (1993) *Russell and the Analytical Philosophy*, Toronto: University of Toronto Press.

Irvine, A. D. (ed.) (1999) *Bertrand Russell: Critical Assessments*, London, New York: Routledge.

Jager, R. (1972) *The Development of Bertrand Russell's Philosophy*, London: George Allen and Unwin.

Klement, K. (2004) "Putting Form before Function: Logical Grammar in Frege, Russell and Wittgenstein", *Philosopher's Imprint*, Vol. 4, pp. 1 – 47.

Klement, K. (2005) "Russell's Logical Atomism", *Stanford Encyclopedia of Philosophy*, http://plato. stanford. edu/entries/logical-atomism/.

Landini, G. (2007) *Wittgenstein's Apprenticeship with Russell*, Cambridge, U. K.: Cambridge University Press.

Landini, G. (2008) *Russell*, London, New York: Routledge.

Linsky, B. (1999) "Russell's Logical Constructions", in Irvine (1999), pp. 128 – 150.

Linsky, B. (2003) "The Metaphysics of Logical Atomism", in Griffin (2003a), pp. 371 – 392.

Linsky, B. (2007) "Logical Analysis and Logical Construction", in Beaney (2007), pp. 107 – 122.

Livingston, P. (2001) "Russellian and Wittgensteinian Atomism", *Philosophical Investigations*, Vol. 24, pp. 30 – 54.

Lowe, V. (1974) "Whitehead's 1911 Criticism of *The Problems of Philoso-*

phy", *Russell*, Vol. 13.

Lycan, W. (1981) "Logical Atomism and Ontological Atoms", in Irvine (1999), pp. 236 – 256.

Lycan, W. (2000) *Philosophy of Language-A Contemporary Introduction*, London, New York: Routledge.

Makin, G. (2000) *The Metaphysicians of Meaning: Russell and Frege on Sense and Denotation*, London: Routledge.

Miah, S. (1987) "The Emergence of Russell's Logical Construction of Physical Objects", *Russell: The Journal of the Bertrand Russell Archives 7*, pp. 11 – 24.

Miah, S. (2006) *Russell's Theory of Perception 1905 – 1919*, London, New York: continuum.

Monk, R. and Palmer, A. (eds.) (1996) *Bertrand Russell and the Origins of the Analytical Philosophy*, Bristol: Theommes Press.

Moore, G. E. (1899) "The Nature of Judgment", *Mind*, Vol. 8, pp. 176 – 193.

Nagel, E. (1971) "Russell's Philosophy of Science", in P. A. Schilpp (1971).

Nakhnikian, G. (ed.) (1974) *Bertrand Russell's Philosophy*, London: Duckworth.

Nusenoff, R. E. (1978) "Russell's External World: 1912 – 1921", *Russell*, Vol. 29 – 32, pp. 65 – 82.

Pears, D. F. (1967) *Bertrand Russell and the British Tradition in Philosophy*, London: Collins.

Pears, D. F. (ed.) (1972a) *Bertrand Russell: A Collection of Critical Essays*, Garden City, N. Y.: Doubleday.

Pears, D. F. (1972b) "Russell's Logical Atomism", in Pears (1972a).

Pears, D. F. (1974) "Russell's Theories of Memory 1912 – 1921", in Nakhnikian (1974), pp. 117 – 137.

Pears, D. F. (1981) "The Function of Acquaintance in Russell's Philosophy", in Irvine (1999), pp. 221 – 235.

Pears, D. F. (1985) "Introduction to B. Russell, *The Philosophy of Logical Atomism*", Chicago: Open Court, pp.

Perkins, R. K. (1973) "Russell's on Memory", *Mind*, Vol. 82, pp. 600 – 601.

Perkins, R. K. (1975) "Russell's Realist Theory of Remote Memory", *Journal of the History of Philosophy*, Vol. 14, pp. 358 – 360.

Perkins, (1979 – 1980) "Russell's Unpublished Book on Theory of Knowledge", *Russell*, Vol. 35 – 36, pp. 37 – 40.

Price, H. H. (1932) *Perception*, London: Methuen and Co. Ltd.

Proops, I. (2004) "Wittgenstein's Logical Atomism", *Stanford Encyclopedia of Philosophy*, http: //plato. stanford. edu/entries/wittgenstein – atomism/.

Quine, W. V. O. (1948) "On What There Is", *Review of Metaphysics*, Vol. 2, pp. 21 – 38.

Quine, W. V. O. (1972) "Russell's Ontological Development", in Pears (1972a), pp. 290 – 304.

Rodríguez – Consuegra, F. (1996) "Russell's Perilous Journey from Atomism to Holism 1919 – 1951", in Monk and Palmer (1996), pp. 217 – 244.

Royce, J. (1885) *The Religious Aspect of Philosophy: A Critique of the Bases of Conduct and Faith* (7th ed.), Boston: Houghton, Mifflin and Co. , 1897.

Russell, B. (1897) (SM) "Seems, Madam? Nay, It Is", in CP1.

Russell, B. (1899) (CR) "The Classification of Relations", in CP2.

Russell, B. (1903) (PoM) *The Principles of Mathematics*, 2nd ed. , London: Allen and Unwin, 1937.

Russell, B. (1905) (OD) "On Denoting", in LK.

Russell, B. (1906) (NT) "The Nature of Truth", *Mind*, New Series, Vol. 15, pp. 528 – 533.

Russell, B. (1907) (ONT) "On the Nature of Truth", *Proceedings of the Aristotelian Society*, New Series, Vol. 7, pp. 28 – 49.

Russell, B. (1908) (MLBT) "Mathematical Logic as Based on the Theory of Types", in LK.

Russell, B. (1910) (ONTF) "On the Nature of Truth and Falsehood", in CP6.

Russell, B. (1910) (PE) *Philosophical Essays*, New York: Simon and Schuster, 1966.

Russell, B. (1911) (AR) "Analytic Realism", in ROM, pp. 91 – 96; in

CP6, pp. 133 – 146.

Russell, B. (1911) (BR) "The Basis of Realism", in CP6, pp. 128 – 181.

Russell, B. (1911) (KAKD) "Knowledge by Acquaintance and Knowledge by Description", *Proceedings of the Aristotelian Society*, New Series, Vol. 11, pp. 108 – 128.

Russell, B. (1911) (PIML) "The Philosophical Implications of Mathematical Logic", in CP6, pp. 33 – 40.

Russell, B. (1912) (ORUP) "On the Relations of Universals and Particulars", in LK.

Russell, B. (1912) (PP) *The Problems of Philosophy*, Oxford, New York: Oxford University Press, 1959.

Russell, B. (1912) (OM) "On Matter", in CP6.

Russell, B. (1912) (WL) "What is Logic", in CP6.

Russell, B. (1913) (NS) "The Nature of Sense-data-A Reply to Dr. Dawes Hicks", *Mind*, Vol. 22, pp. 76 – 81.

Russell, B. (1913) (TK) *Theory of Knowledge: The* 1913 *Manuscript*, E. R. Eames and K. Blackwell (ed.). London and New York: Routledge, 1984.

Russell, B. (1913) (ONC) "On the Notion of Cause", in ML.

Russell, B. (1910 – 1913) (PM) *Principia Mathematica*, Cambridge: Cambridge University Press.

Russell, B. (1914) (RSDP) "The Relation of Sense Data to Physics", in ML.

Russell, B. (1914) (OKEW) *Our Knowledge of the External World*, London: George Allen & Unwin, 1952.

Russell, B. (1914) (ONA) "On the Nature of Acquaintance", in LK.

Russell, B. (1914) (SMP) "On Scientific Method in Philosophy", in ML.

Russell, B. (1915) (UCM) "The Ultimate Constituents of Matter", in ML.

Russell, B. (1918) (PLA) "The Philosophy of Logical Atomism", in LK.

Russell, B. (1918) (ML) *Mysticism and Logic*, New York: Doubleday & Company, 1957.

Russell, B. (1919) (OP) "On Propositions: What They Are and How They

Mean", in LK.

Russell, B. (1919) (IMP) *Introduction to Mathematical Philosophy*, London: Allen & Unwin.

Russell, B. (1921) (Mind) *The Analysis of Mind*, London: Allen & Unwin.

Russell, B. (1922) (ITLP) "Introduction to Wittgenstein's *Tractatus Logico-Philosophicus*", London: Routledge and Kegan Paul, 1961.

Russell. B. (1922) (SA) "Dr. Schiller's Analysis of *The Analysis of Mind*", in CP9, pp. 37 – 44.

Russell. B. (1922) (PaP) "Physics and Perception", *Mind*, Vol. 31, pp. 478 – 485.

Russell, B. (1924) (LA) "Logical Atomism", in LK.

Russell, B. (1925) (PM$_2$) "Introduction to the Second Edition of *Principia Mathematica*", Cambridge: Cambridge University Press.

Russell, B. (1927) (Matter) *The Analysis of Matter*, London: Kegan Paul.

Russell, B. (1927) (AOP) *An Outline of Philosophy*, London: Allen & Unwin.

Russell, B. (1937) (IPOM) "Introduction to *The Principles of Mathematics*", 2nd ed., London: W. W. Norton.

Russell, B. (1938) (OT) "On the Order in Time", in LK, pp. 347 – 363.

Russell, B. (1940) (IMT) *An Inquiry into Meaning and Truth*, London: Allen & Unwin.

Russell, B. (1944) (RC) "Reply to Criticisms", in Schilpp (1944).

Russell, B. (1945) (HWP) *A History of Western Philosophy*, New York: Simon and Schuster.

Russell, B. (1948) (HK) *Human Knowledge: Its Scope and Limits*, London: Allen & Unwin.

Russell, B. (1950) (LP) "Logical Positivism", in LK.

Russell, B. (1956) (LK) *Logic and Knowledge: Essays 1901 – 1950*, R. C. Marsh (ed.), New York: Capricorn.

Russell, B. (1959) (MPD) *My Philosophical Development*, London, New York: Routledge, 1995.

Russell, B. (1973) (EA) *Essays in Analysis (1904 – 1957)*, D. Lackey （ed.），London and New York：George Braziller.

Russell，B.（1983）（CP1）*The Collected Papers of Bertrand Russell Vol. 1*：*Cambridge Essays* [*1888 – 1899*]，K. Blackwell，A. Brink，N. Griffin，R. A. Rempel and J. G. Slater（ed.），London：George Allen and Unwin.

Russell，B.（1988）（CP9）*The Collected Papers of Bertrand Russell Vol. 9*：*Essays on Language, Mind and Matter* [*1919 – 1926*]，J. G. Slater（ed.），London：Unwin Hyman.

Russell，B.（1990）（CP2）*The Collected Papers of Bertrand Russell Vol. 2*：*Philosophical Papers* [*1896 – 1899*]，N. Griffin and A. C. Lewis（ed.），London：Unwin Hyman.

Russell，B.（1992）（CP6）*The Collected Papers of Bertrand Russell Vol. 6*：*Logical and Philosophical Papers* [*1909 – 1913*]，J. G. Slater and B. Frohmann（ed.），London：Routledge.

Russell，B.（1994）（CP4）*The Collected Papers of Bertrand Russell Vol. 4*：*Foundations of Logic* [*1903 – 1905*]，A. Urquhart with the assistance of A. C. Lewis（ed.），London：Routledge.

Russell，B.（2003）（ROM）*Russell on Metaphysics*，Stephen Mumford（ed.），London：Routledge.

Sainsbury，R. M.（1979）*Russell*，London：Routledge and Kegan Paul.

Sainsbury，R. M.（1980）"Russell on Constructions and Fictions"，*Theoria*，Vol. 46，pp. 19 – 36.

Sainsbury，R. M.（1986）"Russell on Acquaintance"，in Godfrey（1986），pp. 219 – 244.

Savage，C. W. andAnderson C. A.（eds.）（1989）*Rereading Russell*，Minneapolis：University of Minnesota Press.

Schilpp，P. A.（1944）*The Philosophy of Bertrand Russell*，The Library of Living Philosophers，Vol. 5，4th ed.，La Salle，Illinois：Open Court，1971.

Sider，T.（2009）*Logic for Philosophy*，Oxford：Oxford University Press.

Simon，P.（2003）"Logical Atomism"，in Baldwin（2003），pp. 383 – 390.

Skyrms，B.（1993）"Logical Atoms and Combinatorial Possibility"，*Journal of Philosophy*，Vol. 90，pp. 219 – 232.

Slater，J. G.（1994）*Bertrand Russell*，Bristol：Thoemmes.

Soames, S. (2003) *Philosophical Analysis in the Twentieth Century*, Princeton, N. J. : Princeton University Press.

Stace, W. T. (1971) "Russell's Neutral Monism", in P. A. Schilpp (1944).

Stebbing, L. S. (1961) *A Modern Introduction to Logic*, New York.

Stevens, G. (2005) *The Russellian Origins of Analytical Philosophy*, London, New York: Routledge.

Strawson, P. F. (1950) "On Referring", *Mind*, Vol. 59, pp. 320 – 344.

Stroll, A. (2000) *Twentieth Century Analytic Philosophy*, New York: Columbia University Press.

Strong, C. A. (1922) "Mr. Russell's Theory of External World", *Mind*, Vol. 31, pp. 307 – 320.

Tully, R. E. (1999) "Russell's Neutral Monism", in Irvine (1999), pp. 257 – 276.

Urmson, J. O. (1956) *Philosophical Analysis: Its Development between the Two World Wars*, Oxford: Oxford University Press.

Urmson, J. O. (1969) "Russell on Acquaintance with the Past", *The Philosophical* Review, Vol. 78, pp. 510 – 515.

Weitz, M. (1971) "Analysis and the Unity of Russell's Philosophy", in P. A. Schilpp (1971).

Wisdom, J. (1931) "Logical Construction", *Mind*, Vol. 40.

Wittgenstein, L. (1922) (TLP) *Tractatus Logico-Philosophicus*, London: Routledge and Kegan Paul.

Wittgenstein, L. (1953) (PI) *Philosophical Investigations*, Oxford: Blackwell Publishers.

Zhao Dunhua (1988) *Russell and Wittgenstein in Dialogue*, Ph. D. dissertation: Katholieke Universiteit Leuven.

索 引